应用文
写作与实训

任小燕 王玉琴 · 主编

中国经济出版社
CHINA ECONOMIC PUBLISHING HOUSE
· 北 京 ·

图书在版编目（CIP）数据

应用文写作与实训 / 任小燕，王玉琴主编．--北京：
中国经济出版社，2021.12
ISBN 978-7-5136-5572-9

Ⅰ．①应… Ⅱ．①任… ②王… Ⅲ．①应用文-写作
-高等职业教育-教材 Ⅳ．①H152.3

中国版本图书馆 CIP 数据核字（2019）第 039398 号

责任编辑　陈　瑞
责任印制　马小宾
封面设计　任燕飞

出版发行　中国经济出版社
印 刷 者　北京科信印刷有限公司
经 销 者　各地新华书店
开　　本　710mm×1000mm　1/16
印　　张　19.75
字　　数　291 千字
版　　次　2021 年 12 月第 1 版
印　　次　2021 年 12 月第 1 次
定　　价　49.00 元
广告经营许可证　京西工商广字第 8179 号

中国经济出版社 **网址** www.economyph.com **社址** 北京市东城区安定门外大街 58 号 **邮编** 100011
本版图书如存在印装质量问题，请与本社销售中心联系调换（联系电话：010-57512564）

前言

PREFACE

应用文很难写吗？

在多年教学工作中，我们听到最多的抱怨，就是学生说应用文既枯燥又无聊还特别难写；社会工作者则说应用文经常要用就是不知道怎么写才对；网络上发布、转载着数以亿计的应用文参考例文和写作素材，并且以极快的速度进行着更新，但是文到用时方恨少，要想找出一篇略作删改就可以使用的应用文，似乎也并不容易。网络时代，尽管坐拥海量的应用文写作资源，但应用文写作的问题，依然还是一个问题。

应用文既然为“应用”而作，那么“有用”“能用”，能顺利办事，实现目的才有意义。每个人要办的事情不尽相同，但是要办事就要遵守规则，这个规则不仅指书面的制度文件，也可以是法规行规、专业知识、社会常识等等，简单来说，这些规则可以理解为行情。懂行情才能做内行，内行才知道事情应该怎么办。办事难免跟人打交道，撰写应用文书还应该从人情角度充分考虑，比如恰当的称谓及语气措辞等，所以应用文书的写作不仅是动笔写的问题，它还涉及作者的做事方式、态度、能力等方面因素，懂行情，晓人情，有文情，才是写好应用文的前提和基础。

应用文写作能力是高职学生必备职业素养之一，根据高职各专业人才培养方案，结合林业类高职院校各专业特点，本教材删繁就简，从种类浩繁的应用文书中选取十几个最为常用的文书进行精讲，并有针对性地设计了模拟实训，旨在服务高职语文教学，指导学生从“懂行情”“晓人情”到“有文情”，真正提高应用文写作能力。

本教材内容包括应用文写作基础（六章二十六节）、模拟实训（三个环节）和附录三部分组成，理论实践并重，凸显了应用文写作课程教学的改革成果，也体现了高职语文课程结合专业、服务专业的特点。

本教材的绪论部分由郭燕老师编写，日常文书部分由任小燕、郭素芳老师编写，事务文书部分由康晓玲、石文静老师编写，职场文书部分由康晓玲、解红霞老师编写，经济文书部分由解红霞老师编写，党政机关公文部分由王玉琴老师编写，应用文实训部分由任小燕老师编写。教材统稿和审校由任小燕老师、王玉琴老师完成，在编写过程中，参考并引用了大量网站资源、书籍资料，也参考了许多专业课程教师的宝贵意见，并采用了学生的部分习作，在此一并致谢！

由于编者水平有限，书中难免存在疏误不足，恳请读者朋友多提宝贵意见，以便改正和提高。

编者

2021 年 10 月

目 录
CONTENTS

第一部分　应用文写作基础

第二部分　应用文写作模拟实训

第三部分　附　录

第一部分

应用文写作基础

第一章　绪论

写作活动从功能上分类，主要有两大类：文学创作和应用文写作。文学创作以抒发主观情感、反映社会现实为主，是艺术性的创作；应用文写作则是为了处理个人事务和公共事务而写的，它更侧重于实用性。许多人可以一辈子不写诗歌、散文、小说、戏剧，却不可能不写应用文。人们在生活中解决实际问题的借条、请假条、申请书、求职信，在工作中使用的工作计划、工作总结甚至公文，都属于应用文的范畴。

应用文是人们在工作和生活中必不可少的重要工具，学好应用文写作非常必要。著名教育家叶圣陶先生说："大学毕业生不一定能写小说、诗歌，但是一定要能写工作和学习中的实用文章，而且非写得既通顺又扎实不可。"应用文写作是大学生必备的能力，能否得心应手地撰写应用文，是衡量其工作能力的重要标准之一。

第一节　应用文的概念和特点

一、应用文的概念

应用文的概念有狭义和广义之分。狭义上的应用文专指日常应用文；广义上的应用文重在"应用"二字上，涉及范围较广。本书所讲的是广义上的应用文，其定义为"国家机关、企事业单位、社会团体以及人民群众在办理公私事务、传播信息、表述意愿时所撰写的具有实用价值和惯用体式的文书”。

二、应用文的历史沿革

应用文伴随着国家和文字的出现而产生，同时也随着生产力的发展和社会的进步而不断发展变化。

远古至战国时期，是我国古代应用文的萌芽期，其代表作品为甲骨文、钟鼎文和《尚书》。《尚书》是我国最早的一部历史文献汇编，保存了较多的应用文书。

秦至唐宋时期，是古代应用文的发展期。秦汉时期，官方已有书、议、策、论、疏等公务文书，如李斯的《谏逐客书》、贾谊的《过秦论》、晁错的《论贵粟疏》等，都是上书帝王的公文。魏晋南北朝时期，人们在应用文的写作实践、理论研究及总结方面都有所建树，为后世应用文写作的发展奠定了基础，其中曹丕的《典论·论文》和刘勰的《文心雕龙》值得关注。唐宋时期，唐代古文运动提出的“载道”“明志”等写作理论，对后世应用文写作产生了深远的影响。这一时期应用文的文体繁多，格式相对完备，除大臣撰写的公务文书外，还将皇帝的下行文书称作“诏”“册”“制”“敕”等，其他文书也有相应发展。此时期名篇名著大量涌现，如魏征的《谏太宗十思疏》、韩愈的《论佛骨表》、王安石的《答司马谏议书》、陆羽的《茶经》、孙思邈的《千金方》、沈括的《梦溪笔谈》、李诫的《营造法式》等。

元明清时期文书种类及体式沿袭前代，为古代应用文书的稳定期。这一时期，虽然严酷的政治和文化环境限制了思想、文化、艺术及应用文书的发展，但是文人书信和应用文写作理论研究的成果对后世产生了积极影响。如海瑞的《治安疏》、顾炎武的《与友人书》、龚自珍的《与吴虹生书》、林觉民的《与妻书》、吴讷的《文章辨体》、姚鼐的《古文辞类纂》、刘熙载的《艺概·文概》等。

辛亥革命时期是应用文书的变革期，南京临时政府于 1921 年颁布了《公文程式》，规定了公文的种类、格式和惯用语等，要求使用白话文和新式标点符号，对公文在文种、格式、语言及标点等方面进行了规范。

新中国成立以后，党和政府历经多次改革，建立了我国的党政机关公文系统，逐步实现公文规范化、系统化和科学化。中共中央办公厅、国务院办公厅于2012年4月16日印发，2012年7月1日起实施的《党政机关公文处理工作条例》，明确现行公文种类主要有15种，分别为决议、决定、命令（令）、公报、公告、通告、意见、通知、通报、报告、请示、批复、议案、函、纪要。随着我国改革开放的不断深入及互联网时代的飞速发展，经济、科技、法律、文化、媒体，特别是网络媒体乃至电子商务等各行各业应用文文种不断涌现，社会对应用文的需求与重视程度前所未有，应用文发展进入成熟规范期。

三、应用文的分类

应用文的种类非常多，按照文书性质和用途可分为公务文书和私务文书，按其使用功能则可以分为通用类应用文和专用类应用文。

（一）通用类应用文

通用类应用文指人们在办公或办事时普遍使用的文书。

（1）个人事务类，如条据、请柬、启事、求职信、倡议书、申请书、日记、读书笔记及各类信函等。

（2）通用事务类，包括调查报告、工作总结、述职报告、简报、计划、规章制度和会议材料等。

（3）党政公文类，指《党政机关公文处理工作条例》中所规定的15个文种，包括决议、命令（令）、决定、公报、公告、通告、通知、通报、议案、报告、请示、批复、意见、函和纪要等。

（二）专用类应用文

专用类应用文指专业性较强的文书。

（1）科技类，如毕业论文、学术论文、专利申请书、实验报告等。

（2）财经类，如市场预测报告、市场调查报告、经济活动分析报告、经济合同等。

（3）司法类，如诉状、辩护词、公证书、判决书等。

（4）传播类，如消息、通讯、特写、广告等。

四、应用文写作的特点

（一）实用性

应用文写作与文学创作的最大区别在于它的实用性。文学作品具有审美功能，以愉悦身心、陶冶情操为目的；而应用文需要解决现实生活中的实际问题。无论是处理公共事务还是私人事务，应用文的内容和形式都强调实用，内容上以解决实际问题为原则，不尚空谈。

（二）真实性

应用文必须按照客观事物的本来面目进行写作，所涉及的人物、事件、数据等必须客观、真实、准确，不允许虚构、夸张、想象和推测。

（三）时效性

应用文写作讲究时间和效率。首先，随时收集和反馈各种信息资料，迅速、及时、准确地领会有关方针政策的精神及领导意图；其次，应用文传递、阅读、办理等环节要确保及时、准确。

（四）规范性

在长期使用中，绝大多数应用文文种已经形成了惯用的固定格式，并为社会所公认和接受，具有约定俗成性。党政机关公文和一些专用应用文的格式要求更为严格。应用文写作要求遵循一定的规范体式，不能随意更改和杜撰。

（五）简约性

应用文的语言属于书面事务语体，要求文字简练、表达平直、明确自然、通俗易懂。文风崇尚庄重严谨，多用叙述、说明、议论等表达方式。

五、提高应用文写作能力的途径

（一）提高政策理论素养

应用文写作的过程，就是依据法规政策、理解法规政策、表达法规政策、执行法规政策的过程。要使写作的内容与国家、行业的政策法规相一致，使之具有合法性、政策性、科学性和可操作性，作者只有认真学习国家政策和行业法规，努力提高政策理论素养，才能写出科学规范、有实用价值的应用文书。

（二）丰富行业专业知识

应用文写作目的是办事。每个行业、每个部门、每个岗位都有其具体业务和工作要求，只有懂得行业规律、深入调查研究、熟悉有关情况、尊重受文对象，才能写出符合工作实际、利于工作开展的应用文。提高业务水平是写好应用文的基本条件之一。

（三）加强基本的写作技能训练

应用文的体式有别于其他文体，应用文写作有特殊的方法并遵循自身的规律，只有不断训练、加强写作实践，才能将知识转化为能力。多写多练，是提高应用文写作能力的基本途径。

（四）提高语言表达水平

应用文语言表达水平直接影响应用文的质量。应用文写作要遵循一般写作的规律，既要学好汉语语法、逻辑、修辞，又要在提炼主旨、选择材料、安排结构、起草修改、遣词造句等方面不断积累和练习，努力提高汉语语言表达水平，这样才能写好应用文。

第二节　应用文的要素

应用文由五个基本要素组成，分别是主旨、材料、结构、表达方式和语言。其中，主旨是灵魂，材料是血肉，结构是骨骼，表达方式和语言是细胞。一篇应用文中，主旨和材料解决“写什么”的问题，而结构、表达方式和语言则是解决“怎么写”的问题。这五大要素使应用文的内容和形式构成一个严整的统一体。

一、主旨

（一）什么是主旨

主旨即主题，是指应用文作者在说明问题、发表主张或反映社会生活现象时，通过文章全部内容所表达的基本观点、中心思想、意见、态度、看法、要求或信息。

一篇应用文如果没有主旨，作者在取舍材料、设置结构、遣词造句、运用表达手法时，就会失去依据。主旨是应用文的灵魂。

（二）主旨的特点

1. 正确

应用文中所表达的观点、意图、意见和措施等，都要符合国家的方针政策、有关的法律法规、客观实际情况、工作实际，能够正确反映事物的本质规律，对工作起积极指导作用，经得起实践检验。主旨不能存在错误，同时要有针对性，不能无的放矢。

2. 鲜明

应用文中所表达的基本思想、态度和观点必须明确，要有针对性、原则性，不能含而不露、模棱两可，让读者产生歧义。

3. 集中

应用文的行文目的要单一、突出，写作时一般要求“一文一事”“一文一旨”“一文一议”。

（三）确立主旨的依据

1. 以写作目的为依据

撰写应用文是为了及时处理和解决工作与生活中的具体问题，文书的主旨要根据写作目的来确立，主旨正确、鲜明、集中才能有针对性地解决问题。

2. 以材料的意义为依据

应用文写作时要收集大量的材料，需要作者对事实和材料进行分析研究。得出正确的判断和结论后，再确定文本主旨，如调查报告、研究论文等。

二、材料

（一）什么是材料

材料是指作者为了实现写作目的，收集并写入文章中的一系列事实和依据。一般包括事件、现象、数据、理论文献、法律法规、公认的原则、科学原理和公理等。拥有丰富的材料，是应用文写作的基础。

（二）材料的选择

1. 围绕主旨选择材料

从根本上来说，应用文写作就是根据现实工作的实际需要而写作。根据表现主旨的需要决定对材料的取舍，能够有力地说明、突出主旨的材料应该使用，与主旨无关的材料必须舍弃。

2. 选择典型的材料

应用文所选的材料要有典型性，能够反映事物的共性和特征，揭示事物的本质和规律，对阐明和表现主旨有意义。

3. 选择准确的材料

应用文的材料必须是准确的。选择材料时要甄别真伪，核实材料中的时间、地点、人物、事件、数据等情况。可以通过访谈、问卷、实地考察等调查方式获取事实、数据等，也可以查阅检索档案、年鉴、简报、图书、报刊、网络等资料。

4. 选择新颖的材料

新颖的材料是产生、确立、表现和印证新思想、新观点的依据，新情况、新思想更符合时代的特点，新颖的材料才能使应用文书与时俱进，更具时效性。

（三）材料的使用

1. 安排材料的顺序

应用文材料的安排顺序通常采取以下原则：

（1）按照时间顺序排序。

（2）按照材料性质的重要程度排序。

（3）按照事件之间的逻辑关系排序。

2. 确定材料的详略

应用文写作的材料选定后，需要对材料的详略进行处理。通常遵循以下原则：

（1）根据主旨的需要确定材料的详略。

（2）根据文体的特点确定材料的详略。

三、结构

（一）什么是结构

结构是指应用文书的组合和构造，也就是如何安排材料组织成文的方式。一般文书结构是指应用文的标题、称谓、正文、结尾和落款，内部结构还涉及开头和结尾、层次和段落、过渡和照应、主次和详略等四对八个环节。

（二）结构的主要内容

1. 标题

（1）说明性标题。这类标题一般包括单位名称、事由、文种，如《建设银行招聘启事》。大部分应用文都可以使用说明性标题。

（2）议论性标题。这类标题一般要突出文章主题，如《中国家庭能不能买得起房》《如何提高学习效率》。调查报告、经验性总结等可以使用议论性标题。

（3）双标题。将说明性标题和议论性标题相结合，如《靠名牌赢得市场——关于深圳飞亚达（集团）股份有限公司的调查》。调查报告、学术论文可以使用双标题。

2. 开头

（1）概述式。概括叙述有关情况或事件背景。通常报告、会议纪要、总结、调查报告等文种使用这种方法开头。例如，总结的开头："一年来，在部门领导和同事的关怀帮助下，我在思想政治方面、工作方面和业务学习等方面都取得了一定的进步，完成了本学年的各项工作任务。现将有关情况总结如下。"

（2）目的式。阐述应用文写作的意义、宗旨等，常用"为""为了"等介词表述行文目的。通知、通告、计划、招标书、投标书等采用这种方法开头。例如，计划的开头："为了在本学期更合理地完成英语学习任务，顺利通过全国公共英语等级二级考试，特制订英语学习计划如下。”

（3）开门见山式。开篇直接说明具体内容或主旨。决定、合同、条例等文种使用这种方法开头。例如《山西省人民代表大会常务委员会关于批准〈太原市旅游条例〉的决定》一文的开头：“山西省第十三届人民代表大会常务委员会第三十一次会议审议了太原市第十四届人民代表大会常务委员会第四十五次会议于2021年5月13日通过的《太原市旅游条例》，决定予以批准。”

（4）引述式。引述对方来文、来电的标题与发文字号作为开头的方式。批复、函等习惯用这种方法开头。例如党政机关公文《教育部关于同意中北大学信息商务学院转设为山西晋中理工学院的函》的开头：“《山西省人民政府关于商请将中北大学信息商务学院转设为独立设置的民办普通本科高校的函》（晋政函〔2020〕127号）、《山西省教育厅关于调整中北大学信息商务学院转设后校名的请示》（晋教发〔2020〕33号）收悉。根据《中华人民共和国高等教育法》《中华人民共和国民办教育促进法》《中华人民共和国民办教育促进法实施条例》《普通本科学校设置暂行规定》《关于加快推进独立学院转设工作的实施方案》有关规定以及第七届全国高等学校设置评议委员会评议结果，经教育部党组会议研究决定，同意中北大学信息商务学院转设为山西晋中理工学院，学校标识码4114013538；同时撤销中北大学信息商务学院的建制。现将有关事项函告如下：”。

3. *层次*

（1）总分式。各个层次之间表现为先“总”后“分”、先“分”后“总”或先“总”后“分”再“总”的结构形式。论文、调查报告、总结等常用总分式结构。

（2）并列式。并列式又称“横式结构”，是正文的各个层次之间是平行关系的结构模式。合同、招投标书等常用并列式结构。

（3）递进式。递进式又称“纵式结构”，是正文以时间为线索或根据逻辑关系深入展开的结构形式。

（4）因果式。各个层次之间按先因后果或先果后因顺序安排的结构形式。请示、申请书等常用因果式结构。

4. 段落

（1）提行式。以另起一行表示内容转换的划分段落方式。如会议纪要常用“会议认为”“会议指出”“会议决定”等区分不同段落。

（2）条款式。以序号为标志，按不同意思分条列项的划分段落方式。计划、总结、调查报告、论文以及公文中通知、通告等应用文常采用条款式分段。

（3）篇段合一式。篇段合一式是指一篇文章为一段的划分段落方式。条据、请柬以及公文中批复、转发通知等常采用这种方式。

5. 过渡

（1）过渡词。如“因此、总之、由此可见、综上所述、但是”等。

（2）过渡句。如“现将本学期情况总结如下”“现就有关问题报告如下”等。

（3）过渡段。以一个独立的自然段承转过渡。

6. 照应

（1）首尾照应。应用文开头和结尾互相照应。总结、调查报告等通常采用首尾照应的方式。

（2）文题照应。通常包括内容与标题照应、主旨与标题照应、开头语与标题照应、结尾与标题照应。

（3）行文前后照应。应用文正文围绕主旨，行文多次照应。

7. 结尾

（1）强调式。强调式是指对应用文正文中的主要问题作强调说明，以强化读者印象的结尾方式。

（2）期求式。期求式是指应用文在正文结束后表达期求愿望的结尾方式。如公文中请示结尾用语“妥否、请批准”等。

（3）希望式。希望式是指应用文正文结束后向读者提出要求、号召等的结尾方式。

（4）说明式。说明式是指在应用文结尾处补充说明某些内容的结尾方式。

（5）秃尾式。秃尾式是指应用文正文结束全文自然结尾的结尾方式。

（三）结构的要求

1. 完整统一

应用文书应有开头有结尾；主体部分纲目清晰，条理分明，段落合理，文字详略得当。

2. 合乎规范

应用文书应遵守规范文本格式要求，不随意写作。

3. 合乎逻辑

应用文结构各部分安排得当、过渡自然，层次关联紧密，不相互矛盾和冲突，整篇条理清晰、文脉贯通。

4. 围绕主旨

应用文的结构是一旨贯通的，要以主旨贯穿全文，干净利落，不蔓不枝。

四、表达方式

（一）什么是表达方式

表达方式是指在应用文中表达客观事物和作者思想感情使用的手段和方法。

（二）表达方式分类

汉语常用的表达方式有叙述、说明、议论、描写、抒情五种，在应用文中，主要运用叙述、说明和议论三种表达方式。

1. 叙述

用恰当的顺序叙述和交代人物的经历和事件的发展变化过程。运用叙述表达方式时，一要恰当使用叙述人称，二要真实地表达事实，三要采取单纯的叙述线索。通常以顺叙为主，多用概述、夹叙夹议的方法。

2. 说明

以简明、准确的文字科学解释和客观介绍事物的特征、状态、功能和成因等。运用说明表达方式时，一要注意使用行业术语，二要注意自然语言与书面辅助语言结合使用，三要运用具体数据、事例、资料。常用的说明方式有定义、诠释、举例、比较、分类、数字和图示等。

3. 议论

用严谨的方法分析客观事物之间的联系和规律，表明观点、态度和判断。运用议论表达方式时，一要客观评价，二要就事论事，三要引据论说。常用的议论方法有例证、引证、对比、因果等。

在应用文写作中，以叙述为主，以议论和说明为辅，抒情和描写较少使用。

（三）表达的特点

1. 社会化的书面语体

为了准确、快捷地实现写作目的，应用文表达必须使用全社会共同认知的、通行的书面语体，以避免造成阅读、理解上的偏差和障碍，更有效地传达撰写者的意图。

2. 规范的模式语句

为了客观、真实地表述写作意图，应用文常用惯用语。如一般的人称、祈使、回复用语，体现文章结构的习惯用语，表明行业特点的专业术语。

3. 专业的辅助语言

为了体现应用文写作的实用性和工具性，应用文表达经常使用书面语的辅助语言，如符号、公式、图形、表格等，以替代、补充文字语言，使应用文语言表达更直观、更简明。

五、语言

语言是人们重要的交际工具，从书面交际的层面来说，可以分为文学语言和实用语言两大基本类型。文学语言侧重审美和意韵，可以使用多种修辞手法；实用语言则必须严格遵照词典意义，严格遵守语法规则。写作应用文使用的语言，必须是规范的现代汉语。

（一）应用文的语言特点

应用文的语言讲究实用，是为了联系工作、沟通情况、办理事情的时候简洁高效。

1. 准确

表达准确是应用文语言的最高要求，写作时必须字斟句酌，语法正确，语体恰当，表达方式符合要求。

2. 简要

应用文语言表达要求言简意赅，词约义丰，尽量使用专用词语、固定习惯用语等。

3. 平实

应用文追求语言质朴，不夸张、少粉饰，客观地反映事情，追求庄重、实用的文风。

4. 规范

缜密、规范地使用标点符号、名称、时间、数字、简化字、缩略语、简称和主题词。在同一篇文章中序数数字的体例要统一，不能体例混杂等。

（二）应用文的常用词语

1. 事务性词语

事务性词语是应用文在公务活动中形成并使用的约定俗成的专用词语，下列是应用文中常用的固定词语。

类别	常用字词
表称谓	本、我、贵、你、该、其
表经办	经、兹经、业经、未经、拟、拟办、审定、审议、审批
表领述	接、近接、前接、敬悉、惊悉、收悉、查、现、如下
表呈递	呈上、转呈、送上、递交
表承接	现……如下、拟采取如下措施、现决定、为此、据此、鉴此、综上所述、总而言之
表征询	当否、妥否、是否可行、意见如何
表命令	照办、参照执行、切切、勿违、不得有误、严格办理、切实执行
表祈请	烦请、恳请、敬请、希、敬希、望、希望
表开头	为、为了、根据、依照、遵照、按照、关于、由于、鉴于、兹、兹有、兹派、兹介绍
表结尾	为要、为盼、为荷、为宜、特此函复、现予公告、谨此、特予公布、致以谢意

2. 专业术语

专业术语是应用文写作区别于文学作品创作的重要特征，应用文写作根本的特征是实用性，无法回避各行各业大量的专业用语。应用文作者应熟悉专业业务，写作时能准确使用专业术语，体现出应用文语言的简明和准确。

3. 新生缩略词

缩略词是人们在社会生活中为了简明地表达特定内容，为人们所认同的有一定规范的新生词汇。缩略词随着客观现实的需要应运而生，具有鲜明的时代性，如“八荣八耻”“三个代表”“两学一做”“一带一路”等。在应用文写作中，应注意缩略词的规范使用，不能自造一些晦涩难懂之词。

4. 文言词汇

应用文写作历史悠久，在长期的使用过程中，一些凝练、典雅的古代汉语词汇流传至今，在常用事务性语言中仍然在使用，如“兹”“荷”“妥”“承蒙”等。这些文言词汇能更好地表现出应用文语言的庄重、大方、典雅和精练风格。

思考和练习

一、应用文在我们生活中无处不在，请在课外寻找5份应用文书，并分析它们的文种、特点和用途。

二、请选择恰当的词语填入括号中。

1. 各地区可以根据季节的变化，(　　)调整作息时间，以达到充分利用日光、节约照明用电的目的。

A. 适当　　B. 逐步　　C. 合理

2. 各级银行要积极(　　)税款征收部门做好这项工作。

A. 帮助　　B. 辅助　　C. 协助

3. 对伪造国库券的，依法(　　)刑事责任。

A. 追究　　B. 追查　　C. 判处

4. 国务院法制局在调查研究、广泛征求意见的基础上，经与有关部门共同研究，(　　)《中华人民共和国经济合同法修正案（草案）》。

A. 制定　　B. 草拟　　C. 拟订

5. 具体办法由财政部与有关部门下达，各地区、各部门均不得(　　)提高补贴标准。

A. 擅自　　B. 随意　　C. 私下

6. 要把有机肥料的研究工作列入(　　)，组织科研、教育、推广部门协作攻关。

A. 日程　　B. 计划　　C. 规划

7. 任何人不得以任何(　　)冲击铁路车站。

A. 理由　　B. 方式　　C. 借口

8. 严禁机动车辆(　　)通过铁路道口。

A. 违章　　B. 擅自　　C. 非法

9. 企业领导除将主要精力用于抓生产外，对职工的教育(　　)有足够的关注。

A. 亦须　　B. 务须　　C. 均须

10. 国务院(　　)税收财务物价大检查办公室负责制定开展大检查的具体规定。

A. 责成　　B. 授权　　C. 指示

11. 事故的根本原因是镇政府与区办矿农民(　　)国家有关规定和上级政府的决定，不顾采煤农民的生命安全，冒险蛮干，违法办矿，违章作业。

A. 无视　　B. 忽视　　C. 轻视

12. 所拨款项应(　　)节约的原则，合理使用，努力少花钱、多办事。

A. 坚持　　B. 本着　　C. 遵循

13. 经查证，此案(　　)错判，应予立即纠正。

A. 纯系　　B. 显系　　C. 确系

14. 对纳税确有困难，经税款征收机关批准缓交的，其滞纳金可以(　　)核减。

A. 适当　　B. 据实　　C. 酌情

15. 台湾同胞来祖国大陆探亲旅游的(　　)增多，这对于促进海峡两岸的“三通”和实现祖国和平统一大业将起到积极的作用。

A. 逐年　　B. 日益　　C. 渐渐

三、恰当使用应用文的语言风格改写下面文章或语段，使语言更简洁庄重。

1. 我们局的这项工作，得到你们公司的大力支持，在这里，我们特向你们表示深深的感谢！

2. 通过8月8日的来信，我们已经知道考察团将要到我们市访问的消息，你们要求的各项工作已经全部准备好了，希望你们告诉我们考察团到达我市的具体时间。

3. 草长莺飞，春耕的季节到了，我们乡里还缺少50多吨玉米种子，我们很着急，请领导赶紧想办法给我们调拨种子。可以不可以？快点答复！

4. 我们以上报告的事情和处理意见，如果没有什么不妥当的地方，就请领导批示后，转发给各个市、县人民政府以及同这件事有关的各个部门，按照报告中所提出的处理意见执行。

相关知识

整　饰

应用文写作要求比较严格，在完成文本草稿后，必须花一定的时间认真进行推敲和完善，这项工作叫作“整饰”。整饰的主要内容有以下五点：

1. 订正主旨。主旨正确与否，是修改的首要任务。要检查观点是否体现了党和国家的方针、政策和精神；检查观点是否突出主旨，是否符合客观实际，有些材料是否冲淡或埋没了主要观点。凡是观点不正确、不全面、不鲜明、不突出的内容都必须加以订正。

2. 核查材料。应用文的材料和观点必须高度统一，必须克服有观点无材料，或材料不能充分说明观点的缺陷。对于不真实、不典型、不具体的材料一定要删掉。使用材料要做到围绕主旨，紧扣观点进行。

3. 调整结构。从应用文文本总体把握结构，看层次安排、段落划分、过渡照应和开头结尾是否得当。凡次序颠倒、前后重复、详略失当、衔接不顺的句子和段落，都应该进行调整或删改。

4. 推敲语言。应用文写作要做到字斟句酌，反复推敲语句。文字表达方面，不能出现错字、别字和病句；逻辑和修辞方面必须恰当；语句要通俗，表达要得体；引经据典要恰当无误；书写表达要流畅清楚。

5. 检查格式。不同的应用文文种有不同的写作格式，要根据主旨进行文种格式检查，保证所撰写的文书格式正确完整。

第二章　日常文书

在日常生活中，人们经常需要以书面形式撰写一些文书，有的是一种凭据，有的是办理手续的需要，有的是说明情况和提出请求，有的则是介绍和推荐自己，这类文书就是日常文书。

日常文书包括的种类很多，主要有条据、启事、请柬、申请书、求职信以及介绍信、证明、倡议书等。日常文书就是为满足人们日常的生活、工作、学习中需要而撰写的，用来处理公私事务的具有惯用格式的一种文书。

第一节　条据

一、条据的概念

条据就是人们在日常的工作、学习、生活中需要以书面形式向对方进行说明、介绍或者作为凭据的一种实用文书。条据是应用文书中最简单的一种，可以根据性质不同分为两大类。

（一）凭证类条据

常见的凭证类条据有借条、欠条、收条、领条、代收条等，用来作为借、欠、收、领等的凭证。条据虽小，但事关重大，必须慎重对待。

（二）说明类条据

说明类条据有请假条、便条等，主要用来履行告知义务。此类条据内容简单，一般一事一文，说明事情即可。

二、凭证类条据

（一）借据

1. 借据的概念

借据也称“借条”，是个人或单位借用个人或单位的现金、财物时所写的凭证性文书。借据（条）是人们在日常工作和生活中经常使用的一种应用文书。

2. 借据的分类

借据可以分为两类，一类是以个人名义出具的借条，另一类是以单位名义出具的借条。

3. 借据的写作格式

借据包括三个部分。

（1）标题。借据的标题有两种形式。

一种是直接由文种名构成，即在正文上方中间写上“借条”或“借据”字样。如：

例文 1

借条

今借到刘志东同学的《牛津英汉词典》壹本，一个月内送还。此据

立据人：周水刚

二〇一五年九月三日

另一种是省去标题，在第一行空两格位置写上“今借到”，而正文的其他内容放在下一行顶格位置写。如：

例文 2

今借到

刘志东同学的《牛津英汉词典》壹本，一个月内送还。此据

立据人：周水刚

二〇二一年九月三日

（2）正文。正文应写明下列内容。

首先，从哪里借到了什么东西，数量多少。要写出所借的钱物数目或物品的品种、型号、式样、规格等，从单位借出的钱物要写上所为何用。其次，写明归还的具体日期或大致时间，若有较为复杂的情况，则要写明具体归还的方法。最后，内容写完后，紧跟正文写“此据”二字，防止添加。

（3）落款。

1）署名。写在正文下一行右下方，有三种情况：

以个人名义写作的借款条，署名形式为“借款人：×××”；

以个人名义写作的借物条，署名形式为“立据人：×××”；

以单位名义写作的借条，署名形式为“单位名称　经手人：×××”。

2）日期。在署名下方写上借钱物的具体时间。年月日要写完整，不能只写数字。

4. 借据的例文分析

例文 3

借条

今借到王东人民币捌佰元整，于三个月内归还。此据

借款人：李明

二〇二一年三月七日

例文4

借条

今借到院团委演出服柒套、锣鼓贰套，于一周内归还。此据

艺术设计系

经手人：李明

二〇二〇年九月十二日

例文5

借条

今借到财务处人民币伍佰元整，作实习费用，一周之内归还。此据

借款人：王丽

二〇二〇年三月一日

5. 借据写作的注意事项

（1）所借钱物数目必须汉字大写，后面加“整”。如“人民币伍仟肆佰叁拾贰元整”。

（2）必须写明归还日期，其格式为“××××年××月××日之前归还”或“××××年（月、日）之内归还”。

（3）内容写完后，紧跟正文写“此据”，且“此据”后面不加标点符号。

（4）如果是单位写的借据，单位名称下方就必须写明“经手人”及姓名；如果是个人写的借据，就要在个人姓名前写上“立据人”或“借款人”字样。

（5）年月日要写完整，不能只写数字。

（二）欠条

1. 欠条的概念

欠条是个人或单位在欠款、欠物时写给有关单位或个人的条据。欠条也叫“白条”。

2. 借据与欠条的区别

借据和欠条都是凭证类条据，但适用情况并不相同。借据是借了个人或单位的钱物时当场要写的条据，而欠条的适用情况就要相对复杂一些。

（1）借了他人或单位的钱物到时不能归还，或不能全部归还，有部分的拖欠，此时就需要写张欠条。

（2）在购买物品或收购产品时，因不能支付或不能全部支付他人的款项而要写张欠条。

（3）借了个人或单位的钱物，事后补写的凭证，也称作欠条。

3. 欠条的写作格式

欠条一般由标题、正文、落款三部分组成。

（1）标题。与借据类似，欠条的标题也可以采用两种形式。其一，直接由文种名构成，即在正文上方中间写上“欠条”字样。其二，省去标题，在第一行顶格写上“今欠”或“暂欠”，而正文的其他内容在下一行空两格写。

（2）正文。欠条的正文要写清欠什么人或什么单位什么东西、数量多少，并写明偿还的日期。内容写完后，紧跟正文写“此据”二字，防止添加。

（3）落款。署名和日期。

4. 欠条的例文分析

例文6

欠条

今欠王东人民币捌佰元整，于一个月内归还。此据

欠款人：李明

二〇二〇年六月七日

例文 7

欠条

原借王东人民币捌佰元整，现已归还叁佰元整，尚欠伍佰元整，于一个月内归还。此据

欠款人：李明
二〇二〇年六月七日

例文 8

欠条

今欠美特好超市货款人民币叁仟元整，两日之内交清。此据

新东方会计学院
经手人：王刚
二〇二〇年四月十二日

5. 欠条写作的注意事项

欠条写作的注意事项与借据大致相同，但需要注意的是借据只适用于当场借当场写的情况，而欠条则有三种适用情况。

（三）收据

1. 收据的概念

收据是收到钱物的个人或单位写给发送钱物的个人或单位的一种凭据，也叫“收条”。商业活动中，收到钱款一般需要出具正规发票。

2. 收据的写作格式

一张完整的收据，通常应由标题、正文、落款三部分组成。

（1）标题。标题的写法有两种。一种是直接由文种名构成，即在正中间写上“收条”或“收据”。另一种是省去标题，在第一行空两格写

上“今收到”“现收到”或“已收到”，而正文的其他内容放在下一行顶格写。

（2）正文。正文一般要写明收到的钱物的数量或物品的种类、规格等情况。

（3）落款。署名和日期。

3. 收据的例文分析

例文 9

收条

今收到山西恒美集团捐赠的方正电脑贰拾台，人民币贰拾万元整。此据

王西村希望小学

经手人：王大虎

二〇二〇年九月七日

例文 10

代收条

今代收到孙晓红同学归还给张少波老师的网球拍壹副，完好无损。此据

代收人：李钢

二〇二一年三月一日

4. 收据写作的注意事项

收据写作格式与借据、欠条类似，在收条写作之前需要认真清点所收到的物品、钱款的种类和数额，做到准确无误、不出差错。

（四）领条

1. 领条的概念

领条是单位或个人在领到钱物后，向发放钱物的单位或个人所写的一种凭据。如今人们一般在领取钱物时只在造好的表册上签字即可。

2. 领条的例文分析

例文 11

领 条

今领到院宣传部发的《中国共产党简史》肆拾叁本。此据

学生处
经手人：赵强
二〇二一年三月九日

例文 12

今领到
办公室下发办公用品钢笔伍拾支、蓝墨水贰拾瓶、信封伍拾个、稿纸贰拾本。此据

机要科
经手人：张红彤
二〇二〇年三月十二日

三、说明类条据

（一）请假条

在工作、学习和生活中，因病或因事缺席应该参加或出席的活动，应该向负责人写请假条说明情况。

例文 13

请假条

王老师：

今天早晨我发烧咳嗽，上午去中心医院看病，医生诊断为重感冒，建议卧床休息，特请假 2 天（3 月 2~3 日），请批准。

此致

敬礼

学生：赵芳

2021 年 3 月 2 日

这则请假条格式完整，标题居中，称谓顶格写，正文写明了请假原因和请假要求，合情合理，语言简明。在写作请假条时，请假理由一定要正当充分，如果请两天以上的病假，则需要附上医院证明。

（二）便条

便条属于一种书信类的应用文体。在日常生活中，如果我们有什么事情要告诉另一方，或委托他人办什么事时，在不方便面谈的时候，可以使用便条进行联系。

便条的种类比较多，根据情况有以下几种：

留给私人的便条，如“留言条”。

写给朋友的便条，如“请客便条”。

写给有业务、债务关系的人的便条，如“索款便条”。

例文 14

赵刚兄：

本月二十日是家母 90 岁生日，我邀请了部分好友家中小聚，请你届时赏光。时间是下午 6 点。

此致

台安

弟：王伟

即日

例文 15

李刚老兄：

你借我的 3000 元，约定上月内归还。现在已经过期了，不见掷下。想是你忘记了。如果你手头宽裕，请尽快还我。

弟李维上

即日

思考和练习

一、凭证式条据和说明式条据在写作要求上有什么不同？

二、写作。

1. 2020 年 12 月 15 日，太原美林音像制品有限公司的陆涛从旺旺食品有限公司购进德芙巧克力 280 盒，每盒 83 元，当场付现金 3500 元，经协商剩余款项 3 天内付清，请根据内容写一份条据。

2. 2021 年 3 月李容借了陈斌 1000 元，约定半年归还，请根据内容写一份字据。

3. 川南矿区财务科何成于 2020 年 6 月 17 日接到 3238 钻井队送来的本年度第一季度会计报表，共三份，请帮何成写一份字据。没有提供的内容自拟。

4. 晓闻在世界青少年科技创新小发明比赛中获得了金奖，请你以晓闻的名义给他的老师或父母拟写一则手机短信，内容为报告喜讯、表示谢意，字数在30~60字。请按照留言条的格式写作。

相关知识

数字的用途

阿拉伯数字	0	1	2	3	4	5	6	7	8	9	10	100	1000	10000
汉字数字	〇	一	二	三	四	五	六	七	八	九	十	百	千	万
钱款专用数字	零	壹	贰	叁	肆	伍	陆	柒	捌	玖	拾	佰	仟	万

这些数字表达的意思没有什么不同，只是使用范围和场合有所区别。

阿拉伯数字和汉字小写数字都可以用来表示时间，如2008年、二〇〇八年。在使用时注意前后文要统一，不能写成“2008年六月3日”，或者“四月二十日上午9点”等。如果是竖排的文字，就只能使用汉字数字了。

在条据写作中，涉及钱物数额要使用钱款数字，原因是条据作为重要凭证，内容要严谨；阿拉伯数字和汉字小写数字笔画过于简单，特别容易被篡改，所以在条据和财务票据上都要采用汉字大写数字，主要是防止被篡改。

这些用作大写数字的汉字是假借字，在唐代就已经开始使用了，经过逐步发展规范，明代颁布法令要求财务记账使用的数字必须是汉字大写数字，以增加涂改账册的难度。

第二节　启事

一、启事的概念

启事是单位或个人向公众告知某些事项或需要解决的问题，寻求响应或请求协助时使用的文书。“启事”是“公开发布事情”的意思，是一种应用文书，不能写成“启示”。启事篇幅短小，使用方便灵活，是人们生活中不可或缺的日常文书。通常可以张贴在公共场所，或刊登在报刊上，发布在电台、电视台及网络等媒体上，具有信息传递及广告宣传的作用。

二、启事的特点

1. 公开性

启事是向社会公开某些事情，所涉及的内容都具有公开性。作者在撰写启事时要酌情考虑适宜公开的内容。

2. 期望性

发布启事的目的是希望得到公众的响应和协助，具有期望性。

3. 非强制性

启事对公众没有强制性。对各类启事，公众可以响应配合也可以不响应。

三、启事的种类

根据内容和写作目的，启事可以分为三大类。

1. 寻领类启事

如寻物启事、招领启事、寻人启事等。

2. 征召类启事

如招聘启事、征文启事、招生启事等。

3. 告知类启事

如迁移启事、更正启事、开业启事等。

四、启事的写作格式

（一）启事的基本格式

启事一般由标题、正文和落款组成，但不同种类的启事具体内容和格式不相同。

1. 标题

启事的标题有以下四种形式：

（1）直接写文种名称，如“启事”。

（2）启事种类和文种，如“招生启事”“征稿启事”。

（3）启事内容加种类加文种，如“第三届校园文化节征文启事”。

（4）启事单位名称加内容加文种，如“鸿之云景观设计有限公司招聘启事”。

2. 正文

启事的正文因需要说明的事项不同而异。总要求是有条理，清楚明白，简明扼要。

（1）寻领类启事。寻物启事要写明失物时间、地点、名称及主要特征；招领启事要写明拾到物品的时间、地点、主要物品名称（细节酌情略写）；寻人启事则需要写明走失人口的姓名、年龄、衣着、外貌特征、出走时间、地点等信息。

（2）征招类启事。征招类启事的种类也很多，有的简要说明征招事项及条件即可，如征婚启事、征集线索启事等。有的需要写前言、征招事项、条件及说明等内容，如招聘启事，往往需要先介绍招聘单位基本情况、主要业务等；还需要写明招聘岗位及人数；根据不同岗位的要求，还应写明有针对性的招聘条件；为了便于应聘者响应，还需要说明工作待遇、应聘时间及方式。

（3）告知类启事。告知类启事一般内容比较简短，陈述告知事项即可。如开业启事，正文部分用一段式结构写明开业时间等相关信息就可以了。

3. 落款

落款包括署名和日期，写在正文右下方。一般可以写启事单位名称或个人姓名。单位名称如已写入标题，落款处就可以不写。署名下面还可以写联系人、联系地址、电话号码、邮政编码等，这些内容也可以出现在正文里，如果正文部分已有，那么署名处也可以不写。最后署上成文时间。

（二）不同类型启事的写作方法

1. 寻物启事

例文 1

寻物启事

本人不慎于 3 月 19 日下午在校园图书馆东侧小路附近丢失一个白色挎包，内有一本《植物生理学》及黑色钱包一个，钱包内有本人身份证、饭卡、胸卡及现金 200 元，请拾到者与 34 班王红梅联系，电话 133××××××××，万分感谢！

王红梅

2020 年 3 月 19 日

这是一则寻物启事。正文写明了失物的名称、外观、数量及特征，便于别人帮助寻找；留下失主的联系方式，也是便于联络。这则启事内容表达清楚完整，是一则有实际应用价值的启事。

2. 寻人启事

例文 2

寻人启事

孙××，男，14 岁，身高 1.5 米。××口音，痴呆。留平头，皮肤微黑，右耳后有黑痣。穿黄背心，白色运动短裤，黑塑料凉鞋。××××年×月×日在前门大街走失，有知情者请与××市××区××胡同××号联系，电话：×××××××××××。多谢！

联系人：孙×

××××年××月××日

例文 3

寻人启事

吴小雪，女，18 岁，身高 1.6 米，瓜子脸，肤白，大眼睛，气质高雅，身穿浅红色连衣裙，白色皮凉鞋。于 7 月 14 日离家，至今未归。本人若见到此启事，请尽快同家人联系。有知其下落者，请与××市×××大学××系吴家俊联系，联系电话：×××××××××××，或请与××市×××路派出所联系，联系人：赵小强，电话：×××××××××××。定重谢！

××××年××月××日

这两则寻人启事语言精练，篇幅短小精悍，格式规范。不同的是例文 2 属于走失人因为患有某种疾病无意走失，例文 3 属于走失人故意走失，即因某种原因离家出走不归。

例文 2、例文 3 的共同点在于首先交代走失者的身份特征，如姓名、性别、年龄、外貌、衣着装束、说话口音等，便于知情者据此进行判断以便及时联系其家人。其次交代丢失人于何时何地走失或出走。最后详细交代寻找人的通信地址或联系方式，以便别人及时联系。

3. 招领启事

例文 4

招领启事

本旅社于××月××日上午拾得皮包一个，内有手表一块，人民币若干，望失主前来认领。

×××旅社

二〇××年××月××日

寻物启事是失主寻找失物，招领启事则是有人拾到失物寻找失主。寻物启事正文内容要详细完整；而招领启事却不能把失物的名称、特征、数量等全写清楚，否则无法识别真正的失主。

4. 招聘启事

例文 5

瑞讯园林景观设计公司招聘启事

瑞讯园林景观设计公司因业务发展需要，现招聘园林工程师 1 名、办公室文员 1 名、UI 设计师 4 名及清洁工 1 名，要求如下：

一、园林工程师

1. 园林、园艺、工程建筑相关专业，专科及以上学历，3 年以上园林、景观工程施工管理工作经验；

2. 掌握园林行业的技艺技术，成本、质量意识强；

3. 能熟练使用相关绘图软件，具有较强的沟通协调能力、施工现场管理能力和高效的执行能力；

4. 具有良好的工作态度，工作积极、主动、认真，并有强烈的责任感和团队协作精神；

5. 能配合完成相关资料及竣工图制作。

二、办公室文员

1. 大专以上学历，文秘及相关专业；

2. 沟通能力强，工作有条理，思维灵活；

3. 有一定文书写作能力，能熟练使用办公软件；

4. 具有良好的团队精神，服从团队安排。

三、UI 设计师

1. 具有扎实的设计基础，熟练掌握各类设计软件；

2. 具有优秀的审美能力、平面设计及 UI 设计创意能力；

3. 理解能力强，有新颖的设计思维、良好的美术功底，能够独立完成设计工作。

四、清洁工

要求女性，身体健康，有责任心。

欢迎有意者电话垂询，待遇面议。电话接待时间为××××年××月××日前每个工作日。

联系人：王大河

咨询电话：×××××××

地址：中原路××号

瑞讯园林景观设计公司

××××年××月××日

这则招聘启事语言简练得体，庄重而又不失礼貌热情，可以看出该公司招贤纳士的诚意。招聘职位和具体条件分项列出，表述专业、明确。由于不同岗位承担的具体工作并不相同，所以招聘条件根据岗位需要来设定，特别是专业技能有一定限制性，符合条件的应聘者才是企业希望招募的对象。

五、启事的写作要求

1. 内容明确，条理清晰

启事就是向社会公开一件事情，一般是一事一启。启事内容表述一定要具体明确，一目了然。如果内容较多，如招聘启事等，建议采用分条列项的写法，条理清晰，便于阅读。

2. 语言准确，通俗简练

启事面向公众发布，语言表达要准确，措辞尽量通俗简练，过于书面化、文言化、专业化的语言不利于普通群众阅读。

思考和练习

一、启事的种类有哪些？

二、寻物启事、寻人启事、招领启事和招聘启事在写作时应分别注意哪些问题？

三、写作。

1. 2021 年 3 月 31 日上午 10 点，王笑海带女儿去华联商场购物，不慎女儿走失。孩子叫王晓，3 岁，身高 95 厘米；圆脸，单眼皮；头上戴着大红色蝴蝶结发卡，身穿粉红色外套，咖啡色裤子，脚穿红色皮鞋。北京人，说普通话，但吐字不太清楚。请你帮王笑海写一则寻人启事。

2. 2020 年 6 月 22 日傍晚，5 号学生公寓 206 寝室的王慧同学在公寓楼下捡到一件校服，校服口袋里有饭卡、钥匙和 78 元现金。请帮王慧同学写一则启事寻找失主。没有提供的内容自拟。

3. 位于迎泽大街 116 号的花境园艺公司是一家集科研、生产、销售于一身的公司，主要业务是各种盆栽花卉的种植和销售、花卉新品种和种植新技术的引进与研发。经过半年多筹备，于 2021 年 5 月 8 日开业，为酬谢顾客，七折优惠一周。请帮该公司写一份开业启事。

4. 花境园艺公司因开业需招聘园艺生产管理人员 6 名，要求熟悉园艺技术，有一定的实践经验；绿化工 10 名，大专以上学历，吃苦耐劳；园艺设计人员 3 名，要求本科以上学历，2 年以上工作经验，创新能力强；文秘 1 名，女性，30 岁以下，写作能力和协调能力强，能熟练操作电脑。请帮该公司写一份招聘启事，没有提供的内容自拟。

相关知识

“启事”与“启示”“声明”“公告”的区别

在生活中“启事”是比较常见的文种，但是张贴出来的很多是“启示”。实际上“启示”并不是应用文，这个词表示“启发和指示，让人有所领悟”的意思；而“启事”的“启”表示公开，“事”指事情，“启事”就是陈述并公开某件事情。因此正确的写法应该是“启事”，不管是哪种“启事”，都不应该写成“启示”。

“启事”和“声明”也是比较容易混淆的文种，“启事”主要用来陈述事情，“声明”则是就有关事项或问题向社会表明自己的立场和态度，二者适用范围不同。“声明”具有表态性和警示性的特点，它除了简明告启某事外，主要用来表明立场、澄清问题、保护权益等。

“启事”与“公告”也经常被混为一谈，如“校庆公告”“招商公告”等。“公告”是党政机关公文的一种，适用于向国内外宣布重要事项或者法定事项，由党政机关依照特定的程序制发，而“启事”则是普通的日常文书，单位或个人都可以使用这一文书。

第三节　请柬

一、请柬的概念

请柬又称“请帖”，是邀请宾客前来参加庆典、会议或纪念活动的礼仪性文书。请柬具有通知的作用，用于较为隆重的场合，如联谊会、各种纪念活动、婚宴、诞辰或重要会议等。

二、请柬的特点

1. 礼仪性

请柬用于隆重的喜庆活动，发送请柬是对被邀请者的尊重和礼貌，在形式和内容上都非常注重礼仪。请柬语言典雅，制作精美，发送及时，都体现了礼仪性的特点。

2. 简明性

请柬篇幅短小，内容单一而简明，写明具体的活动时间、地点和内容就可以了。

3. 艺术性

请柬制作讲求精美，从颜色、图案到样式，都有一定的文化内涵。就颜色来说，中国人喜欢热烈喜庆的红色、金色，慎用白色，禁用黑色；就图案来说，要选用能反映活动内容的寓意吉祥的图案；就样式来说，有单面式、折叠式、套叠式等。

三、请柬的写作格式

从形式上，请柬分为横式写法和竖式写法两种。竖式写法从右边向左边写。

请柬一般由标题、称谓、正文、结尾、落款五部分构成。

1. 标题

第一行正中写“请柬”两个字，字体略大。一般情况下，在封面上写的“请柬”（请帖）二字就是标题，请柬已按照书信格式印制好，人们只需要填写相关内容即可。

2. 称谓

另起一行顶格写出受邀人名称或姓名。如“尊敬的王鸽女士”“太原电视台”等。前面一般要加敬称，称呼后加上冒号。

3. 正文

（1）请柬开头惯用格式：“兹定于……”。

（2）要写清活动内容，如开座谈会、联欢晚会、生日派对、国庆宴会、婚礼、寿诞等。

（3）写明具体的时间、地点和其他应知事项。如果是请人看戏或其他表演还应将入场券附上；若有其他要求也需注明，如“请准备发言”“请准备节目”等。

（4）末尾写敬请辞，如“敬请参加”“欢迎光临”等。

4. 结尾

要写上礼节性问候语或祝福语，如“此致、敬礼”，这叫作“具礼”。

5. 落款

（1）署名。横式格式写在正文右下方；竖式格式写在正文的左下方。

（2）日期。在署名下方写明发请柬的具体日期，要给参加者留一定的准备时间。年月日要写齐，不要只写月日。竖式格式日期要写成汉字。

四、请柬的写作要求

（1）行文严谨，内容准确。

（2）语言简明、典雅。

五、请柬的例文分析

例文1

请　柬

尊敬的王鸽女士：

兹定于二〇二一年二月十一日上午九时在广厦酒店三层百合厅举办客户答谢会，恭请光临！

此致

敬礼

海棠商务公司

二〇二一年二月五日

例文2

请　柬

太原电视台：

兹定于二〇二〇年五月四日晚六时整，在山西林业职业技术学院学生活动中心举行纪念“五四运动”学生诗歌朗诵会，恭请贵台派一位记者光临。

此致

敬礼

山西林业职业技术学院团委

二〇二〇年四月二十六日

例文 3

请柬

送呈贺牧之先生台启

兹定于二零二零年九月十日

晚八时在××大学大礼堂举办

建校百年华诞校友座谈会

恭候莅临

此致

敬礼

本请柬即入场券 敬请惠存

××大学

二零二零年九月三日

以上三篇例文，例文 1 是企业邀请有关人士参加客户答谢会的请柬，时间、地点和具体内容在短短的一句话中全部表达出来，简洁明确。例文 2 也是以单位的名义发出的，所不同的是这份请柬的请邀对象不是要作为客人参加庆典或聚会，而是要前往进行采访工作，这份请柬实际还起到了提供某种新闻信息的作用，用语不多，信息完整，简洁明快。例文 3 是竖式请柬，更加典雅庄重。竖式请柬写作更加传统，一般不出现标点符号，如果为了阅读方便需加注标点时，加注在下方靠右侧。日期均用汉字书写，“○”常写作“零”，“二十”常写作“廿”。“本请柬即入场券 敬请惠存”是附启语，写在此致敬礼之后。

六、请柬写作的注意事项

（1）一定要有称谓，且前要有敬称，后要有冒号。

（2）注意请柬开头的惯用格式，“兹定于……”。

（3）措辞务必简洁明确、文雅庄重、热情得体。

（4）举办的时间要具体，地点要明确。

（5）一般都要有具礼，写上礼节性问候语或祝福语。

（6）年月日要写全。竖式格式日期要写成汉字。

思考和练习

一、请柬的写作格式包括哪几个部分？

二、写作。

1. 你班定于12月26日举办元旦联欢会，请以你班班委的名义写请柬邀请任课老师前来参加。没有提供的内容自拟。

2. 你是太原富康电子公司公关部的员工，公司将于9月15日上午9点在富康大酒店东楼会议室举办合作伙伴中秋座谈会，会后备有午餐。请你设计制作一份请柬，邀请蓝翔公司的高明亮先生前来参加。没有提供的内容自拟（请用横式和竖式各写一份）。

相关知识

邀请函和请柬

邀请函和请柬都是邀请宾客前来参加活动的文书，但是邀请函和请柬并不相同，要注意二者之间的区别，避免混用。

1. 二者内涵性质不同。

邀请函一般是为有实质性工作、任务或事项而发出的，比如，学术研讨会、科技成果鉴定会、行业交流会等；请柬则为礼仪性、例行性和娱乐性的活动而发出的，例如，晚会、庆典、聚会或者娱乐活动等。

2. 邀请对象不同。

邀请函的邀请对象的范围往往不能确指，一般是某个行业或者较大范围，受邀请人员也比较多，称谓大多为泛指。

请柬的邀请对象是非常明确的，因此称谓要礼貌而且具体，不但要写清受邀人姓名，还应准确称呼对方的职务、职称或者职业。

3. 内容不同。

邀请函要对活动内容、程序、相关事宜、具体要求等进行详细介绍和说明，结构复杂，篇幅较长，文尾必须写明活动组织方的联络方式，且以回执形式要求受邀者回复是否接受邀请，一般情况下文尾还有活动组织方加盖的公章。

请柬内容单一，结构简单，篇幅很短，用两三句话写清全部内容要素，不要求受邀者回复，也不要求加盖公章。

第四节　申请书

我们在工作、生活、学习中，有很多问题是不能自行解决的，有的需要请上级领导帮助，有的则需要有关部门批准。例如，个人对党团组织或其他团体表述加入愿望，在校学生要办理转学、缓考等相关手续，或者工作人员提出转岗、加薪等请求，以及单位或部门的某些工作需要得到上级领导批准，这些时候就需要写作申请书。申请书通常是办事的必备流程，它的结构和作用类似一般书信，也是交流信息、表情达意的工具。

一、申请书的概念

申请书是个人或集体向有关部门、组织表达某种愿望或提出某种请求时所使用的文书。

二、申请书的特点

（一）单一性

申请书是一种专用书信，要求一事一书。主题要明确，内容要简明，一份申请书只提出一个请求。

（二）请求性

“申请”顾名思义就是申述自己的理由有所请求的意思。无论是个人在政治生活上入团、入党的申请，或者个人、单位在其他方面的申请，均是请求满足要求的一种公用文书。所以语气要谦逊平和，简洁明了，态度要诚恳、有分寸。

（三）规范性

申请书是一种专用书信，是个人向组织、下级向上级的行文方式，因此必须按照书信的格式来行文。内容因要求不同而不同，形式基本保持不变。

三、申请书的分类

申请书从用途上划分，有以下几类。

1. 思想政治生活方面的

这种政治申请一般是指加入某些进步的党派团体。如申请加入少先队、中国共产主义青年团、中国共产党、工会等。

2. 工作学习方面的

求学或在实际工作中所写的申请。如入学申请书，带职进修申请书，工作调动申请书等。

3. 日常生活方面的

日常生活中，我们常常会遇到一些盐米油盐、吃穿住行的问题，需要个人申请才可以被组织、集体、单位等考虑、照顾或予以解决，诸如申请开业或困难补助申请等。

四、申请书的格式

一般的申请书采用书信格式，结构由标题、称谓、正文、结语和落款五部分构成。也有单位或部门为了方便统一管理，将申请书设计成表格形式，需要填写的主要内容与书信格式的申请书内容是一致的。这里主要介绍书信格式的申请书。

（一）标题

申请书的标题可以直接使用文种《申请书》；也可以使用“内容+文种”的形式，如《入团申请书》《国家助学金申请书》《转正申请书》等。标题要尽可能完整准确地概括申请事项，表达要精准。如《贫困申请书》就是不规范的，这份申请书的事项，是申请贫困补助而不是贫困，应该写成《贫困补助申请书》或者《困难补助申请书》。

（二）称谓

另起一行顶格写明接收申请书的个人或单位名称。如“张总经理”“人力资源部”“××派出所”等；有的申请书要经过多个部门审批，称谓可以写成“尊敬的领导”。

（三）正文

申请书的正文包括三项内容。

1. 申请事项

开篇要写明申请什么，开门见山，直截了当，不含糊其词。

2. 申请缘由

要写明为什么提出申请，这就是申请理由，理由一定要充分、合理，应该符合政策文件的规定和要求。

3. 申请态度

表明自己的决心、态度和要求，应写得具体、详细、诚恳、有分寸，语言要朴实准确、简洁明了。

（四）结语

结语一般是表示敬意的话，如“此致、敬礼”等。也可写表示感谢和希望的话，如“请组织考验”“请审查”“望领导批准”等。

（五）落款

在右下方署明申请人姓名，写明提出申请的日期。

五、申请书写作的注意事项

（1）申请事项和理由必须真实客观。

（2）行文要自然流畅、语言简练。

（3）一事一文，切忌一文数事。

（4）申请的对象必须明确，不要越级或向不管此事的部门申请。

六、申请书的例文分析

例文 1

入会申请书

计算机协会：

我是经济管理系的一名计算机爱好者，愿意加入贵会，成为一名会员。

贵会是我院一批爱好计算机文化及计算机基础的同学共同发起的社团组织。自成立以来，始终本着“推广计算机知识，培养计算机人才，锻炼动手能力，弘扬开拓精神”的办会宗旨，把初学计算机者带入广阔的天地，为众多计算机爱好者提供了一个良好的学习和锻炼的环境。

计算机协会有着良好的学习环境、出色的管理，是个积极向上、充满活力的团体组织。我愿意加入协会，遵守协会的规章制度，在不断提高自身计算机应用能力的同时，完成协会交给的各项任务。

请接受我的申请。

此致

敬礼

申请人：张晓明

二〇一四年九月五日

例文2

复学申请书

尊敬的校领导：

我是经济管理系5545班学生。去年在课外活动时，不慎从单杠上摔了下来，造成右腿骨折，住院期间，向学院提出了休学申请。经过一年的治疗，现已痊愈（附医院证明），特提出复学申请。

在这一年中，我一直坚持自学各门课程，读了不少专业书，因此，我希望复学后继续留在原班学习，我愿意接受学校对我的考核。

请校领导批准我的申请。

此致

敬礼

申请人：刘源

二〇一三年五月十日

例文3

困难补助申请书

尊敬的领导：

我叫王芳，系我院2013级园艺技术专业的学生。我来自本省一个偏远落后的山区，一家6口人，上有年老患病的爷爷、奶奶，下有上学的妹妹，一家人的全部费用全靠父母耕种几亩山地来维持。今年春天，父亲不幸遭遇车祸，家庭经济发生严重困难。去年入校时，家里已为我欠下了近万元的债务，现父亲的治疗费用还没有着落。为保证我能继续在校学习，特向学院申请困难补助，以解燃眉之急。

望批准。

此致

敬礼

学生：王芳

2014年9月8日

例文4

开业申请书

太原市工商局：

我叫刘亚明，是××学院2020届毕业生，学的是汽车检测与维修专业。我已经掌握了比较过硬的汽车检测与维修技术，获得了劳动和社会保障部颁发的汽车检测与维修专业中级证书。毕业一年多来，我一直从事汽车检测与维修工作，已经具备了独立开业的能力。现已筹集资金60万元，租用场地500平方米，购买汽车检测与维修设备5台，具备了开业的条件，特申请开办汽车检测与维修部，请考核我的技术，评估我的条件，批准我的申请，发给营业执照。

此致

敬礼

申请人：刘亚明

2021年10月9日

联系地址：××××××××××

邮政编码：××××××

联系电话：××××××××××××

例文5

入党申请书

敬爱的党组织：

我志愿加入中国共产党。中国共产党是中国工人阶级的先锋队，是中国各族人民利益的忠实代表，是中国社会主义事业的领导核心。党的最终目标是实现共产主义的社会制度。中国共产党以马克思主义、列宁主义、毛泽东思想、“三个代表”重要思想、科学发展观、习近平新时代中国特色社会主义思想作为自己的行动指南。

中国共产党领导全国各族人民，在长期的反对帝国主义、封建主义、官僚资本主义的革命斗争中，取得了新民主主义革命的胜利，确立了社会主义制度，发展了社会主义的经济、政治和文化。党的十一届三中全会以来，党总结正反两方面的经验，解放思想，实事求是，实现全党工作重心向经济建设转移，实现改革开放，把马克思主义的基本原理与当代中国社会主义建设的实践相结合，逐步形成了建设有中国特色社会主义的理论和政策、路线、方针，开创了社会主义事业发展的新时期。总之，没有中国共产党，就没有中国革命的胜利与社会主义建设的成功。

作为一名团员，我一直严格要求自己，用实际行动来证明团员的价值、团员的先锋作用，随着年龄与文化知识的增长，我对党的认识也越来越深，加入党组织的愿望也越来越强烈。所以在平时我不断加强自身修养，经常学习党的理论知识，用党性来武装自己的头脑，在实际行动上，积极与党中央保持一致，积极参加团的各项活动，时刻争做一名优秀团员。

升入高职以来，从学习环境、文化程度上进入了我人生的一个新起点，从思想上我对自己也有了更进一步的要求，即争取早日加入党组织。为了规范自己的行为，指正思想的航向，我争取做到以下四点：

一、思想上严格要求自己，在平时多学有关党的理论知识，多研究时事，时刻与党中央保持一致，用一名党员的标准来要求自己，争取做到身未入党思想先入党。

二、努力学习文化知识，争取每科都达到优秀，为以后走上工作岗位打下坚实的基础。

三、积极参加学校、系、班级的各项活动，尽量发挥自己的特长，并兼顾学校、班级的利益，真正起到先锋模范作用。

四、在日常生活中，注意保持和同学的良好关系，热心帮助有困难的同学，同时要求自己朴素、节俭，发扬党的优良传统。

我将努力做到以上四点，并随时向身边的优秀同学看齐，始终以党员的标准来衡量自己的一言一行。

如果自己有幸成为一名党员，那将是我最大的荣幸。我将时刻牢记党员的责任，遵守党的纪律，严守党的秘密，认真履行党员的权利和义务，争做一名优秀党员。

如果因为自己还存在某些不足暂时不能加入党组织，我也不会气馁，我会更加严格要求自己，争取早日成为一名党员。

请党组织考验我！

此致

敬礼

申请人：×××

××××年××月××日

思考和练习

一、申请书的正文部分必须写明的是哪些内容？

二、写作。

1. 请你以赵新的名义写一份励志奖学金申请书，内容自拟。

2. 请你写一份加入环境保护协会的申请书，要求内容充实、语言简洁。

相关知识

一般书信和申请书的区别

一般书信和申请书有相似之处，但二者的区别也很明显。

1. 递交对象不同。一般书信适用范围比较广，亲戚朋友、上下级都可以使用；而申请书只适用于个人或单位对上级组织或团体、机关的申请。

2. 书写目的不同。一般书信内容比较广泛，没有什么限制；而申请书的书写目的非常明确，就是提出某种请求和表达某种愿望。

3. 写作手法不同。一般书信表达比较灵活，可以采用叙述、议论、描写等多种表达方式；而申请书一般只适用叙述和说明的表达方式，概括性强。

第五节　倡议书

一、倡议书的概念

倡议书是个人或集体就某项公益性或志愿性活动，公开提出建议、发出倡导，以期鼓励、号召群众响应并参与的应用文书。倡议的事项应该是公益性的，如倡议大家爱护公物、推广普通话、献血、保护野生动物等。

二、倡议书的特点

1. 广泛的群众性

倡议书具有广泛的群众性，是把一项重要的、有创造性的建议或有关组织、团体、领导的号召变为群众行动的重要途径。其往往面向广大群众或某一个特定群体发出，或对一个地区甚至全国发出，动员广大群众参与。

2. 强大的感召力

倡议书首先要让群众了解倡议的背景、目的、意义和具体事项，写作上应有强大的号召力和感染力，才能有效说服打动群众，鼓舞群众积极响应、主动参与。

3. 参与对象的随机性

倡议书是建议、倡导的文书，希望广大群众积极响应，然而参与对象却往往是比较随机的。有的倡议书即便是在文中明确了倡议的具体对象，但倡议书没有强制的约束力，有关人员可以表示响应，也可以不响应。

三、倡议书的类型

从作者角度分，有个人倡议书、集体倡议书。

从传播角度分，有传单式、张贴式、广播式、登载式倡议书。

从内容的角度分，有针对某一具体生活事件的倡议书，如《关于给孩子创造更好发展空间的倡议书》；有针对某种思想意识和精神状况的倡议书，如《关于创建平安和谐社区的倡议书》等。

四、倡议书的结构

倡议书一般由标题、称谓、正文、结尾、落款五部分组成。

1. 标题

倡议书的标题，可以直接写文种名“倡议书”，也可以采用以下写法：

由倡议内容加文种组成，如“无偿献血倡议书”。

由倡议对象加文种组成，如“致广大文艺工作者倡议书”。

由倡议发起单位或组织加文种组成，如“学生会倡议书”。

还可以使用文章式标题或复合标题，如“修身守正　立心铸魂——致广大文艺工作者倡议书”。

2. 称谓

可依据倡议的对象而选用适当的称呼，有明确倡议对象的，写倡议对象的名称，如“全国青年志愿者朋友们”“××系学生会全体党员”；有的倡议面很广，可以写“亲爱的朋友们”。也可不用称谓，而在正文中指出。

3. 正文

正文是倡议书的主体部分，这部分主要包括倡议缘由和倡议事项。

（1）倡议缘由主要包括倡议的背景、原因、目的和意义。倡议书的发出贵在引起广泛的响应。因此，要用简洁的语言，交代倡议活动的原因、背景，并阐明发布倡议的目的、意义，才能引起公众关注，赢得人们的响应。这一部分文字应具有鼓动性和号召力，最后往往用“提出如下倡议”过渡到倡议的事项。

（2）倡议事项包括倡议的具体内容和要求。这是正文的重点内容。倡议事项一定要写得具体、可行。如开展怎样的活动，应做哪些事情，具体要求是什么，特别是具体的做法，均需明确、具体地写明。倡议事项还应考虑倡议对象的能力范围，具体的做法一定是倡议对象能够做，也能够做到的，超出倡议对象能力范围的倡议事项是没有意义的。倡议事项多的，可分条列项，这样写易使内容条理清晰、一目了然。

4. 结尾

结尾要表示倡议者的决心和诚恳的希望，或者写出某种建议。倡议书一般不在结尾写表示敬意或祝愿的话。

5. 落款

在右下方写明倡议者单位、集体或个人的名称或姓名。有的采取集体署名的方式，如“2020 级艺术系全体共青团员”；有的让每个倡议者亲笔署名，以示真实和参与者众多，显示其广泛的群众基础。若几个单位共同发起倡议，牵头单位排在前面，然后逐行写明倡议单位的名称。署名下写上倡议发起的日期。

五、倡议书写作的注意事项

（1）倡议活动一定是公益性、志愿性的。

（2）倡议内容不违背国家的方针政策，要体现创新的时代精神。

（3）倡议缘由要有感召力，背景资料要翔实准确。

（4）倡议事项要具体可行，分条列项写作。

（5）文字简洁，篇幅不宜太长。

六、倡议书的例文分析

例文 1

2020 年“全国城市节水宣传周”倡议书

水是生命的源泉。没有水，人就无法生存，万物将不能生长，正是因为有了水，世界才会如此多姿多彩。

2020 年 5 月 10 日至 16 日是“全国城市节水宣传周”，今年的活动主题是“养成节水好习惯，树立绿色新风尚”。每一位市民朋友要以主人翁的态度，倍加珍惜稀缺的水资源，节约每一滴水，使节水意识、节水行为蔚然成风。为此，我们向全体市民发出节约用水倡议：

一、树立良好的节约用水意识，养成良好的节约用水习惯，杜绝长流水。每次用水完毕后，及时关闭水龙头。

二、做节水爱水的践行者。爱水、惜水、节水从现在做起，从我做起，从小事做起。提倡刷牙少用一口水，洗脸少用一杯水，洗浴少用一盆水，平时少用一滴水，为节水做出实实在在的贡献。

三、做节水爱水的宣传者。加强节水宣传，影响带动更多的人投入节水活动，带动家人、同学、朋友和周围的人共同养成节约用水的好习惯。

四、做节水爱水的监督者。用自己的文明言行劝阻、纠正身边的不良行为，对发生在身边的用水浪费现象，要敢说敢管，互相监督，共同守护生命之水。

节水办

2020 年 4 月 25 日

例文 2

爱心捐款倡议书

亲爱的老师、同学们：

生命如此可贵，当我们健康快乐生活着的时候，有一个柔弱的生命正在与病魔进行殊死搏斗。某班的王晶晶同学于9月17日被确诊得了“脑瘤”，巨额医药费已经花光了她家所有积蓄。现在王晶晶同学的病情一天天地严重起来，倘若不做手术，将失去最好的治疗机会。希望大家都能伸出援助之手，帮助王晶晶同学战胜病魔！在此，我们向全校师生发出倡议：

一、发扬“一方有难，八方支援”的人道主义精神，伸出双手，奉献我们的爱心，以捐款方式为王晶晶同学提供关怀和帮助。

二、呼吁身边的同学、朋友、亲人，为王晶晶同学的早日康复奉献爱心。

愿我们的点滴付出汇成爱心的暖流，让黯淡的生命重新迸发出灿烂的霞光，让希望的光芒照亮王晶晶同学的人生前程。

捐款联系人：校团委朱旭甫老师　刘松老师

电话：138××××××××

捐款账号：×××××××××××××××

十三中团委、学生会

二〇〇五年十月二十日

例文3

倡议书

亲爱的老师、同学们：

在第34个“世界艾滋病日”来临之际，每当看到飘起的红丝带，我们的心中就有一缕缕的沉重。

今年的主题是“生命至上，终结艾滋，健康平等”。截至2021年10月底，国家卫健委发布的数据显示，中国全国报告现存艾滋病感染者114万例，中国艾滋病疫情总体控制在低流行水平。但是每一个数字的背后都是一个个鲜活的生命。他们本应和你我一样，有欢乐，有幸福，有对未来的憧憬，但由于种种原因，他们成了艾滋病的受害者，不但遭受病痛折磨，还要承受来自社会、家庭、朋友等各方面的巨大压力，生活中不再有阳光，缤纷的世界在他们的眼中早已化为灰色。他们多么渴望社会能多一分理解和尊重，少一分偏见与歧视啊！

青少年是受艾滋病威胁的主要人群，但更是预防与控制艾滋病的生力军。预防艾滋病、战胜艾滋病，青少年责无旁贷。今天我们热切地向全系师生发出倡议：

一、做红丝带精神的倡导者

人需要理解，需要关怀，艾滋病病毒感染者更需要温暖。让我们大家早日行动起来，用我们的爱心去融化那些孤独冰冷的心灵，激励他们战胜病魔、笑对人生，让生命重新绽放出灿烂的色彩。

二、做红丝带精神的传播者

让我们把对艾滋病的宣传教育当作自己的一份神圣职责，积极参与社会动员活动，向家人、朋友、同学宣传预防艾滋病的科学知识。用爱心和行动逐步改变人们的偏见，为艾滋病病毒感染者营造一个理解、尊重、不受歧视的社会氛围。

三、做红丝带精神的实践者

预防艾滋病任重而道远。我们必须将决心和勇气化为行动，从点滴做起，从现在做起，树立长期不懈的信念，将红丝带行动进行到底。

老师们、同学们，艾滋病是我们共同的敌人，但艾滋病病毒感染者依然是我们的朋友。让我们献出一份真心，以抚慰他们受伤的心灵，用红丝带去装点一个相互理解、相互尊重、相互支持和相互关爱的美丽新世界。

我们谨记，生命无论何时，都是有尊严的；

我们期盼，通过红丝带能够打开心灵的另一扇窗；

我们期待，飘动的红丝带，播撒阳光般的希望。

——让红丝带经过岁月的洗礼，永远飘扬在你我心中！

园艺系宣传部

2021 年 11 月 20 日

例文4

修身守正　立心铸魂

——致广大文艺工作者倡议书

文艺是铸造灵魂的工程，文艺工作者是人类灵魂的工程师。文艺界、娱乐圈从业人员的一言一行对社会，特别是对青少年影响极大。回望百年历程，广大文艺工作者听党话、跟党走，勇做时代风气的先觉者、先行者、先倡者。众多德艺双馨的前辈艺术大家，以执着的信仰追求、卓越的艺术成就、高尚的道德情操，成为我们一代又一代文艺工作者学习的楷模。

最近一段时间，娱乐圈集中出现了一些是非颠倒、美丑不分、价值观扭曲的乱象，当事明星逾越法律底线、背离公序良俗、有违职业道德，“饭圈文化”“娘炮现象”喧嚣一时，畸形审美影响恶劣，社会震惊、人民不满。少数从业人员缺乏基本学养、涵养、修养，一夜成名后，被市场资本裹挟，脚下无底线，心中没红线，其行为污染了文艺生态、危害了行业发展，最终受到行业抵制、市场抛弃、法律制裁，令人激愤，令人痛心，令人深思。

从艺先要做人，做人不能忘本。人民给了我们最热情的肯定，祖国给了我们最强大的底气，党给了我们最坚定的自信。面对当前的种种乱象，我们不能充耳不闻、漠然由之。建设风清气正的文艺生态，明辨是非、从我做起、直面发声是我们应尽的责任。在此，我们向广大文艺工作者发出倡议：

一、严于自律，常怀敬畏之心。牢固树立知法、懂法、守法的法治思想，在名利场中保持清醒，心存敬畏、行有所止。自觉遵守法律法规和行业自律公约要求，记住红线，守住底线，主动接受社会的监督，不断强化社会责任意识、规则意识、奉献意识。

二、勤于学习，提高认知水平。自觉主动向人民学习、向书本学习、向生活学习、向前辈学习、向经典学习，学习中华优秀传统文化、红色革命文化和社会主义先进文化，学习法律法规和行业规范。通过增强思想积累、知识储备、文化修养、艺术训练，树立正确的历史观、民族观、国家观、文化观，不断增强自身学养、涵养、修养。

三、悉心创作，坚守艺术理想。时刻牢记创作是中心任务、作品是立身之本，坚持以人民为中心的创作导向，尊重文艺创作规律，远离浮躁，专注纯粹，把更多的精力与心力投入创作。始终坚持把社会效益作为第一标准，决不急功近利、粗制滥造，决不掉入欲望的陷阱成为“市场的奴隶”。创作有筋骨、有道德、有温度的好作品，对人民负责、对历史负责、对时代负责。

四、秉持初心，践行德艺兼修。自觉把个人理想追求融入国家和民族事业中，把崇德尚艺作为一生的功课，追求德艺双馨，弘扬新风正气，抵制不良风气，努力追求真才学、好德行、高品位。倍加珍惜党和人民给予的荣誉，倍加努力践行社会主义核心价值观，做有信仰、有情怀、有担当的新时代文艺工作者。

实现第二个百年奋斗目标的新征程已经开启，文艺工作者正和全国人民一道，并肩作战，共同奋斗。让我们凝聚力量，行动起来，修身守正，立心铸魂，在祖国的大地上传承优秀传统文化，在时代的大潮中实现艺术的创新，在党的指引下勇攀艺术高峰！

2021 年 8 月 24 日

［资料来源：《修身守正　立心铸魂——致广大文艺工作者倡议书》在京发布（baidu. com）。］

例文 5

无车日活动倡议书

各位市民朋友：

2011 年 9 月 22 日，是第 5 个“中国城市无车日”。今年的活动主题是“绿色交通，城市未来”，旨在倡导低消耗、低污染和低排放的绿色交通出行方式，引导公众深度关注绿色出行的健康生活方式。骑行协会是此次无车日活动最坚决拥护的执行者，希望广大市民积极响应并参与到活动中来。骑行协会倡议：

一、广大市民要以主人翁的姿态积极投身到无车日活动中，让绿色交通理念成为大家的共识，让绿色交通出行方式成为我们的选择，为建设生态、开放、平安、和谐的社会环境贡献自己的一分力量！

二、上班族和私家车车主在不影响工作的前提下尽量少开车或不开车，以乘公交车、骑自行车或步行等绿色交通方式出行。

三、各机关、企事业单位的公务用车除执行必要的公务外，尽可能不上路行驶。

四、广大市民在今后出行中，尽可能选用公交车、自行车、步行等绿色交通出行方式。同时要宣传和鼓励自己的亲朋好友积极响应。

五、严格遵守交通规则，文明、守法出行，共同营造畅通、安全、有序、环保的交通环境。

为了保护我们的城市环境，为了市民的健康生活，为了子孙后代的幸福，我们热切希望广大市民关注环保、参与环保，积极响应“世界无车日”活动。只要我们每一个人都向前迈一小步，整个城市就会前进一大步。我们相信，有了你我的共同努力，太原的空气将会更干净、更新鲜，太原的天空将会更蔚蓝！

骑行协会

2011 年 9 月 20 日

七、作业

（1）以个人名义写一封给网迷朋友的倡议书。

（2）以普通话协会的名义写一份推广普通话倡议书，内容自拟。

第三章 事务文书

第一节 计划

一、计划的概念

计划是人们对未来一段时期的工作、学习和生活等做出预想和安排的一种事务管理文书。“计划”是统称，通常人们所说的“规划”“设想”“安排”“要点”“方案”等都属于计划的范畴。计划是人们工作、生活中必不可少的一项内容，学会写作计划，对小到个人管理自己的学习、生活，大到国家和部门开展各项工作，都有重要意义。

二、计划的特点

1. 明确的目的性

计划是为了实现一定的目标而制订的，明确的目的性是计划最大的特点。不论哪种计划，内容都应该是围绕着为实现目的而制定的目标开展的。

2. 科学的预见性

计划是对未来一段时期的工作、学习和生活进行提前安排，科学的预见性是计划的突出特点。在撰写计划时，必须根据形势的发展变化，尽可能准确地预测出未来一段时间的发展趋势，并对可能出现的问题进行分析，避开不利因素，以保证计划顺利实施，实现既定目标。

3. 措施的可行性

制订计划要有可行的措施，这是计划顺利进行的保障。可行性是指为了实现既定目标，所采用的措施既要符合计划人的主观能力条件，也要符合客观条件及自然规律，是通过努力可实现的。

三、计划的种类

计划的种类很多，根据不同的标准可以分成不同的种类。

（一）按计划性质分

有综合性计划和专题性计划。综合性计划涵盖多个方面，专题性计划仅仅涉及某一个方面。

（二）按计划内容分

有工作计划、生产计划、学习计划和科研计划等。

（三）按计划范围分

有国家计划、单位计划、部门计划和个人计划等。

（四）按计划时间分

有长期计划、年度计划、季度计划和月计划等。

（五）按文本形式分

有条文式计划、图表式计划和条文图表结合式计划。

（六）根据计划的性质、范围、作用等分类

计划还有下列不同的名称：

规划。范围较广、内容多及时间较长的计划，如《中华人民共和国国民经济和社会发展第十四个五年规划和2035年远景目标纲要》《太原市城市道路建设五年发展规划》等。

方案。对某项比较重要的工作，从目的、要求和措施办法到具体进度做全面安排的计划，如《××市五年发展规划总体方案》等。

安排。对短期内某项工作进行具体布置的计划，如《××局第一季度的工作安排》等。

设想。初步的、尚未成熟的或比较粗略的长远计划，如《关于机构改革的初步设想》等。

打算。近期或措施等尚不周全的计划，如《××学院秋季校运会的打算》等。

要点。对某一时期的工作任务作原则性的指导和简明扼要的安排，多用于领导机关对下属单位布置工作和交代任务，如《××市 2019 年扶贫工作要点》等。

四、计划的写作格式

（一）表格式计划

制作表格式计划时，要先将各项内容划分成几个栏目，再把制订好的各项具体计划内容填写进栏目中，形成表格。这种方式适用于时间较短、范围较小、方式变化不大、内容较单一的具体安排，如销售计划、生产计划、学习课程表等。

（二）条文式计划

一般由标题、正文和落款构成。

1. 标题

由单位名称、时限、内容和文种组成，如《园林系 2020—2021 学年第二学期学生活动工作计划》《太原市国土资源局 2021 年度工作计划》；个人计划一般不用把名字写在标题部分，如《2020—2021 学年第二学期阅读计划》。

所拟计划如果还需讨论定稿或经上级批准，就应在标题的后面或下方用括号加注“草案”“初稿”或“讨论稿”等字样。

2. 正文

正文包括前言、主体和结尾三个部分。

（1）前言。前言是计划的开头部分，需用简明扼要的文字说明“为什么做”的问题。一般可写制订计划的依据、对本单位或对本人基本情况的分析，提出总的任务和要求，或阐释完成计划指标的意义。

并不是所有计划的前言都要把这三个方面的内容写进去，而是根据计划的事项适当选择、有所侧重。

（2）主体。正文主体部分主要体现“计划三要素”：目标、措施和步骤。

1）目标，即目的任务。它是计划的灵魂，计划就是为了完成一定任务而制订的，因此目标要写得具体明确。首先要明确指出总目标和基本任务，随后应根据实际内容进一步详细、具体地写出任务的数量、质量指标，必要时再将各项指标定质、定量分解，以求让总目标、总任务具体化、明确化。

2）措施，即为实现目标而要采取的手段与办法。措施是实现目标的保证，以什么方法，用什么措施确保完成任务、实现目标，这是有关计划可操作性的关键一环。所谓有办法、有措施，就是对完成计划需动员哪些力量、创造哪些条件、排除哪些困难、采取哪些手段、通过哪些途径等心中有数。唯有这般制订的措施、办法才是具体的、切实可行的。

3）步骤，即要达到目标分几步完成，先做什么，后做什么，何时完成等。这是实现目标的程序安排和时间要求，必须切实可行。

"计划三要素"的繁简可以不同，但缺一不可。在计划正文的结构中，不要机械地排列，应按实际情况的需要，或分开写，或糅合在一起写。

（3）结尾。结尾可以展望计划实现的前景，给人以鼓舞，也可以提出总的希望或者号召。如果主体部分已将有关内容讲清楚了，也可省去专门的结语或结尾。

3. 落款

在计划的最后写明计划的制订者和制订日期。

（三）文表结合式计划

即由表格式和条文式相结合的计划。一般是将各项目的内容填进表格后，再用简短文字做解释说明。

五、计划的例文分析

例文 1

2020—2021 学年第二学期阅读计划

为了拓展专业知识，进一步提升人文素养，有效、高效地阅读课外书，特制订计划如下：

一、阅读专业类书籍 3 部，分别为《景观园林植物图鉴》《园林植物病虫害防治图鉴》及《水培花卉》。

这几部书在学院图书馆可以借到，利用业余时间阅读。《景观园林植物图鉴》共有1618种园林植物，我侧重阅读51种北方园林常见植物，通过对照并补充课堂笔记的方式进行阅读；《园林植物病虫害防治图鉴》介绍了700多种园林植物常见的300多种虫害，我侧重阅读北方园林常见的30余种植物的多发虫害，随手整理虫害防治卡片；《水培花卉》作为我的随手翻阅资料，重点了解红掌、鹅掌柴、绿萝等植物的水培养护技巧。

2021年4月前读完《景观园林植物图鉴》；5月底读完《园林植物病虫害防治图鉴》，整理补充好课堂笔记和病虫害防治卡片；放暑假前读完《水培花卉》。

二、阅读文学作品1套，当年明月的《明朝那些事儿》。

这套书共7部，寒假时已经买到，本学期利用业余时间读完。

1. 4月前读完前三部；

2. 5月读完第四部、第五部、第六部；

3. 6月读完第七部，并整理读书笔记。

以上为本学期阅读计划，本人将按照计划进行阅读，以保证本学期课外阅读有所收获。

王云朵

2021年2月20日

这是一份简短明确的专题计划。目标明确，措施得当，步骤具体。作者思路清晰，将阅读课外书籍的书目、怎么读和何时读非常有条理地写了出来，有很强的执行性。

例文2

2020—2021学年第二学期学习计划

本学期我们开设了财务管理、英语、应用文写作、计算机、体育五门课，本人还想要参加注册会计师考试。为了保证课程学习效果，顺利通过技能考试，特制订计划如下：

一、努力学习财务管理，争取通过考试

财务管理是一门注册会计师考试课程，实践性强、难度很大，其中计算与分析是难点，熟练掌握公式是关键。

1. 从基础学起，牢记公式，根据老师的讲解，课后认真复习。

2. 多做一些习题，深化所学知识，争取顺利通过本门课程的考试。

二、学会、学好英语，达到四级水平

现代社会英语非常重要，我一定要学会、学好，争取达到公共英语四级水平。

1. 提高英语阅读能力。

在上学期口语能力、听力有所提高的基础上，这学期我要阅读课外英语资料，提高阅读能力。

2. 每天保证两小时英语学习时间。

3. 积极参加学校及班级组织的英语角活动，训练英语听说能力。

三、认真学习应用文，提高写作水平

1. 记住15种应用文的写法、格式及应注意的事项，为每种应用文书整理3~5篇例文。

2. 做一份资料手册，便于写作时使用。

3. 每周仿写一份例文，掌握一个文种。

四、注重计算机的学习，提高动手操作和硬件的维修、维护能力

在知识经济时代，计算机这门学科对我们以后的工作很重要。

1. 要在课堂上学好，更要注重实际操作，多上机练习。

2. 加强学习计算机的硬件维护修理。

3. 利用周日时间参加计算机辅导班，学习有关知识，提高动手能力。

五、锻炼身体迎接达标，加强阅读提高素质

在体育方面，为了迎接四五月份的五项达标，要有意识地锻炼身体，体育课认真上，课外体育活动也要积极参加。

此外，要合理安排课余时间，在保证学好专业课的基础上，阅读一些国内外名著，陶冶自己的情操；再读一些与专业有关的报刊，增加知识储备，提高自己的综合素质。

高××

2021年3月1日

例文 3

2021 年 11 月工作计划

为了积极响应学院大力繁荣校园文化，着力提升学生综合素质的要求，我部门结合自身实际，集思广益，群策群力，制订了 11 月份工作计划，具体如下：

一、任务与目标

1. 举办大型科技知识展览活动，参观人数应达到 500 人次；

2. 成立科技知识宣讲团，每个专业至少宣讲一次；

3. 组织一次爱国主义影片展播，每个年级至少观看一部电影。

二、措施与分工

1. 认真筹备大型科技知识展览工作。

（1）收集与大学学习生活密切相关的科技知识文字和图片；

（2）对搜集的资料进行筛选、分类、审核；

（3）联系印制、展出场地事宜；

（4）提前制作宣传海报；

（5）布置展览现场。

此项工作第（1）项和第（2）项由秘书处负责，第（3）项、第（4）项、第（5）项由外联部负责。

2. 成立科技知识宣讲团，宣讲进班级。

（1）确立组织机构，制定工作职责；

（2）制订宣讲计划，划定宣讲区域，合理分组，各自活动；

（3）建立联络员制度，原则上联络员为各班宣传委员。

此项工作由宣传处负责。

3. 组织观看爱国电影。

（1）提前制定具体可行的活动方案，报部门审核；

（2）召开策划会议，明确流程，查漏补缺；

（3）影片内容严格按学院要求把关，反映革命历程或改革开放。

此项工作由策划组负责，其他人员全力配合。

三、步骤

1. 初期工作（11月1~10日）。

（1）3日前将宣讲团人员组成及分工报部门审核；

（2）10日前图片整理工作必须完成；

（3）4~10日，按计划开展宣讲工作。

2. 中期工作（11月11~20日）。

（1）11日，在工作例会上进行宣讲活动总结；

（2）13日前将展板制作完成，14日布置展览，15日正式展出；

（3）15日前提交影片展活动策划书，在当日例会上讨论。

3. 后期工作（11月21~30日）。

（1）21日，展览结束，做好善后工作；

（2）25日，联系好电影放映场地，调试设备，26~27日进行影片展播；

（3）28日，提交影片展活动总结；

（4）在月底例会上，交流讨论三项工作完成情况，积累经验。

上述各项工作，均要留存纸质和照片资料。

学生会科技部

2021年10月20日

这是一份学生会工作计划。学生会作为学生工作部门，要将一个月的工作计划安排得井井有条、目标明确、分工合理，按照这样的计划开展工作，既有利于团队合作，也能够提高工作效率。

六、计划写作的注意事项

不论哪种计划，在写作中都必须注意以下四点。

1. 计划要符合政策法规和上级文件精神

制订计划必须认真领会党和国家的方针政策，以及上级机关的指示精神，以此作为计划的指导精神，避免计划偏离方向。

2. 要从实际出发制订计划

计划是一种带有预见性的文书，在执行过程中会受到多方面的影响和制约。因此，在制订计划时，要深入调查研究，广泛听取群众意见，充分分析、研究各种主客观条件，抓住重点考虑周全，制订出切实可行、符合发展趋势的计划。

3. 内容要具体明确，利于执行检查

计划是未来行动的依据，其目标、任务、措施、步骤、时间、负责单位等都应该是具体的、可落实的，以便于执行，并有利于督导检查。

4. 要符合规律，及时调整修改

由于计划是提前做的预想和安排，难免对未来有预测不准确的地方。因此，在执行计划的过程中，对计划中个别不适应的地方要及时进行修正、补充，保证任务能够顺利完成。

思考和练习

一、“计划三要素”是什么？

二、制订一份计划应该注意哪些问题？

三、根据自己的实际情况，为自己制订一份学习计划，要求目标明确、措施具体、步骤合理，不少于500字。

相关知识

怎样制订学习计划

一份好的学习计划大致包括三方面的内容。

（一）进行自我分析

我们每天都在学习，可能有的同学没有想过“我是怎样学习的”这个问题，因此在制订计划前应该先进行自我分析。

1. 分析自己的学习特点。同学们可以仔细回顾一下自己的学习情况，找出学习特点。每个人的学习特点不一样，有的记忆力强，学过的知识不易忘记；有的理解力好，老师说一遍就能听懂；有的学得快但经常错；有的学得慢却很仔细，对自己的情况一定要了如指掌，计划才能有针对性。

2. 分析自己的学习现状。一是和全班同学比，确定自己在班级中的位置；二是和自己的过去比。

（二）确定学习目标

学习目标是学生学习的努力方向，正确的学习目标能催人奋进，从而产生为实现这一目标去奋斗的力量。目标应当适当、明确、具体。

适当，就是指目标不能定得过高或过低。过高了，最终无法实现，容易丧失信心，使计划成为一纸空文；过低了，无须努力就能达到，不利于进步。要根据自己的实际情况提出经过努力能够达到的目标。

明确，就是指学习目标要明确，便于对照和检查。如“今后要努力学习，争取更大进步”这一目标就不明确。

具体，就是目标要便于实现，最好用数据来表示。

（三）科学安排时间

确定了学习目标之后，就要通过科学地安排、使用时间来达到这些目标。要符合“全面、合理、高效”的要求。

全面，在安排时间时，既要考虑学习，也要考虑休息和娱乐；既要考虑课内学习，也要考虑课外学习及不同学科的时间搭配。

合理，要找出每天学习的最佳时间。

高效，要根据事情的轻重缓急来安排时间。

制订计划还应注意以下三点：

1. 要突出重点，也就是说，要根据自我分析中提出的学习目标对比较薄弱的学科在时间上给予重点保证。

2. 要有机动时间，计划不要排得太满太紧，过犹不及。

3. 定期检查，及时调整。

订了计划，一定要实行，不按计划办事，计划就是没有用的。为了使计划不落空，要对计划的实行情况进行定期检查。可以制订一个计划检查表，把什么时间完成什么任务、达到什么进度列成表格，完成一项，标记一项，根据检查结果及时调整修改计划，使计划越订越好，使自己制订计划的能力越来越强。

第二节　活动策划书

一、活动策划书的概念

策划又称“企划”，是人们为了预定目标的实现或事情的成功而事先进行的设想及其他创作性思维的过程，是确保社会管理活动决策和计划的实现而进行的有科学运作程序的谋划。

活动策划书是人们为了实现一定的活动目的，对准备实施的活动事先做出筹划而写成的针对性很强的活动执行方案。

二、活动策划书的特点

1. 目的性

活动策划必须紧紧围绕活动目的进行，对于活动策划者来说，确定活动目的，既可以保证在策划过程中不偏离方向，又可以保证在活动实施过程中能更好地实现预期效果。

2. 可行性

活动方案的设计应考虑在现实中的可操作性和可实现性，它是活动能否顺利进行的关键。比如要提前实地考察活动场地、技术设备能否满足活动所需。

3. 逻辑性

在大型活动策划中，往往有多项方案，要充分考虑各方案之间的逻辑关系，哪些适合放在前面，哪些适合放在中间，哪些必须放在最后。

三、活动策划书的写法

（一）标题

活动策划书的标题可以采用完整式，包括单位名称+活动内容+文种，如《园林系学生会社团活动策划书》；也可以采用省略式，包括活动内容+文种，如《第二届梅花文化节活动策划书》。

（二）正文

1. 前言

前言概括介绍策划的目的、背景、方法、依据、重要性等内容。

2. 主体

主体包括策划目标、策划内容、策划过程、策划预算、实施计划、策划效果、预期效果等。

（三）落款

落款包括署名和日期。

四、活动策划书的写作要求

活动策划书的写作要求有以下几点：

（1）调研充分；

（2）目标要明确，主题要单一；

（3）方案具体；

（4）安排合理、周全。

五、活动策划书的例文分析

例文 1

“看红色电影　忆峥嵘岁月”革命电影展播活动策划书

一、活动目的

为纪念我国改革开放四十多年的伟大成就，追忆四十多年来我国发生的翻天覆地的变化，缅怀革命先辈英勇顽强的事迹，我们根据实际情况找寻了一些历史题材影片向全院同学进行展播。本活动通过革命历史题材影片的形式再现历史，对学生进行一次生动的爱国主义教育，弘扬社会主义核心价值观。

二、活动内容

播放影片：《建党伟业》——向 2019 级同学展播

《1921》——向 2020 级同学展播

《长津湖》——向 2021 级同学展播

三、活动对象

学院 2019 级、2020 级、2021 级全体学生。

四、活动安排

（一）时间、会场安排

时间	班级	放映影片	地点
11 月 26 日（周三） 19：00~21：00	2021 级林业技术、环境监理专业全体同学	《长津湖》	1A402
	2021 园林技术、园林工程专业全体同学	《长津湖》	1A403
11 月 27 日（周四） 19：00~21：00	2020 级同学（自愿）	《1921》	1A403
	2019 级同学（自愿）	《建党伟业》	1A402

（二）会场布置

1. 多媒体教室申请要求：两间综合教学楼 A 区或 B 区的多媒体教室，每间能够容纳 120 人左右，需用时间是 26 日、27 日晚上 18：30~21：30；

2. 对教室进行编号，分为 1 放映室和 2 放映室，贴上显著的标识，便于各年级各班按安排组织就座；

3. 科技部所有成员提前 30 分钟到达各自的任务岗位，按照事先安排，有序准备和调试多媒体设备，确认无故障；

4. 待各班进场之时，各放映室的干事组织好入场，避免混乱与意外情况的发生。

（三）组织安排

活动总负责人：李思思（133＊＊＊＊＊＊＊＊）

分项目负责人：

1 放映室：时和平（135＊＊＊＊＊＊＊＊）、李美丽（影像播放）、

李文广（秩序维护）

2 放映室：郝一名（135＊＊＊＊＊＊＊＊）、贺德龙（影像播放）、常萱萱（秩序维护）

（四）流程设置

18：40 要求各班组织到场，由各班班委按照事先安排组织就座。

18：45 播放各专业宣传片。

19：00 电影展播正式开始。

活动进行中的要求：同学们保持会场安静、秩序井然，保持会场卫生清洁。由科技部成员总体维持，各班班委具体负责本班秩序。

观看结束：各班有序退场，科技部成员留下，对会场进行恢复，完成卫生打扫工作，关闭多媒体设备，关门关灯后方能离场。

（五）注意事项

1. 多媒体教室一定要提前申请到位，如若出现意外情况，需提前说明。

2. 多媒体设备如果事先发现问题可以向楼管提出申请更换教室，但要做好入场的组织工作。如果在放映过程中出现故障，一要安定同学们的情绪；二要及时确认能否尽快解决，若不行，进行场地更换，统一安排调度，由放映室的负责人负责与管理员协调，干事组织人员更换场地，并由活动总负责人进行解释说明。

3. 入场组织过程中，注意秩序的保持以及人员的安排，如若出现过于集中扎堆现象，及时安排到其他放映室，确保疏导有序。

学生会科技部

2021 年 11 月 20 日

例文 2

第三届大学生职业生涯规划大赛活动策划书

一、活动目的

1. 帮助学生了解并掌握职业规划的基本知识和方法，进一步引导广大学生树立正确的成才观、择业观和就业观。

2. 通过大赛的形式，使学生尽早树立职业规划意识、竞争意识和危机意识，引导学生以科学的态度规划自己的职业生涯，主动采取行动，将职业规划的理论与实践完美结合。同时，根据当今就业形势，结合自身实际情况，提高同学们的实践能力、创新能力和就业能力。

3. 希望通过此次大赛能让同学们“提高自己、规划自己、超越自己”。

二、大赛主题

与梦想同行，创精彩人生。

三、大赛时间

2021 年 4 月 10 日至 5 月 30 日

四、参赛对象

一年级、二年级在籍学生

五、大赛举办单位

主办方：就业工作部

承办方：艺术设计系

六、大赛流程

大赛分为初赛、复赛、决赛三个阶段。

（一）初赛阶段（2021 年 4 月 10 日至 5 月 5 日）。

本阶段主要进行各系初赛预审，确定复赛选手。各系自行组织安排赛事。5 月 6 日前，将《山西林业职业技术学院第三届大学生职业生涯规划大赛报名回执表》（见附件 1）、《山西林业职业技术学院第三届大学生职业生涯规划大赛报名表》（见附件 2）以及学生参赛作品（包括《个人职业生涯规划书》《职业生涯人物访谈报告》和现场陈述 PPT）分别以电子版和文字稿两种方式统一发送到 sxlyjygzb@ 163. com，文件名为“系别/姓名”。其中，纸质版要求一式三份［必须为 Microsoft Word 格式（ *. doc 文件）］，使用 A4 纸黑白双面打印装订，拒收彩印。

（二）复赛阶段（2021 年 5 月 6~20 日）。

本阶段由评审委员会对参加复赛的作品进行评审，选出优秀作品 10 件进入下一轮决赛。

（三）决赛阶段（2021 年 5 月 21~30 日）。

本阶段进行终审决赛，将以参赛作品评审（以复赛成绩计分）、现场自我展示及答辩、职业角色情景模拟相结合等方式进行。评审委员会针对以上环节的比赛按一定比例分别评出一、二、三等奖，优秀奖及其他单项奖作品。

七、大赛奖项设置

本次大赛设个人一等奖 1 个，二等奖 2 个，三等奖 3 个，优秀奖及其他单项奖若干。另外，组委会还将根据系级初赛组织情况、上交材料以及决赛成绩等评选出优秀组织奖、优秀指导教师、优秀组织者若干。

八、大赛工作要求

（一）各系要结合自身实际，精心组织部署。接此通知后，尽快制定本系初赛的具体实施方案，并于比赛前一周将比赛方案（含指导学生的详细计划安排及各项经费预算）报就业工作部。

（二）各系要广泛动员学生积极参赛，做好学生的赛前培训和指导工作，认真选拔，切实做好大赛组织工作，力争取得好成绩。

（三）本次大赛于 2021 年 4 月 10 日至 2021 年 5 月 30 日进行，各系初赛务必于 5 月 6 日前结束，具体时间各系根据实际情况确定。

（四）承办单位务必于 5 月 15 日前将承办活动方案上报就业工作部。

（五）报名注意事项：

1. 复赛人数：林学系 4 人、园艺系 4 人、园林系 6 人、经济贸易系 6 人、信息工程系 4 人、旅游系 2 人、艺术设计系 4 人。

2. 每位参赛选手限报一名指导教师。

3. 报名截止日期为 2021 年 5 月 6 日下午 5 点之前。

九、参赛作品要求

（一）参赛作品必须为参赛者原创，如发现获奖作品有抄袭、盗用、侵犯他人著作权利情况，或采用违法、作弊、不符合国家有关规定等不良手段的，组委会将取消其参赛资格、追回奖励，且一切法律责任由参赛者自行承担。

（二）所有参赛作品的著作权、版权归参赛者和主办方共同所有，主办方有权将所有入选作品汇集装订成册。任何机构或个人使用参赛作品均需征得主办方书面同意。

十、联系方式

联系人：岳老师

联系电话：0351-3439193

传真：0351-3439348

电子邮箱：sxlyjygzb@163. com

十一、未尽事宜另行通知

附件1：山西林业职业技术学院第三届大学生职业生涯规划大赛报名回执表

附件2：山西林业职业技术学院第三届大学生职业生涯规划大赛报名表

附件3：《个人职业生涯规划书》说明

附件4：《职业生涯人物访谈报告》说明

大赛组委会

2021年4月10日

（资料来源：就业工作部2021年文件。）

思考和练习

一、活动策划书的写作要求是什么？

二、活动策划书与计划有什么不同？

三、认真讨论，查阅相关资料，以团支部名义撰写一份以“牢记历史，身肩重任”为主题的纪念五四青年节的活动策划书，要求目标明确、方案具体、考虑周全。

相关知识

策划与计划的区别

策划与计划不同。一是策划求新求奇，讲究创意；计划则求实求妥。二是策划多在企业使用；计划则是通用文书。三是策划文案必须要描述策划的活动过程，要有调查和分析、具体实施措施和经费预算，要有实施效果的预测和评估，是一种动态过程；计划往往是静态的部署。

不同策划的区别

策划讲究动态，讲究完整，讲究创意，讲究主题明确，但各种策划方案也不同。

营销策划是企业自身的推广工作，是通过策划来使更多人关注产品，扩大声誉，实现最大化的经济效益和社会效益，其核心在于营销战略。

广告策划的过程是针对营销策划中产品宣传活动过程来进行的，是对传播信息方式的策划，是策划如何通过各种宣传工具来吸引消费者的眼球，让消费者长久或一生不忘。广告策划与广告也不同，广告策划的中心点是广告活动的总体战略，广告却是信息传播的一种方式。

项目策划是针对创业或开发产品而展开的一个活动过程，是在科学性调研的前提下，就项目的实施及市场前景做出策划，重点在于突出项目的可行性和优势。项目不单单针对商业企业，广义上也包含科研等其他领域。

活动策划要比其他策划的领域宽、内容广，涵盖各行各业，涉及方方面面，侧重于活动的安排和效应。

第三节　总结

一、总结的概念

总结是单位或个人对过去一个时期内的实践活动进行回顾反思、分析评价，从理论高度概括经验教训，探求规律性的认识，用以指导今后实践的事务管理文书。

回顾、反思、评价是总结的三要素。

二、总结的特点

（一）自我性

总结以客观评价自身活动的经验教训为目的，以回顾自身工作、学习情况为基本内容，以自身工作学习的事实为题材。总结反映的是自身实践的规律，所以自我性是总结的本质特点。在撰写总结时，应该使用第一人称，如我、本人、我部门、本单位、我校等。

（二）理论性

总结需要回顾自身工作、学习实践活动，但是不是记录所有的活动内容，不能把总结写成“流水账”。总结更重要的是在回顾的基础上进行反思和评价。因此，对自身活动进行分析研究，归纳出能够反映事物本质的规律，把感性认识上升到理性认识，才是总结的价值所在。

（三）客观性

总结是对自身前段时间的工作、学习活动进行全面回顾、检查的文种，它必须以自身的实践活动为依据，所列举的事例和数据都必须完全真实、确凿无误，才能进行正确的分析和研究，任何夸大、缩小、随意杜撰、歪曲事实的做法都会使总结失去应有的价值。

三、总结的种类

根据不同的标准，可以对总结进行不同的划分。

1. 按总结内容划分

有工作总结、学习总结、教学总结、营销总结、生产总结等。

2. 按总结性质划分

有综合性总结、专题性总结等。

3. 按总结范围划分

有国家总结、地区总结、单位总结、部门总结、个人总结等。

4. 按总结时间划分

有年度总结、季度总结、月份总结、阶段性总结等。

在实际使用中，一个总结往往是多种类型总结的复合，如《凯旋公司2015年工作总结》，就是一个综合性总结，同时也是工作总结、单位总结、年度总结。

四、总结的写作格式

总结由标题、正文、落款三部分组成。

（一）标题

总结的标题可以是下列三种形式。

1. 文件式标题

由单位名称、时间、内容和文种组成，如《山西林业职业技术学院2020—2021学年第二学期教学工作总结》《太原市北方茂业有限公司2020年第四季度销售工作总结》等。

2. 文章式标题

将总结的主要内容和基本观点进行高度概括，标题中不出现“总结”二字，如《如何提高学习效率》《团队作战，打开市场销路》等。

3. 综合式标题

将文章式标题与文件式标题合并成双行标题，一般由正题和副题组成，如《团队作战，打开市场销路——太原市北方茂业有限公司2020年第四季度销售工作总结》等。

（二）正文

总结的正文由前言、主体、结尾三个部分组成。

1. 前言

前言部分通常是概述基本情况，简明扼要地写出总结的时间范围、单位、工作、主要任务、时代背景、指导思想以及本次总结的目的、主要内容、成绩等，使用过渡句“现总结如下”结束前言，引出主体。

常见的开头写法有以下四种。

（1）概述式。概括介绍基本情况，简要交代工作背景、时间、地点、条件、基本做法、主要成绩和体会等。

（2）提问式。用提问的方式点明重点，引起注意。

（3）结论式。用倒叙的方式，先提出结论性意见，给人总的印象，再引出主体，分别叙述。

（4）对比式。采用纵向比较的方法开头，靠数据说明新的变化，更直观，更有说服力。

写作方式的选用，要依据总结的目的、材料对象。一般来说，概述式主要用于综合性总结，提问式、结论式、对比式主要用于经验总结或专题总结。

2. 主体

主体部分主要写取得的成绩和经验、问题和教训以及今后打算，是总结的核心内容。

总结主体中叙述具体的做法和取得的成绩是基础，要从这些做法和成绩中分析总结出可供借鉴的经验和体会，总结才有“灵魂”。这一部分内容多，且要对事实进行理论上的分析归纳，所以必须注意层次上的处理。

总结主体部分的层次结构一般有三种。

（1）纵式结构。按照事物的时间顺序或逻辑顺序来安排内容。

（2）横式结构。按照事物类别来安排内容。

（3）纵横式结构。安排主体内容时，既考虑时间顺序，又注意逻辑联系，同时按照类别来归纳分析，做到纵横交错、条理清晰、布局严谨，体现总结科学性特点。

3. 结尾

总结的结尾部分主要写今后的打算和努力方向。

（三）落款

总结的落款包括署名和日期。如标题处已经出现了做出总结的单位名称或总结人姓名，落款处可以不加署名，只写日期就可以了。

五、总结的例文分析

例文 1

2021—2022 学年第一学期个人总结

大学的第一个学期就要结束了，回顾这段时间的生活，各方面都取得了一些进步，现总结如下：

一、在思想方面，我积极向党组织靠拢，在本学期递交了《入党申请书》，认真学习党章及党的纲领、文件，在提高思想政治觉悟的同时，培养正确的人生观、世界观和价值观，在班级做到了关心集体、尊敬师长、团结同学。

二、在学习方面，我完成了七门课程的学习，并顺利通过了期末考试，其中英语、计算机和部分专业课分数都达到了 90 分，取得了比较理想的成绩。这几门课程之所以取得好成绩，我认为有以下三个原因：

1. 大学锻炼了我的自学能力。

进入大学，各门课程的知识量一下子增加了许多，有很多知识需要自己去学习，不能完全等着老师讲。除了课本知识，还有很多专业知识是需要查阅资料的，我在课余时间经常去图书馆查找资料，并做了笔记，这种学习方式让我获益匪浅。一个学期下来，不仅课程知识学得很扎实，我的自学能力也得到了提高。

2. 学习要掌握必要的方法。

对我们进入高职的学生来说，最大的问题是不会学习。通过这一学期的学习，我渐渐发现学习不能死记硬背，除了课堂听讲、课后自学之外，还应该掌握一些方法。比如专业课，有些课程其实是有关联的，这门专业课的某个问题，用另一门课程的知识可以解释；有的课程其实是教给我们一种做事的方法，只要在生活中或者做事的时候多思考一下，问题就能迎刃而解。独立思考，应该是最好的学习方法了。

3. 有效利用课堂才能事半功倍。

我比较喜欢英语，在课堂上我能紧跟老师的节奏，听课效率比较高，大部分内容在课堂上就掌握了，课后再听听英语广播，练练口语，期末考试很轻松；专业课以前都没有学过，但是在课堂上认真听老师讲，很快就能明白课程的主要内容，课后再做一些补充，就可以学得很扎实。

三、在体育方面，我加强锻炼，身体素质得到了提高。在体育达标测试中，我的 1000 米跑仅用了 3 分 30 秒，被评为优秀。这与我一直坚持晨练有关。进入大学后，学校要求出早操，我就利用早操后的时间跑步，刚开始跑一圈都很累，坚持了一个多月后可以连续跑 5 圈。后来我请同学用秒表为我测速度，每天跑一个 1000 米，然后慢跑 5 圈。两个多月下来，我的 1000 米从刚开始的 4 分 20 秒提高到了 3 分多钟，到体测的时候终于跑进了 3 分 30 秒。对这一成绩我很满意。这也在提示我，任何事只要脚踏实地去做，一定会有收获。

四、在课外活动方面，我参加了棋艺社、文学社和摄影协会三个社团，课余生活非常丰富。本学期，我学会了下象棋、拍摄动态照片，很有成就感；我还写了 3 篇小文章，其中一篇被社团推荐发表。

当然，一学期下来，我的缺点和不足也比较明显，其中最严重的，就是时间观念不强，经常因为参加课外活动而耽误上课。迟到后在众目睽睽之下走进教室，每次都觉得很不应该，但由于时间安排不当导致这种情况一直存在。

此外，在学习中，我偏科情况也比较严重。有些专业课没有基础，学起来比较费劲，因此放任自流，不去学习，导致考试勉强及格。

这些情况应该引起我的高度重视，今后要合理安排时间，在保证上课的前提下再去参加课外活动；同时要从头开始，把每一门专业课学好。

王云

2021 年 12 月 30 日

例文 2

“看红色电影　忆峥嵘岁月”革命影片展播活动总结

本次“看红色电影　忆峥嵘岁月”电影展播活动是在院学生会的领导下，由科技部承办的一次寓教于乐的活动。活动共历时两天，主要是在 11 月 26 日（星期三）、27 日（星期四）晚上 19：00~21：00 两个时间段进行。其间，共向全院学生展播了《建党伟业》《1921》《长津湖》三部革命战争题材电影，在学生中获得了广泛好评。展播期间工作开展得很顺利，出色地完成了展播任务，积累了经验，但也暴露了一些问题，具体总结如下：

一、值得继承和发扬之处

（一）准备工作充分细致

本次活动经过了一段较长时间的充分准备，包括在电影题材的选定、活动方案等方面都有着较为精心的安排，在活动进行过程中可能会遇到的各种突发情况和细节问题都经过了详细的探讨，有相应的应急预案，值得肯定。

（二）活动流程设置新颖

本次活动突破了传统的展播模式，精心制作了针对学院各个专业的宣传 PPT，既填补了展播前的一小段时间空白，又发挥了较好的专业宣传作用，特别是对大一新生来说，对于专业方向的明确和更多专业相关知识的了解是必要的。

（三）组织分工明确，责任落实到位

在活动开始前，我们对部门内部成员进行了职责分工，以模块化的管理方式进行电影展播，将活动的策划安排告知了每一位部门成员，明确了各种情形下对于突发事件的处理方法，使得工作在开展之时能有条不紊顺利进行。

（四）活动方案安排得当

依据实际情况，在条件许可的情况下对各个年级做出了不同的要求，并且有意岔开了大一、大二、大三的展播时间，既方便了活动的组织，降低了组织的难度，又使得展播过程中有了很大的弹性空间，以应对突发事件的发生。

二、不足和有待提高的地方

（一）策划中疏漏了宣传通知环节

由于策划工作上的疏忽，没有充分考虑宣传通知环节，造成同宣传组合作仓促，致使通知和策划书上时间不一致，所幸经过补发书面通知、多次口头通知和短信通知，得以较快较好解决，没有造成太大的影响，但应引起我们的重视和警觉，避免在今后活动中出现类似情况。

（二）部门间沟通不够，工作开展不协调

在通知出现混乱的情形下才仓促通知宣传组协助宣传，使宣传组的工作陷入了很被动的局面，也没能达到很好的宣传效果，这反映了我们在沟通合作上仍旧存在一定的问题，需要在今后的工作中加以克服。

三、今后努力的方向

从总体上看本次影展活动是成功的，特别是大一同学对《长津湖》的热烈反响达到了我们预期的效果。同时，对于部门内部成员尽心竭力的协作给予肯定。本次活动是自我部门换届以来的第一次活动，也暴露了不足和缺陷，有待我们今后改正。我部将在总结本次活动经验教训的基础上，发扬优点、克服不足，争取在今后的工作中做得更好、更细、更科学。

学生会科技部

2021 年 11 月 29 日

六、总结的写作要求

1. 实事求是，客观真实

实事求是，一切从实际出发，这是总结写作的基本原则。既不在总结中夸大成绩，回避问题，报喜不报忧，也不能只写缺点和错误，把总结写成检讨书。

2. 善于分析，找出个性

总结要有独到的体会、新鲜的角度、新颖的材料，切忌千篇一律、缺乏个性。

3. 详略得当，重点突出

总结选材不能求全贪多、主次不分，要根据实际情况和总结的目的，把那些既能显示本单位、本地区特点，又有一定普遍性的材料作为重点，并写得详细、具体，而一般性的材料则略写或舍弃。

4. 语言准确、简洁朴实

语言准确是指事实要可靠、判断要恰当、用词要得当、表述要明确，尽量不用“可能”“也许”“大概”“差不多”之类模棱两可的词语。

简洁，就是要求语言简单明了；朴实，就是要客观地叙述事实、剖析事理，不做不切实际的修饰，一般不用夸张、双关等修辞。

思考和练习

一、什么是总结？总结有哪些类型？

二、计划与总结的联系与区别是什么？

三、请你对过去的一段时间（暑假、军训、开学第一周、开学第一个月）的表现进行回顾和分析，撰写一份个人总结。

相关知识

计划与总结的联系与区别

计划与总结是相辅相成的。一方面，计划是总结的标准和依据；另一方面，总结又是制订下一步工作计划的重要参考。总结是计划执行的结果，计划是总结的发展。

计划与总结的区别有三点：

1. 计划是事前制订的；总结是事中或事后都可以进行的。

2. 从写作内容看，计划要回答的是“为什么做”“做什么”“怎么做”；总结要回答的是“做了什么”“做得怎样”“为什么会这样”。

3. 从表达方式上看，计划重陈述；总结则是叙述、说明、议论兼用。

第四节　调查报告

一、调查报告的概念

调查报告是根据一定目的，针对社会生活中的某一事件、人物、情况或某一问题进行系统的、有计划的深入细致调查，经过认真分析、研究写出来的揭示客观事物的本质和规律的书面报告。

二、调查报告的种类

调查报告有很多种类，根据调查事项性质大致可分为三大类：

（1）总结经验型调查报告；

（2）揭露问题型调查报告；

（3）反映情况型调查报告。

介绍新生事物的调查报告、市场调查报告、消费意向调查报告等类型大多属于反映情况型调查报告。

三、调查报告的特点

1. 针对性

调查报告要有针对性，针对什么问题开展调查、调查什么人群、采用什么方法进行调查，都要根据调查目的开展，后期的数据统计与分析、报告的撰写都以调查目的为核心。

2. 真实性

真实性是调查报告的生命，调查报告必须真实地反映调查的问题，任何环节稍有失真，都会导致调查结果不具备参考价值，也无法作为决策依据。

3. 指导性

建立在真实基础上的调查报告能够全面深入地反映相关问题，对下一步的决策与行动具有指导性。

四、调查研究的方法

常用的调查方法有普遍调查法、典型调查法、抽样调查法、实地观察法和问卷调查法等。

五、完成一项调查的过程

完成调查是撰写调查报告的基础，也是一项系统工程。以问卷调查为例，过程如下。

（一）调查前期

（1）确定调查选题；

（2）明确调查目的；

（3）查阅文献资料，了解基本情况；

（4）制订调查计划，拟定调查提纲；

（5）确定调查范围，选好调查对象；

（6）设计调查问卷。

（二）调查中期

使用调查问卷开展调查，可以采用多种调查方法进行。

（三）调查后期

（1）汇总整理资料、数据；

（2）分析研究数据；

（3）撰写调查报告。

六、调查问卷的设计方法

设计一份调查问卷，首先要对调查目的和调查事项进行资料收集，大概掌握调查事项的基本情况后才可以有针对性地设计调查问卷。调查问卷通常包括以下内容。

（一）被调查者的基本情况

被调查者的基本情况主要有：姓名、性别、年龄、民族、文化程度、工作单位、职业、住址、家庭人口等。调查这些项目，便于对收集到的资料进行分类统计和具体分析。

（二）问卷填写说明

填写说明是填写问卷的具体要求和方法，包括目的要求、项目含义、调查时间、被调查者填写时应注意事项、调查人员应遵守事项等。

（三）调查内容

调查内容是调查问卷的核心部分，是所需调查内容的具体项目，一般可以包括十个左右的问题，有的是让调查对象做出选择的封闭式问题，有的是让调查对象回答的开放式问题。这些问题的设计要围绕调查目的进行。在设计问卷问题时，应该注意以下四个方面。

1. 必要性

所提的问题应直接为目的服务，没有价值或无关紧要的问题不应列入。

2. 可行性

应尽量避免列出令人难以回答的问题，注意使用适合被调查者身份、水平的词句或用语。

3. 准确性

提问要简单明确，切忌模棱两可或难以理解。

4. 艺术性

提问要讲究艺术、有趣味，使被调查者乐于回答。

七、调查报告的写作格式

调查报告由标题、正文、落款三部分组成。

（一）标题

调查报告的标题有以下三种形式。

1. 文件式标题

由调查对象、调查事项和文种构成，如《园林技术专业 2011 级、2012 级、2013 级学生汉语能力水平调查报告》。

2. 文章式标题

由调查报告的主要内容与观点提炼而成，如《高校发展重在学科建设》。

3. 双标题

由主题和副题构成，如《手机成“亲密朋友”——大学生手机使用情况调查》。

（二）正文

正文由前言、主体和结尾三部分组成。

1. 前言

前言是调查报告的开头部分，也叫作“导语”。可以介绍本次调查的背景、范围、经过、调查对象的基本情况或者概括全文的主要内容、提示全文的主旨。前言部分写好后，可以使用过渡句“现将调查情况汇总如下”引出主体部分。

2. 主体

主体部分是调查报告的核心内容，一般包括三个方面：表明主旨、提供事实材料、进行理论阐述。主体结构可以采用横式结构或纵式结构，提炼观点并利用调查数据和事实进行佐证说明。

3. 结尾

调查报告的结尾要求简明扼要，或者总结全篇主要观点；或者指出存在问题，提出建议；或者对所调查的现状作归纳性说明并指出其发展远景。

有的调查报告主体部分结束了，意尽言止，就不需要另写结尾了。

（三）落款

落款包括署名和日期。其中署名可以写在正文右下方，也可以写在标题正下方。

八、调查报告写作的注意事项

（一）深入细致地进行调查

调查是写作调查报告的基础，要想写出反映真实情况能够指导实际的调查报告，必须先进行真实的、科学的、深入细致的调查，不能想当然，更不能“闭门造车”。

（二）要用事实说话

调查结论必须建立在事实基础上，必须经由事实得出，不能掺杂主观臆断，不能随意捏造、改变事实迎合想要的结论。

（三）观点和材料要一致

在调查报告的写作中，应遵循观点先行的写法，再列出支撑观点的材料，要重视材料的取舍、挑选，选择最能说明观点、最能典型反映事实的材料，切忌观点、材料“两张皮”。

（四）记叙与议论相结合

调查报告的写法上经常采用记叙与议论相结合的方法，既能说明观点，又列举材料，不宜使用夸张的表达方式。

例文

园林技术专业2011级、2012级、2013级学生汉语能力水平调查报告

“园林技术专业高职语文课程探索与研究”课题组

为了全面了解园林技术专业学生的汉语能力水平，为高职语文课程改革研究提供翔实可靠的数据，制定有针对性的改革方案，“园林技术专业高职语文课程探索与研究”课题组以园林技术2011级、2012级、2013级学生为研究对象，对学生的汉语能力进行了为期三年的追踪调查，调查涉及学生高考语文成绩、学生对汉语能力的自我评价、写作情况和学习态度、对高职语文课程的评价以及学生真实的汉语水平，获得了大量有价值的数据。报告如下：

一、调查情况综述

课题组从2011年12月到2013年12月对我院园林技术专业2011级、2012级、2013级学生进行了关于汉语表达能力的专项调查。调查采用了问卷、访谈、观察、对比、文献资料等方法。其中，问卷主要面对学生进行；访谈主要针对园林技术专业教师以及园林企业工作人员进行。问卷共发出521份，收回有效问卷471份。2011级学生是在“应用文写作”课程学完之后进行的调查，2012级是在开课中进行的调查，2013级则是在刚入校时进行的调查。连续三年的调查中，受调查学生、教师及企业人员共620余人次，力求客观科学地反映山西林业职业技术学院园林技术专业学生的汉语能力水平，为高职语文课程改革提供翔实的资料和依据。

1. 学生高考语文成绩平均中等偏下，写作表达存在一定困难

园林技术专业是我院重点专业，高考招生分数相比其他专业相对要高。从数据来看，这个专业学生的高考语文成绩普遍在60分以上，高于90分的占一定比例，但在逐年下降。课题组统计到的最高语文成绩是126分，最低的是51分。

2011级学生的高考语文成绩都在60分以上，其中有60%在90分以上，说明大部分学生的语文成绩超过了及格线，汉语基础还是不错的。2012级学生有53%在90分以上，2013级达到90分以上的仅有38%；同时2012级、2013级学生还有2%未达到60分。按照高考语文满分150分来看，90~60分这个成绩段只能算是中等偏下，说明学生的平均语文水平较低。

园林技术专业的这三级学生中，表示喜欢写作，并且认为写作不是件困难的事情的同学只占到10%左右；明确表示不喜欢写作，写作有困难的同学则占到35%左右。尤其是2013级学生，表示不喜欢、不会写的同学占到57%。

谈及高中作文水平，认为自己水平还不错的，2011级学生有15%，2012级有19%，2013级仅有9%；而认为作文水平一般乃至很差的同学则占据了大多数，2011级有65%，2012级有54%，2013级有72%。

从以上数据可以看出，园林技术专业学生的高考语文成绩整体偏低，在这三年里明显呈逐年下降趋势；学生对待写作表达的态度及作文中存在

的问题也比较明显，特别是对待写作的态度，从一个侧面可以反映出学生整体汉语能力水平偏低，而且还在下降。

2. 学生比较了解自己的汉语水平，并希望能够继续提高

在问卷中，涉及评价自己汉语能力水平、关于写作等问题，学生的自我评价相对比较客观，能够正确了解自己汉语表达存在的问题，并且希望能够继续提高。2011 级学生有 14%、2012 级有 17%、2013 级有 22%表示自己的汉语水平很棒；而表示不满意的比例分别为 68%、53%、60%。

写作中存在的困扰，则主要表现在：①在词句上想不出贴切的表达；②格式上不知道文书的具体要求；③没有合适的可参照的例文；④内容上老生常谈，写不出新东西。大多数学生认为自己不擅长写任何东西，表示能够写作文学类作品，如诗歌、散文、小说的同学不超过 30 位，占不到 6%；应用类文书也是因为刚刚学完或者正在学习应用文写作，才具有一定的写作能力，平均占到 18%；认为可以写作文（指适用高考的记叙文、议论文、抒情文章）的占到 21%；其余 55%认为自己什么文章也写不了。

在对比学习应用文写作之前和之后的调查数据可以发现，学生对“上大学以后的汉语表达能力”的判断，2011 级中有 59%的同学认为比中学阶段有所提高，2012 级有 49%，2013 级则只有 25%；认为水平没什么变化的，2011 级有 9%，2012 级有 35%，2013 级有 58%；认为水平还不如以前的，2011 级有 32%，2012 级有 16%，2013 级有 17%。之所以出现这种现象，我们认为与介入调查的时机有关，2011 级和 2012 级是在完成“应用文写作”这门课程之后开展的调查，而 2013 级则是在新生入学不久后开展调查。经过学习的学生明显感觉汉语能力有所提高，而刚刚经过高考后近 4 个月的长假，又没有开始学习语言类课程的 2013 级学生多认为汉语水平与从前差不多甚至不如从前。

关于汉语表达能力降低或没有提高的主要原因，绝大部分同学认为是书面表达机会少，占到 80%左右；也有部分同学认为时间和精力都放在了专业学习上；还有相当一部分同学认为，经常使用电脑打字以及网络交流才是汉语能力进一步弱化的主要因素。

汉语能力水平对未来事业重不重要？65%以上的同学认为很重要，可以决定未来的事业前景；认为有点关系但并不重要的仅占到 5%。说明绝

大多数同学不但了解自己的汉语水平，也能够正确认识汉语能力对未来发展的作用，并希望获得良好的汉语表达能力。

3. 学生写作态度并不积极，多数人不知该如何改善

上大学后你在什么情况下写作？这三届学生最为集中的选择是“老师要求”，也就是只有老师要求写作的时候才被迫动笔，这部分同学占到总数的 82%；主动写作的，比如抒发情感的、消磨时间的以及参加征文比赛的，不到 20%。由此可见，学生缺乏主动动笔写作的意识。

以笔记本电脑、智能手机为主的电子产品对学生的汉语表达能力影响更为明显，学生要么不写，要么即使写点东西，使用纸笔进行写作的内容也不到 50%，2013 级学生只有 32%表示会使用纸笔写作。抛开文章写作不谈，他们连微博日志也写得很少，发表一些微博或者日志或者说说，基本上以转发别人的文章为主，或者干脆发图片了事。如果一定要写作文书，比如应用文写作的作业，他们能够独立撰写的不到 8%；更多同学坦言，上百度下载相近的范文，改改就可以用；还有约 5%的同学明确表示不会写，就是上网抄也不会。

至于怎样才能有效提高汉语表达能力，同学们并不知该从何做起。他们普遍寄希望于高职语文课堂，也考虑去阅读和写日记，或者去参加辩论赛与演讲比赛，或者参加文学社进行写作训练。但这些想法只是看上去很美。在高职语文课堂，他们觉得老师的讲解枯燥无味，听课都难以坚持下来；课外社团活动组织并不规范，很多同学加入之后很快又退了出来；参加比赛要选拔优秀选手，能够入围的学生寥寥无几；而阅读和写日记因缺乏自觉性更是不见实际行动。

4. 高职语文类课程有用，模拟实训很受欢迎

在问及我院是否应该开设应用文写作或汉语类课程，90%以上的同学认为非常需要，不仅需要写作类课程，还需要文学鉴赏类课程用以提高人文素质。而对目前开设的“应用文写作”，同学们表示，希望这门课把教学重点放在提高学生书面表达能力、逻辑思维能力以及阅读理解能力上。

课题组在 2011 级、2012 级、2013 级学生中设有实训教学实验班，在调查中发现，实验班的同学对“模拟招聘”“模拟调查”等实训非常感兴趣，他们表示在这些实践性学习中收获比较大，25%以上的同学认为真正

学会了文书写作，95%以上的同学认为比一般课堂讲授有效果；也有4%的同学认为和其他学习方法差不多。没有参加过实训的同学也认为应用文写作课程的教学模式最好采用小组研讨和实践训练。

5. 汉语水平检测结果显示学生汉语能力不容乐观

为了了解学生的汉语水平，课题组于问卷调查同期进行了园林技术专业学生汉语水平检测。检测试题来自一份ZHC（职业汉语能力测试）真题，根据我院学生特点共选取了汉字书写、词语使用、改错别字、阅读理解和汉语表达共5个大题、10个小题，要求学生独立完成，但不限时。

从检测结果看，5个大题全部答对的不超过20人。“汉字书写”题目情况最好，没有空白和全错的，全对的占到23%，写对两个的占到69%，写对一个的占到7%，说明学生汉字书写能力一般。

“词语使用”题目有三个小题，全对的只占到7%，选对两个的有34%，选对一个的占42%，还有17%全选错。“找错别字”题目约有40%的学生能够找出错字并改正，有29%找出错字未修改，还有31%没有找出错字。“阅读理解”的两个小题完全正确的只有6%，对1题的有36%，全不对的有55%，还有4%空白未做。

汉语表达要求学生听一段话后把内容写出来，5%的学生可以文字通顺地复述听到的内容；30%表达不通顺，但意思基本正确；44%表达完全不清楚；还有14%书写凌乱；7%空白未做。

从这一检测结果来看，学生的汉语水平真是不容乐观，尽管已经高中毕业，完成了语文基础学习，但是，相当一部分学生仍然不能正确书写汉字。词语使用不当、表达思路混乱、词不达意等问题必将成为他们学习中最大的障碍，不仅影响高职阶段的语文学习，也将影响他们专业课程的学习，更影响他们未来的发展。

二、园林技术专业学生汉语能力水平状况分析

通过调查，课题组发现作为样本的这三届学生汉语能力处于较低水平。大多数学生可以完成基本的口语交流，但如果阐述一个观点，或者表达自己的思想，则无法顺利完成；绝大多数学生存在书面表达问题，规范正确地书写对他们来说是一件非常困难的事情。之所以出现这样的状况，原因有四：

1. 考试让学生对语文失去兴趣，但主观态度才是关键

在调查中，除了问卷反映出的问题之外，访谈中也有一部分同学坦言，中小学每天都上语文课，但主要是死记硬背应付考试，包括作文；课外阅读一般是老师指定某些篇目，他们不喜欢也没时间看；至于写作，除考试和老师要求之外基本上不会动笔。调查数据反映的结果能够印证这一说法，这也正是造成样本学生汉语能力水平低的重要原因。

事实上，受调查学生对语文学习态度消极，虽然与我国的考试制度有关，但更主要的是学生自身原因。在问卷调查过程中，相当一部分学生在填写问卷的时候心不在焉，甚至表现出不耐烦的情绪。认真填写一份问卷大约需要十分钟，有部分学生在3分钟之内就交回了问卷；还有不少学生一边填写一边问题目是什么意思。这也能说明，学生的汉语能力水平低的主要原因，关键在于他们的态度：怕麻烦。语文学习是一项系统工程，不可能速成，但学生懒于阅读更懒于思考的表现，使高职语文的教学面临严峻挑战。

2. 学生的口语表达难以达意，书面表达严重不规范

在日常交流中，多半学生感觉平时说话交流没有问题，但是在公开场合讲话或者比较系统地阐述想法的时候，就有困难；书面表达问题更多，写作则是困难重重。学生中普遍存在口语表达词不达意的现象，不少学生在与同学和老师的交流中被反复追问真实的意思。课题组认为，这是一个比较危险的信号，它表示在这个群体中，如果不及时干预，他们使用汉语交际的能力将会退化。

相比口语表达，书面表达严重不规范，从汉字书写、词语使用、句子结构到文书格式，甚至标点符号都存在问题。学生认为这是习惯使然，但课题组认为这是缺乏严格训练的表现。

3. 学生所处的汉语环境不利，汉语思维已经呈片段化

汉语表达能力水平是学生综合素质的具体表现之一，谈吐之间即可判断一个人的素养。“90后”学生所处的汉语环境堪忧，非主流、娱乐搞笑、夸张乃至低俗的网络流行语在这个群体中极易流行，为了彰显个性时尚，他们摒弃中规中矩的表达。而网络流行的段子，更容易引起他们阅读和传播的兴趣，经典作品鲜有问津，图书馆只有电子阅览室人满为患。

由于缺乏深入的阅读和思考，学生的汉语思维已经呈现片段化状态，

没有想法，人云亦云，只管眼前，不考虑未来。课题组认为，学生追逐流行时尚本属正常，但能照搬就不动脑筋，能用一个词语表达就绝不说一句完整的话，嫌麻烦就干脆放弃，种种表现更令人担忧。

4. 表达凌乱、内容空洞是写作的具体问题，思辨能力的缺失才是根本原因

通过调查可以发现，样本学生普遍存在的写作问题，其实是不知道该写什么、怎么写。即使在应用文写作课堂上学习了文书的写作格式及写作方法，仍然难以顺利写出一份格式完整、表达流畅的文书，作业中的语句是凌乱不知所云的，内容更是空洞。课题组认为，不会认真思考问题、不懂得分析和解决问题、思辨能力的缺失，才是学生写作能力低下的根本原因。

三、改善学生汉语能力水平的对策及高职语文课程改革的方向

高职院校的人才培养目标，不是培养机器人和工具人，而是要培养德才兼备的高素质的职业人才。汉语表达能力是职业技能中必备的核心技能之一，我院学生的这一能力亟须改善和提高。然而面对如此现状，课题组认为要想改善和提高学生的汉语能力水平，任重而道远。

1. 为学生设计有用、够用、实用的课程体系

全面提高学生的汉语能力水平是一项系统工程，不是通过一门课程的学习就可以完成的。学生听、说、读、写、思的能力全面存在问题，而高职人才培养体系中，专业技能课程占据主导，高职语文课程课时被大量压缩，教学内容为侧重工具性的应用文写作。调查显示，学生汉语能力水平偏低原因多而复杂，有自身原因更有社会原因，仅开设一门应用文写作课程是比较功利性的做法，学习效果也并不理想。因此，建议重新整合语文类适应学生能力培养的内容，例如口语表达、写作、文化或者阅读，形成有针对性的高职语文课程。

2. 创新教学方法，唤起学生学习的热情

面对“90后”学生群体，传统的课堂必定不受欢迎。调查显示，课题组的实训改革收到一定效果，因此可以根据学生认知特点，继续研究情境教学、实践训练等的教学方法，改变教师以讲为主、学生以听为主的学习状态，使学生能够主动参与、积极思考、边做边学、提高能力。

3. 课堂要管，课外要抓，注重观念引导，使学生重回汉语正轨

当前社会和网络语言现象对学生的冲击非常严重，会导致学生对汉语的疏离。全面改变学生汉语能力水平低的状况，除了管好学生课堂表达之外，还需要抓好课外的语言行为。教师对学生的语言表达要进行正向引导，帮助他们树立正确的语言审美观，即不仅要表达清楚自己的意思，还要考虑表达的方式，是大方得体的，还是会招致反感的；是有思想内涵的，还是哗众取宠的；是文雅的，还是粗俗的。当学生能够重回汉语正轨的时候，汉语能力水平才能够真正获得提高。

结语：本次调查历时三年，对园林技术专业学生的汉语能力水平进行了全面系统的调查和追踪，全面掌握了学生的汉语水平、认知特点以及存在的问题，这对高职语文进行课程改革研究有着非常重要的意义。课题组将根据调查结果开展教改试验，设计课程，改革教法，使高职语文课程更好地服务专业人才培养，有效改善学生的汉语能力。

在调查工作进行过程中，课题组得到学院领导、园林系领导、专业课教师和2011级、2012级、2013级学生的大力支持，在此深表感谢！

2014年1月9日

附件1　调查问卷

园林技术专业学生汉语表达能力调查问卷

亲爱的同学：

你好！我们正在进行一项汉语表达能力的调查，目的是改善我院高职语文或应用文写作课程的教学工作，使之能够有效帮助同学们学习汉语。本次调查为匿名调查，感谢你的支持和帮助！

第一部分　基本情况

1. 性别：______。

2. 你的班级：______。

3. 你升入大学前，就读的学校是：______。

4. 你的高考语文成绩是：______。

第二部分　语言表达情况

1. 你是否满意你的汉语水平？

   A. 满意，我的汉语很棒的

   B. 还好，汉语表达没什么问题

   C. 不太满意，经常词不达意

   D. 不满意，可不知道问题在哪里

2. 你是否喜欢写作？

   A. 非常喜欢　　B. 比较喜欢

   C. 一般　　D. 不喜欢

3. 写作对你来说容易吗？

   A. 容易　　B. 一般

   C. 有些困难　　D. 非常困难

4. 在写作中最困扰你的是什么？

   A. 内容上，老生常谈，写不出新东西

   B. 格式上，不知道格式和语体要求

   C. 词句上，想不出贴切的表达

   D. 布局上，想不出更好的展开方式

   E. 借鉴上，没有合适的可参照的例文

   F. 其他

5. 你擅长写什么？（如选 ABC 项，请在括号内列出的项目上画"√"）

   A. 文学类（诗歌、散文、小说、戏剧）

   B. 应用文书类（启事、通知、请柬、申请、倡议书、计划、总结、活动策划书、调查报告、合同、公文）

   C. 作文（记叙文、议论文、描写或抒情的文章）

   D. 什么也不擅长

6. 你在高中时的作文水平如何？

A. 非常好　　B. 很好
C. 一般　　D. 很差

7. 请自我评价一下进入大学之后的汉语表达能力。
A. 进步了，比之前有所提高
B. 没什么变化
C. 还不如以前

8. 你认为造成自己汉语表达水平降低或维持原来水平的原因是什么？
A. 书面表达的机会比较少
B. 外语学习占了过多的时间
C. 时间和精力主要放在了专业学习上
D. 应用写作课程的教学内容和教学方式无助于汉语能力提高
E. 学校和社会对汉语能力没有明确要求
F. 网络和短信交流使汉语能力进一步弱化
G. 使用电脑打字，经常出现错别字和句子不规范等问题，也有提笔忘字现象

9. 上大学后你在什么情况下写作？
A. 征文比赛　　B. 老师要求
C. 抒发情感　　D. 消磨时间

10. 你平时写作的途径是什么？
A. 纸笔　　B. 微博
C. 日志　　D. 其他

11. 如果写微博、日志，多长时间更新一次？
A. 每天　　B. 一个星期
C. 一个月　　D. 不写

12. 你的微博、日志、人人会更新一些什么内容？
A. 优美的文章　　B. 自己的见闻
C. 自己的心情、感受　　D. 转发新闻
E. 不会写，只发图片

13. 如果需要写作一些文书，你一般会怎样写？

A. 独立撰写

B. 查找资料，按照文书规范格式写作

C. 网上下载一篇范文，改改就用

D. 胡乱拼凑

E. 不会写

14. 你认为，汉语水平的高低对你未来的事业有什么影响？

A. 很重要，可以决定我的事业前景

B. 一般吧，影响不会太大

C. 有点儿影响，但不重要

D. 没有影响

15. 你认为在大学阶段，哪些途径对提高汉语表达能力有帮助？

A. 应用文写作课堂　　B. 应用文写作实训

C. 毕业论文　　D. 阅读和写日记

E. 在公众场合讲话　　F. 参加演讲与辩论赛

G. 参加文学社等社团，进行写作创作

H. 其他

第三部分　关于应用文写作课程

1. 你认为我院是否应该开设应用文写作或其他汉语类课程？

A. 是的，很有必要

B. 需要开设应用文写作课程

C. 需要开设大学语文课程

D. 需要开设写作实训类课程

E. 需要开设文学鉴赏类课程

F. 用不着

2. 你认为应用文写作课程的教学重点应该是什么？（可多选）

A. 提高逻辑思维能力

B. 提高书面表达能力

C. 提高口头表达能力

D. 提高阅读理解能力

E. 提高文学鉴赏能力

F. 增强母语情感

G. 其他

3. 对目前开设的应用文写作课程，你希望采用的教学模式是什么？

A. 课堂知识讲授为主　　B. 写作训练为主

C. 小班研讨或分组学习为主　　D. 知识讲座为主

E. 网络教学为主　　F. 模拟实践为主

4. 你参加过“模拟招聘”实训活动吗？

A. 参加过　　B. 没有

5. 你在模拟招聘、调查研究等实践性学习中收获如何？

A. 收获比较大，真正学会了文书写作

B. 感觉还行，知道了文书该如何使用

C. 对训练过的几个文书印象比较深刻

D. 一般吧，和其他学习方法差不多

E. 比一般课堂讲授有效果

F. 没什么收获

6. 你认为应用写作课程的教学效果取决于什么？

A. 教学内容　　B. 教师的教学方法

C. 教材质量　　D. 教师水平

E. 课时数量　　F. 练习次数

G. 与专业结合　　H. 理论与实践结合

附件 2　调查数据统计表

调查数据统计（2013 年）

调查时间：2013 年 11 月 18 日

调查对象：园林技术专业 2013 级学生（20135359、20135360、20135361、20135362）

本次调查共发出问卷 187 份，其中有效问卷 158 份

问题序号	内容摘要	选项统计																备注
		A		B		C		D		E		F		G		H		
		数据（人）	百分比（%）	数据（人）	百分比（%）	数据（人）	百分比（%）	数据（人）	百分比（%）	数据（人）	百分比（%）	数据（人）	百分比（%）	数据（人）	百分比（%）	数据（人）	百分比（%）	
第一部分　基本情况																		
1	性别	男生 62	39	女生 96	61													
2	高考语文成绩	90 分以上 48	38	60～90 分 81	60	60 分以下 7	2											其中有 22 人为自主招生
第二部分　语言表达情况																		
1	自我评价汉语水平	35	22	29	18	39	25	55	35									
2	是否喜欢写作	12	8	20	13	36	23	90	57									
3	写作有无困难	9	6	23	15	76	48	50	32									
4	写作中的困扰	37	23	95	60	87	55	60	38	100	63	49	31					可多选

续表

问题序号	内容摘要	选项统计																备注
		A		B		C		D		E		F		G		H		
		数据（人）	百分比（%）	数据（人）	百分比（%）	数据（人）	百分比（%）	数据（人）	百分比（%）	数据（人）	百分比（%）	数据（人）	百分比（%）	数据（人）	百分比（%）	数据（人）	百分比（%）	
第二部分　语言表达情况																		
5	擅长写什么	10	6	24	15	29	18	95	60									可多选
6	高中作文水平	15	9	13	8	97	61	33	21									
7	上大学后汉语表达能力	39	25	92	58	27	17											
8	汉语表达水平偏低的原因	92	58	17	11	31	20	28	18	44	28	95	60	123	78			可多选
9	大学什么时候写作	6	4	131	83	9	6	12	8									
10	平时用什么写	51	32	3	2	17	11	87	55									
11	微博、日志更新率	2	1	4	3	14	9	141	89									
12	微博更新内容	2	1	6	4	11	7	7	4	9	6							部分选
13	文书怎么写	9	6	44	28	89	56	8	5	8	5							
14	汉语水平是否重要	102	65	49	31	7	4	0	0									
15	提高汉语能力的途径	33	21	89	56	27	17	19	12	50	32	21	13	14	9	67	42	可多选
第三部分　关于应用文写作课程																		
1	是否有必要开汉语类课程	107	68	88	56	86	54	70	44	55	35	8	5					可多选
2	应用文写作课程重点	19	12	97	61	122	77	53	34	49	31	31	20	27	17			可多选

续表

问题序号	内容摘要	选项统计																备注
		A		B		C		D		E		F		G		H		
		数据（人）	百分比（%）	数据（人）	百分比（%）	数据（人）	百分比（%）	数据（人）	百分比（%）	数据（人）	百分比（%）	数据（人）	百分比（%）	数据（人）	百分比（%）	数据（人）	百分比（%）	
3	应用写作课程教学模式	17	11	31	20	48	30	7	4	3	2	52	33					
4	是否参加过模拟招聘	86	54	72	46													
5	实践性学习效果	32	20	27	17	19	12	2	1	6	4	0	0					部分选
6	应用写作课程教学效果决定因素	44	28	138	87	25	16	97	61	18	11	31	20	14	9	92	58	可多选

思考和练习

一、调查报告的作用是什么?

二、怎样完成一份调查报告?

相关知识

总结与调查报告的区别

总结与调查报告都反映社会实践的结果，总结出经验，以指导工作，但二者有区别，要注意区分。

1. 二者反映的对象和范围不同。总结限于总结本地区、本单位或者个人前一段时间活动的经验教训；调查报告既可以写本地区、本部门的实践活动，也可以写外地区、外单位的实践活动。

2. 二者写作目的不同。总结的目的在于回顾过去，总结经验教训；调查报告是通过对典型事例的研究分析，为人们的社会实践活动提供借鉴和依据。

3. 二者写作角度不同。总结反映的是本单位、本人的情况，由本单位、本人行文，进行自我分析、自我评价；调查报告以第三者的立场，对事物进行客观的评价。

4. 二者写作手法不同。总结是论述怎样从实践中引出规律，常有较多分析，对事物的情况、过程常用概括的方法表达；调查报告常以陈述事实为主，引用具体材料较多，它要求反映客观事物的过程，揭示问题的实质。

第四章　职场文书

第一节　求职信

一、求职信的概念

求职信是求职者为求得某一职位，向有关单位或个人简单陈述自己学历、学识、才能和经历等情况，进行自我推荐的文书。

二、求职信的特点

（一）自荐性

求职信是用人单位初步了解求职者学历、学识、才能、经验等情况的资料，也是求职者获取面试机会的不可或缺的书面文字材料，怎样介绍自己、推销自己是写作求职信的关键。

（二）客观性

自我举荐要实事求是，把自己的长处客观、清晰、有条理地表述出来，既不能过分夸大，也不能过分谦虚，适度展示自己与众不同的优势和个性，给用人单位留下良好的第一印象。

（三）简明性

求职信行文应当简洁明了，以一页为宜。用人单位面对大量的求职简历，不可能把时间和精力浪费在阅读“长篇巨著”上，一份简洁自信、重点突出的求职信才有可能使求职者脱颖而出。

三、求职信的写作格式

求职信一般由标题、称谓、正文、附件、落款五部分组成。

（一）标题

第一行居中书写“求职信”“自荐信”或“应聘信”，字体比正文略大，以美观为宜。

（二）称谓

另起一行顶格书写，后加冒号。称谓以礼貌为宜，通常在前面要加上敬称，如“尊敬的”。如果用人单位明确，根据对方的身份、职位选用合适的称谓，如“尊敬的×××公司领导”“尊敬的×××先生”“尊敬的人力资源部经理”等。如果用人单位不明，则可使用泛称，如“尊敬的领导”。

（三）正文

1. 开头

左起空两格书写问候语，常用“您好”。还可以表达请求、感激之意，如“请您抽出一点时间阅读我的求职信，不胜感激”或“感谢您在百忙之中惠阅我的自荐信”等。

2. 主体

这部分是求职信的重点。应简明扼要、重点突出、条理清晰地介绍自己的学习经历、学习能力、实践经验、特长条件等，以便用人单位对求职者有较为全面、深入的了解。

（1）学习经历及能力。重点介绍就读院校和所学专业，在校期间系统学习了哪些方面的理论知识，掌握程度如何。

（2）实践经验。分层次、有条理地介绍你曾经参加过什么样的社会实践，担任何种职务，组织过哪些活动，什么能力较强，从中积累了什么样的经验。

（3）特长条件。可以介绍外语、计算机、音乐、体育、美术、写作、口才等方面所具备的优势，也可以介绍兴趣和爱好。

3. 结尾

（1）表述愿望。向用人单位表明自己加盟的愿望和如录用后做好这份工作的决心，期盼得到对方的回复，宜写得简短又热切。

（2）祝颂语。向对方表达良好祝愿，以示礼貌，如“祝贵公司业务蒸蒸日上”；最后以“此致、敬礼”结束。

（四）附件

包括个人简历、学历、证书等相关材料复印件。

（五）落款

在右下方，写上求职者姓名和写作日期。

四、求职信的例文分析

例文 1

求职信

尊敬的领导：

您好！

首先感谢您在百忙之中惠阅我的求职信。

我叫×××，男，24 岁，是×××××学院工商管理专业 2020 届毕业生。希望能在贵公司从事人力资源管理方面的工作。

大学期间，我认真系统地学习了工商管理专业的基础知识和专业技能，重点学习了企业管理及员工管理知识，努力掌握其基本技能技巧，结合现代企业管理案例深钻细研，取得了优异成绩，多次获得奖学金。

2019 年暑假，我受聘于××市某汽车零部件制造有限公司，担任人力资源部部长助理。其间，深入了解了生产型企业的员工管理模式。在工作中，我的管理能力得到了提高，同时也积累了宝贵的经验。

2020 年 3 月，我参与了××酒店的员工培训，将所学知识付诸实践，创新了该酒店的员工激励机制，并撰写了《员工管理中的激励机制》《激励在人力资源管理实践中的运用》等多篇论文。

此外，我还注意个人兴趣的培养。我比较喜欢文学，平时除了大量阅读古今中外的优秀文学作品之外，还尝试创作。2019 年 2 月以网名“×××”在校园论坛开始连载独创的一部长篇校园小说，得到了较高认可。2019 年 12 月，被邀请担任校园论坛绝对原创版版主，并在版内成功策划了一次以大学生就业为主题的讨论，得到一致好评。

本人久慕贵公司盛名，深知贵公司实力雄厚、工作氛围活跃、态度严谨，若能用我所学为贵公司效力，将是我荣幸。

请给我一个机会，我会用行动来证明自己。

最后，衷心祝愿贵公司事业发达、蒸蒸日上。

此致

敬礼

附件：1. 学位证书复印件一份

2. 奖学金证书复印件六份

3. 论文复印件两份

4. 工作经历证明两份

求职人：×××

2020 年××月××日

例文 2

致米兰大公书

显贵的大公阁下：

我对那些冒充作战器械发明家的人所进行的试验作了观察和思考，发现他们发明的东西与平常使用的并无两样，故此斗胆求见阁下，以便面陈机密，但对他人不抱任何成见。

一、我能建造轻便、搬运便利的桥梁，可用来追逐和击败敌军；也能建造坚固的桥梁，用以抵御敌军的炮火和进攻，这种桥梁装卸非常方便；我也能焚毁、破坏敌军的桥梁。

二、在围攻城池之际，我能从战壕中切断水源，还能制造浮桥、云梯和其他类似设备。

三、一个地势太高，或坚不可摧，因而无法用炮火轰击的据点，只要它的地基不是用石头筑的，我就能摧毁它的每一个碉堡。

四、我还能制造一种既轻便又易于搬运的大炮，可用来投小石块，犹如下冰雹一般，其中喷出的烟雾会使敌军惊惶失措，因而遭受严重损失，并造成巨大混乱。

五、我能在任何指定地点挖掘地道，无论是直的或弯的，不出半点声响，必要时可以在战壕和河流下面挖。

六、我能制造装有大炮的铁甲车，可用来冲破敌军最密集的队伍，从而打开一条向敌军步兵进攻的安全通道。

七、在必要情况下，我能建造既美观又实用的大炮、迫击炮和其他轻便军械，不同于通常所使用者。

八、不能使用大炮时，我能代之以弹弓、投石机、陷阱和其他效果显著的器械，不同于通常所用者——总之，必要时我能提供不胜枚举的进攻和防御器械。

九、倘若在海上作战，我能制造多种极其适宜于进攻和防守的器械，也能制造可以抵御最重型火炮炮火的兵船以及各种火药和武器。

十、在太平年代，我能营造公共建筑和民用房屋，还能疏导水源，自信技术决不次于他人，而且包君满意。

此外，我还善于用大理石、黄铜或陶土雕塑；在绘画方面，我也绝不逊色于当今任何一位画家。我还愿意应承雕塑铜马的任务，它将为您已故的父亲和声名显赫的斯福乐尔扎家族增添不朽的光彩和永恒的荣誉。如果有人认为上述任何一项办不到或不切实际的话，我愿随时在阁下花园里或您指定的其他任何地点实地试验。

谨此无限谦恭之忱，向阁下候安。

1482年，时年31岁的达·芬奇离开故乡佛罗伦萨来到米兰。他给当时米兰的最高统治者、米兰大公鲁多·维柯斯弗查写了封求职信，希望谋得一个军事工程师的职位。米兰大公收到此信后不久，就召见了达·芬奇。在短暂的“面试”后，正式聘用达·芬奇为军事工程师，且待遇十分优厚。

达·芬奇这封短短的“求职信”为何能够产生如此好的效果？分析起来，主要是他的求职信虽然文字不多，但有不少“闪光点”，让“用人单位”眼前一亮，迅速决定对其进行“面试”并最终将其录用。

五、求职信写作的注意事项

求职信的写作要注意以下几点：

（1）知己知彼，有的放矢；

（2）简洁平实，短小精悍；

（3）层次合理，条理清晰；

（4）谦虚有度，证据有力；

（5）慎用简语，强调团队；

（6）争取机会，莫提薪水。

思考和练习

一、求职信、应聘信、自荐信有什么不同？

二、求职信的主要内容应怎样安排？

三、请认真思考：从现在起，你应该为未来求职做哪些准备？

相关知识

求职信写作“六忌”

求职信是求职人向用人单位或单位领导人介绍自己的实际才能、表达自己就业愿望的一种书信。要写好一封求职信，必须要注意以下六个问题：

一、忌面面俱到，篇幅太长。求职信要凸显自己的专业及专长，结合所求职位的需求来有针对性地介绍自己。面面俱到的写法会冲淡主题，看不出求职者的优势。

二、忌辞采华丽，哗众取宠。一位求职者在求职信中写道："我希望这样的人生，它在经历了无数场风雨后成为一道壮丽的彩虹……请用您的目光告诉我海的方向……我渴望成为你们中的一员，我渴望奉献我所有的一切，请用真诚的心灵拥抱我最热烈的胸怀……"这些文字确实很美，但打动不了用人单位，只会给人作秀、幼稚的感觉。

三、谦虚过度，自我贬抑。如有一封求职信这样写道："……我刚从学校毕业，很多方面还有很大欠缺，特别是社会交际能力和自我约束能力差，不知能否把工作干好……"这样写未免太自卑。

四、过分自信，自视太高。如一位毕业生在求职信中讲了他在学校各科的优异成绩之后写道："……根据以上成绩，我认为我能胜任这份工作，我一定可以比我的前任做得更好……"另一位毕业生在求职信中写道："如果您是独具慧眼的伯乐，那我就是一匹即将扬蹄驰骋的千里马！"这又有点自视过高。

五、倾诉悲苦，博取同情。如一封求职信这样写道："……我幼年丧母，年迈的父亲也只能靠一根拐杖支撑他病弱的身躯，我渴望能找到一份工作养活我的父亲，可是现在的社会找工作是要钱的。我的命怎么会这么苦呢？……"无原则地倾诉希求博得同情，会显得幼稚可笑。

六、忌职位不明，有职即可。有的求职信写道："……愿意在贵单位任何职能部门工作……"这可看出他求职没有原则性，实质上是可能任何职位都不适合他。

第二节　个人简历

一、个人简历的概念

个人简历也叫"个人履历"，是指求职者简要介绍自己的工作、学习经历及相关成就，并有重点地加以概括，突出自己的业绩和能力的文书。

通常情况下，一份求职材料并不仅是一纸求职信，而且是一套完整的资料，包括封面、求职信、个人简历及证明材料复印件。当你准备好求职信的时候，还应该精心设计一份个人简历。个人简历除具有求职的文书功能外，在现代社会，也是人事档案的重要组成部分，还是考察干部、选拔任用人才等必须具备的一份重要资料。

二、个人简历的特点

1. 真实性

个人简历是对写作者自身学习、工作、生活等经历的概要记录，它反映了一个人成长的历史。所以，在写简历时，一定要客观理性地总结自己的经历，准确、如实地予以记录。一方面是对自己的历史负责，另一方面是对用人单位负责。

2. 目的性

个人简历的目的性很强。当个人简历作为求职文书使用时，就要重点突出与所谋求的职业有关的学习科目、专业知识及相关的工作经历或经验；当用于职称评定或职务应聘时，简历的内容应重点体现任职以来自己的工作能力、工作业绩、专业水平和所取得奖励，以突出个人的能力。

3. 严谨性

写作个人简历时，虽然因目的不同，写作重点会有所侧重，但是一定要相对完整地反映一个人的成长经历，即曾经的学习经历、工作经历、生活经历等都要在简历中有概括性的记录。

4. 简明性

个人简历篇幅不能过长，内容也不必过细、过多，而应简明扼要地将自己主要的成长经历概述出来。

三、个人简历的种类

1. 依据文本形式

常见的个人简历有表格式和条文式，能让人一目了然。

2. 依据写作侧重点

个人简历可分为时间顺序型简历、功能性简历、业绩型简历、复合型简历和创意型简历，其中时间顺序型简历最为常见，就是按照时间顺序逐条列举个人重要经历，例如学历、工作经验等等，一般是逆时排序，把最新的信息排在前面。这类简历简洁清楚，可以较好地反映个人基本情况，比较适合大学毕业生。功能性简历比较强调个人的资历与能力，与求职意向岗位联系紧密，核心内容是介绍个人的能力、经验和专长，比较适合已有一定工作经历和业绩的求职者。业绩型简历以突出业绩为主，更适合在职人员参加考核、评聘时使用。复合型简历则是综合上述几种简历的优势，既考虑时间顺序，又考虑能力、业绩，求职者可以根据自身情况选用。创意型简历在网络时代比较流行，相比传统的简历，创意型简历适合设计创意类岗位。

四、个人简历的写作格式

不同类型的简历，写作格式不尽相同。通常情况下，简历可由标题、正文两个部分组成。

（一）标题

个人简历的标题，可以写成“个人简历”“简历”“个人履历”，也可在它们的前面加上写作者的名字，如“张扬个人简历”。

（二）正文

简历的正文并没有固定的格式。对于社会经历较少的学生，一般包括个人基本资料、学历、社会工作及课外活动、兴趣爱好等。其主要内容和要求如下。

1. 个人基本情况

包括姓名、性别、出生年月、籍贯、民族、受教育程度、专业、职称、职务、婚姻状况、兴趣爱好、家庭住址、联系方式等，这些内容根据自己的情况进行安排，一般写在简历最前面，另外也可加上政治面貌、身高、视力等。

2. 求职意向

用人单位比较重视求职者的求职意向，因此求职目标或个人期望的工作职位一定要放在个人简历的前面，让用人单位一目了然地看到你的求职意向。

3. 学历

学历也可写成“教育背景”。学历也是用人单位非常重视的内容，所以一般应写在前面。学历最好按照倒序从最高学历写起，写到中学即可。要写清每一段学习的起止时间、毕业院校、所学专业。与所求职位相关的学习经历要重点提及，让用人单位感觉你的学历、知识结构与招聘条件相吻合。

学习成绩优秀、获得奖学金或其他荣誉称号是学生在校期间的闪光点，也应列出来；如果多次获得多项奖学金，可一一列出，以增强分量。和工作经历丰富的应聘者相比，应届毕业生的学历比经历重要得多。为了强调专业特长，尤其是特殊专业，可把与应聘工作相关的课程集中起来，附在专业后面。

4. 工作经历

一般情况下应届毕业生没有什么工作经历，可以重点写大学期间的生产实习和毕业论文及发表的文章、成果。生产实习提供了学生理论联系实际的机会，积累了工作经验，应尽可能写得详细，并强调收获。如果入学前有较多工作经验，如勤工俭学、义务工作、社会实践、社团活动等，也可有选择地列出与应聘职位有关的经历。

5. 能力与专长

这是用人单位比较重视的项目，要从学习经历与工作经历中概括提炼自己的能力和专长，并用证据说明。如毕业论文可以展示专业能力和学术水平，如果在应聘前完成，也可写进简历；如果在求学期间有已发表过的文章、论文、成果，将是简历中一个有力度的参考内容。

6. 所获奖励及取得的证书

所获奖励及取得的证书包括毕业证书、英语等级证书、计算机技能证书等资格证书和获得各项奖励的荣誉证书，这是证明你能力的重要资料，要逐条将证书名称、获得时间、颁发机构写清楚。

7. 自我评价

对自己的能力及性格进行比较客观的评价，要概括真实、简洁明了、重点突出。

五、个人简历的例文分析

例文1　表格式个人简历

<table>
<tr><td colspan="7">个人简历</td></tr>
<tr><td>姓名</td><td>李××</td><td>性别</td><td>男</td><td>出生年月</td><td>1993.2</td><td rowspan="2">照片</td></tr>
<tr><td>籍贯</td><td>山西运城</td><td>政治面貌</td><td colspan="3">团员</td></tr>
<tr><td>毕业院校</td><td>山西林业职业技术学院</td><td>学历</td><td>大学专科</td><td>健康状况</td><td>良好</td><td></td></tr>
<tr><td>专业</td><td>园林技术</td><td>联系电话</td><td colspan="2">131××××××××</td><td>E-mail</td><td>Ldm1993@126.com</td></tr>
<tr><td>求职意向</td><td colspan="6">苗圃、园林植物养护</td></tr>
<tr><td>教育背景</td><td colspan="6">2011年9月至2014年7月山西林业职业技术学院　园林系　大专
2008年9月至2011年7月运城中学　高中</td></tr>
<tr><td>社会实践</td><td colspan="6">2011年11月　院学生会　体育部
2012年5月　院学生会　参与运动会前期筹备，训练运动员
2013年7—8月　运城市绿化队　植物养护
2013年12月至2014年6月　太原康培集团　苗圃育苗</td></tr>
<tr><td>资格证书</td><td colspan="6">2014年7月　毕业证书　优秀毕业生证书
2014年6月　绿化工证书　花卉工证书
2013年11月　计算机合格证书</td></tr>
<tr><td>自我评价</td><td colspan="6">专业基础扎实，工作踏实，爱岗敬业，吃苦耐劳；待人热情诚恳，沟通协调能力好，心理素质良好，适应高强度工作</td></tr>
</table>

例文2　条文式个人简历

个人简历（条文式）

基本资料

姓名：刘××　　性别：男　　年龄：25岁

现居住地：太原市南内环街　　民族：汉　　身高：180cm

电话：133××××××××（手机）

E-mail：liu××××××621@163.com

求职意向

人才类型：普通求职　　　　　　应聘职位：平面设计员

求职类型：全职　　　　　　　　希望工作地区：太原

教育背景

最高学历：大学专科

专业：平面设计

毕业院校：河南商丘职业技术学院

毕业时间：2015 年 7 月

教育培训经历

2014 年 7—8 月　山西大学美术学院　PS 设计培训

2014 年 9 月　河南师范大学美术学院　户外广告设计

工作实践经历

2014 年 12 月至 2015 年 3 月　商丘市恒隆广告有限公司　平面设计

2015 年 4 月至今　太原市金宝企划公司　户外广告设计

工作能力及专长

本人擅长平面设计，手绘表现力强，电脑软件 PS、Corel 使用非常熟练，有广告创意思维，擅长与客户沟通

取得证书与获得奖励

毕业证书　河南商丘职业技术学院　　2015 年 7 月

优秀毕业生证书　　2015 年 7 月

三好学生证书　　2014 年 10 月

全国公共英语二级证书　　2014 年 6 月

计算机中级证书　　2013 年 5 月

自我评价

本人性格开朗，为人处世大方，做事踏实，具有工作责任心，对待工作善始善终。接受新事物、新方法的能力较强，对于细致工作能够一丝不苟，乐于团结协作。

六、个人简历的写作要求

个人简历的写作要求有以下几点：

（1）突出个人优点，体现专业特长。

（2）条目清楚，简洁有序。

（3）力求突出个性，避免平庸。

（4）用词妥当，言辞诚恳，自信而不自大。

简历之后，还应附有成绩单、各种证书、已发表的文章复印件、论文说明、取得的成果证明等。如果专业比较特殊，还应附一份专业介绍。

思考和练习

一、认真分析个人简历例文，讨论简历怎样设计更能引人注目。

二、请为自己设计一份个人简历。

第三节　竞聘报告

一、竞聘报告的概念

竞聘报告，又称竞聘演讲稿，是竞聘者在竞聘活动中条理清晰地阐述自己的竞聘条件、岗位认知、竞聘优势以及未来工作设想的职场文书。竞聘报告一般需要公开演讲，报告文稿还应提交给组织竞聘的部门。

二、竞聘报告的特点

竞聘报告具有竞争性、目的性、逻辑性、自评性的特点。

1. 竞争性

凸显人无我有，人有我优，人优我特的竞争优势，在参与竞聘之前要全面分析竞聘岗位及竞争对手，做到知己知彼，才能突出竞争的特点。

2. 目的性

目的明确，首先确定竞聘岗位，了解岗位职责和能力要求，自己的竞聘目的才能明确。

3. 逻辑性

写作和演讲时注意逻辑严密，层次清晰。一般要先介绍对竞聘岗位的认知，然后再谈及个人竞聘这一岗位的优势。

4. 自评性

要客观公正的评价自己，特别是关于自己的竞聘优势，不可为了凸显优势而夸大能力。

三、竞聘报告的结构

1. 标题

（1）直接写文种名称："竞聘报告""竞聘演讲稿"；

（2）竞聘岗位加文种："人事处处长竞聘演讲稿""园林工程师竞聘报告"。

（3）作者、竞聘岗位加文种："王菲梦网页设计竞聘报告"

2. 称谓

一般写"尊敬的各位领导、同志们："。

3. 问候语

可以写"大家好！"要在称谓之下另一起行空两格位置写。

4. 正文

竞聘报告的正文包括开头、主体、结尾三个部分。

开头应礼貌致谢，说明此次竞聘岗位，最好把本次竞聘演讲的主要层次介绍一下，让在场的领导和评委有一个整体印象。如："很荣幸有机会站在这里陈述我个人的竞聘报告。我竞聘的岗位是园林工程师，接下来我将从自我介绍、岗位认知、竞争优势、未来工作规划四个方面进行陈述，敬请大家批评指正。"

主体部分按照开头介绍的层次逐一叙述：

（1）自我介绍：可以介绍自己的姓名，现任职务及工作部门，也可以根据岗位特点，介绍毕业院校、专业、学历等。

（2）岗位认知：竞聘报告的中心，需要重点介绍竞聘岗位的主要工作职责和能力要求，工作职责是具体的工作内容，不能泛泛而谈；能力要求对应工作职责，要强调专业能力或特殊要求。

（3）竞聘优势：也就是自己的核心竞争力，写自己适合承担竞聘岗位的能力优势，这些能力应该与竞聘岗位的能力要求高度匹配，才是有意义的竞聘优势。能力方面的表述尽可能专业、具体，分条列项写，不能写“工作能力出色”、“高度的责任心”等笼统含混的内容。

（4）未来规划：写未来三到五年的工作规划，可以从技术层面和管理层面进行规划，未来规划一要切合自身实际，可行性高。

5. 落款

写署名和日期。

四、竞聘报告的例文分析

王绯梦网页设计竞聘报告

尊敬的各位领导、各位前辈：

很荣幸有机会站在这里陈述我个人的竞聘报告。我竞聘的岗位是网页设计，接下来我将从自我介绍、岗位认知、竞争优势、未来工作规划四个方面进行陈述，敬请大家批评指正。

我毕业于山西林业职业技术学院计算机信息管理专业，我叫王绯梦，我深知，美丽的梦想更需要脚踏实地去实现。

在竞聘前，我通过各种渠道了解到了公司网页设计岗位主要承担四项任务：一是负责公司网站网页效果设计、网页编辑、网站改版；二是负责与开发人员配合完成所辖网站的前台页面设计和编辑；三是负责网站FLASH 项目设计和开发；四是负责各网站项目页面突发性修改需求、日常维护工作、专题网页设计编辑等工作。上述任务均要求精通 Photoshop/Dreamweaver/FLASH 等设计软件，具有良好的页面版式规划能力、色彩搭配能力、熟悉网站制作流程，特别是有 FLASH 全站建设经验或者 FLASH 相关开发项目经验更佳。

现将我的竞聘优势陈述如下：

一、能够熟练运用 Photoshop/Dreamweaver/Flash 等设计软件，并且获得全国计算机二级证书。

二、为了不断提升页面版式规划能力、色彩搭配运用能力，我于 2018

年12月-2019年6月报名参加了平面设计能力培训班，结业成绩优秀；

三、我曾参与了母校网站建设，主要负责Flash项目管理，工作认真负责，受到一致好评；

四、在校期间担任系学生会组织部部长，善于沟通协调，团队合作精神强，荣获“优秀学生干部”称号。

未来五年，我将努力实现两个层面的成长——一是技术层面上从网页设计员成长为网页设计师，二是管理层面上从员工成长为子项目负责人。当然，目标有了，还需要脚踏实地去努力，我将认认真真完成每一项工作，关注团队发展，参与团队发展，想团队之所想，做团队之所需，与团队共同成长发展。

以上是我的竞聘演说，感谢各位领导、前辈的认真聆听，有不当之处恳请批评指正，也请给我一个发展机会。谢谢！

王绯梦

2020年7月9日

五、写作注意事项

竞聘报告也是“毛遂自荐”，当然应该将自己最优秀的方面展示出来，让他人了解自己。但要注意的是，在“展示”时，要根据竞聘岗位来为自己量身定制。

1. 围绕一个中心

竞聘岗位认知是竞聘报告写作的中心。写好竞聘报告的核心问题是竞聘者对竞聘岗位要有一个全面深刻的理解与认识，要围绕着竞聘岗位来写，对岗位认知的层次不同，标准、起点不同，写作效果大相径庭。因此对竞聘岗位的认知要有一定高度，理解认识尽可能全面，且有新意，才能全面阐述这一岗位，演讲时让人信服，未来入职后也能快速开展工作。

对竞聘岗位的理解与认识是一个人综合素质、综合能力的体现，是一个人多年工作经历、经验、体验的总结，并非一日之功。

2. 写好两个重点

竞聘演讲稿写作重点是个人竞聘优势和今后工作规划两个方面。

竞聘者具备的优势要与岗位需求高度一致，未来工作规划也应与竞聘岗位密切相关。很多人把个人优势写得非常全面，品德、能力、业绩、特长甚至爱好都写进个人优势，粗看确实很优秀，但是具体到竞聘岗位来说，某些优势就不一定是优势，所以要根据一个中心撰写自己的两个重点。

思考和练习

1. 竞聘报告的岗位认知应包括哪些内容？
2. 怎样凸显自己的竞聘优势？

第五章　经济文书

第一节　合同

一、合同的概念

《中华人民共和国合同法》（以下简称合同法）第二条明确规定：合同是指平等民事主体的自然人、法人、其他组织之间设立、变更、终止民事权利、义务关系的协议。《中华人民共和国民法典》第四百六十四条将合同定义为：合同是民事主体之间设立、变更、终止民事法律关系的协议，合同又称为契约。合同有广义和狭义之分：广义的合同是指法律部门中确定权利和义务的协议。如，民法上的民事合同、劳动法上的劳动合同、行政法上的行政合同、国际法上的国际合同等；狭义合同仅指民事合同，包括财产合同和身份合同。财产合同包括债权合同、物权合同、准物权合同。身份合同包括婚姻、收养、监护等有关身份关系的协议。我们学习的是最狭义的物权合同，一般称为经济合同。

从上述中可以总结出：①依法成立的合同，受法律保护；②签订合同的主体有：自然人、法人、其他组织；③合同的成立，至少具备三个条件：一是必须有双方或多方当事人；二是必须属于民事权利义务关系；三是平等协商自愿达成协议。

民事主体一般包含自然人、法人和其他组织，具体如下：

自然人：自然人就是有血肉之躯，能够思考问题，有欲望，能够从事劳动等活动的人。自然人包括：完全民事行为能力人、非完全民事行为能力人。完全民事行为能力人，《民法典》第十八条规定：成年人为完全民事行为能力人，可以独立实施民事法律行为；十六周岁以上的未成年人，以自己的劳动收入为主要生活来源的，视为完全民事行为能力人。完全民事行为能力人可以签订合同。非完全民事行为能力人包括限制民事行为能力人和无民事行为能力人，如：八周岁以上十六周岁以下的未成年人、不满八周岁的婴幼儿、精神病患者、植物人等，只能授权代理人签订合同。

法人：是具有民事权利能力和民事行为能力，依法独立享有民事权利和承担民事义务的组织。法人应当依法成立，有自己的名称、组织机构、住所、财产或者经费，它不是一个人。法人通常通过法定代表人来行使权力，签订合同；法定代表人一般为组织的负责人。如：××学院的法定代表人是院长或书记。

非法人组织：不具有法人资格，但是能够依法以自己的名义从事民事活动的组织。包括个人独资企业、合伙企业、不具有法人资格的专业服务机构，如：银行、保险等的分支机构、个体工商户、村办企业、农村承包经营户、妇联等社会组织。

二、签订合同的原则

（一）平等原则

根据《中华人民共和国民法典》第四条规定：民事主体在民事活动中的法律地位一律平等。合同当事人的法律地位平等，一方不得将自己的意志强加给另一方，主要包括以下三方面：

（1）不论合同当事人的规模大小、经济实力强弱，其法律地位是平等的。

（2）权利与义务对等：当事人取得财产、劳务或成果与付出的义务大体相当。

（3）合同签订必须充分协商，一方不得强迫命令、胁迫另一方。

（二）自愿原则

根据《中华人民共和国民法典》第五条规定：民事主体从事民事活动，应当遵循自愿原则，按照自己的意思设立、变更、终止民事法律关系。民事活动除法律强制性的规定外，由当事人自愿约定，包括：

（1）是否订立合同，当事人必须是各方自愿的。

（2）与谁订合同，必须是自愿。

（3）合同内容由当事人在不违法的情况下自愿约定。

（4）当事人可以协议补充、变更有关内容。

（5）合同当事人可以协商一致，自愿解除合同。

（6）合同当事人可以自由约定违约责任，在发生争议时，当事人可以自愿选择解决争议的方式。

（三）公平原则

根据《中华人民共和国民法典》第六条规定：民事主体从事民事活动，应当遵循公平原则，合理确定各方的权利和义务。公平原则要求合同双方当事人之间的权利义务要公平合理，具体包括：

（1）双方的权利和义务要公平。

（2）风险要合理分配。

（3）违约责任要公平承担。

（四）诚实信用原则

根据《中华人民共和国民法典》第七条规定：民事主体从事民事活动，应当遵循诚信原则，秉持诚实，恪守承诺。要求当事人在订立合同的全过程中，都要诚实，讲信用，不得有欺诈或其他违背诚实信用的行为。

（五）守法和公序良俗原则

根据《中华人民共和国民法典》第八条规定：民事主体从事民事活动，不得违反法律，不得违背公序良俗。当事人订立、履行合同，应当遵守法律、行政法规，尊重社会公德，不得扰乱社会经济秩序，损害社会公共利益，包括：

（1）合同的内容要符合法律、行政法规规定的精神和原则。

（2）合同的内容要符合社会上被普遍认可的道德行为准则。

（六）绿色原则

根据《中华人民共和国民法典》第九条规定：民事主体从事民事活动，应当有利于节约资源、保护生态环境。

三、合同的种类

合同的种类繁多，根据不同标准可分为不同种类。

（一）按书写形式分

条款式合同、表格式合同以及表格、条款相结合的文表式合同。

1. 条款式

条款式合同是用文字叙述的形式，将双方协商一致同意的内容列为若干条款，一条一个意思，按照顺序逐条记载下来。条款式合同没有固定的框框限制，写多少条，各条内容是什么，均可根据实际情况确定。条款式合同适用于偶尔签订合同的单位和个人，或者用于内容不固定的合同，但基本条款不变的格式化合同不在此列。

2. 表格式

表格式合同是指将某类合同内容分项编印在表格里，签订合同时，把双方协商好的内容逐项填入印刷好的表格里即可。这种表格是根据业务实践经验和遇到的问题而设计定型的，其内容周全，格式统一，可以节省时间，提高合同签订的效率。表格式合同适用于企业之间经常性的业务往来所签的合同，一般情况下不会对内容做变更。

3. 文表式（条款加表格式）

条款式加表格式合同集在一份合同中，既有条款又有表格。这类合同内容比较繁杂，有些内容可以合并归类、列表说明、所列表格穿插在条文之中。

（二）按期限分

长期合同、中期合同、短期合同。

（三）按承载形式分

书面形式（合同书、信件、电报、电传、传真等可以有形地表现所载内容的形式；以电子数据交换、电子邮件等方式能够有形地表现所载内容，并可以随时调取查用的数据电文，视为书面形式）、口头形式、其他形式。

（四）按涉及的范围分

国内合同、涉外合同。

（五）按内容与性质分

《民法典》规定有 19 种合同：买卖合同，供用电、水、气、热力合同；赠与合同；借款合同；租赁合同；保证合同；融资租赁合同；保理合同；承揽合同；建设工程合同；运输合同；技术合同；保管合同；仓储合同；委托合同；物业服务合同；行纪合同；中介合同；合伙合同。

四、合同的写作格式

合同文本的书面结构一般由标题、约首、正文、约尾和附件五部分构成。

（一）标题

标题是合同的性质、内容、种类的具体体现，一般有以下几种写法：

（1）直接用合同的种类作为标题，如：《技术合同》《仓储合同》；

（2）经营范围+合同种类，如：《商品房买卖合同》；

（3）时间+合同种类，如：《2017 年运输合同》；

（4）签约单位名称+合同种类，如：《恒发公司仓储合同》。

书写位置：标题的位置在首行正中，字体稍大，一般体现合同内容、性质。

（二）约首

约首包括：当事人的姓名或者名称和住所、合同编号、签约地点

1. 合同当事人的姓名或者名称和住所

当事人的姓名或者名称由法定全称和身份简称构成。身份简称：合同中为方便称呼，把签订合同的当事方简化称为甲方、供方、委托方、承包方等。法定全称包括自然人和法人或其他组织两种情况；当事人为自然人的，要标明姓名（姓名与身份证一致）、身份证号码及住所；当事人为法人或其他组织的，要标明全称（与工商注册名称一致），不能使用简称。

合同当事人的姓名或者名称和住所的书写位置在标题下方左起顶格、

上下并列分布。

2. 合同编号

合同编号是为了方便查阅与管理而设定的，不是每份合同都有编号，如果经常订立合同，应用统一编号。常用的编号方式有：①分类编号，一般由合同类型前两个大写字母的简写组成，如贷款合同简写 DK，租赁合同简写 ZL 等；②日期编号，以签订合同的日期为编号来源，如 202011；③部门编号，部门名称首字母的简写，如研发部 YFB。

合同编号按照实际需要，采用不同的组合形式，一般主要由合同类型、日期编号、份额编号等构成。如：2020 年 3 月 15 日签订的租赁合同第 32 份，合同编号为：ZL—20200315—32。

合同编号的位置在标题右下方，可与当事人名称同行。

3. 签约地点

位置：可写在当事人的下方，也可写在与当事人名称同行靠右的位置；还可以在约尾（落款）。

（二）正文

正文是合同的核心部分，包括开头、主体、结尾三部分。

1. 开头（引言）

立约的缘由，通常标明签订合同的目的、依据，说明签约的原则；

如："为繁荣市场，保证商品供应，经双方协商，签订以下条款，以资共同遵守"；"依据《中华人民共和国合同法》的规定，双方就××项目的技术服务，经协商一致，签订如下条款"；表明合同经过了"要约"和"承诺"的过程，是合乎法律程序的。

2. 主体

写明双方议定及法定的条款，可分条列项写作，以便眉目清楚；如有附件，应在正文有关内容后加括号注明，如：（见附件一）；表格、图纸、式样等附件一律附在合同之后；主体部分可以按照合同法定条款的顺序逐项写作，也可以按照当事人双方的责任与义务分条写作，通常法定条款放在前面，其他约定放在后面。

3. 结尾（其他事项、附则）

包括合同的有效期限、合同的补充办法、合同正副本、份数及保管单位、未尽事宜等内容。

如“本合同自双方代表签字、加盖公章或合同专用章即生效，至××年××月××日终止”；“本合同一式四份，甲方两份、乙方一份，签证机关一份”；“未尽事宜，另行协商”。

（三）约尾

又称落款；主要包括签订合同的单位和签订日期。如为公民个人，只需当事人或代理人签名按手印；如为法人签订，需要单位盖章（公章或合同专用章）、法定代表人及代理人签字盖章，盖章是合同有效的标志；另外，应标明单位的开户银行、账号、电话及邮箱等内容；如需上级机关、主管部门或司法机关批准、鉴证、公证的，要写明相关的内容并加盖公章；签约日期写作应年月日俱全；日期可写在合同全文右下方，可以在标题右下方，还可在落款各方的正下方。

（四）附件

附件主要是对合同标的条款或有关条款的说明性材料及相关证明材料。如技术性较强的商品买卖合同，需要用附件或附图形式详细说明标的的全部情况。合同附件是合同的共同组成部分，同样具有法律效力。

五、合同的八大条款（法定条款）

合同条款是合同内容的表现形式，是当事人通过文字将订立合同的意愿条理化、体系化、固定化，是确定合同当事人权利和义务的依据。合同条款可分为法定条款和约定条款，也就是日常所说的必备条款和一般条款。约定条款是指当事人各方充分协商一致的条款，比如：保守商业秘密、技术的培训、提供机械设备、负责整体协调、不可抗力等；法定条款是指《民法典》规定合同一般包括：当事人的姓名或名称和住所，标的，数量，质量，价款或者酬金，履行期限、地点和方式，违约责任，解决争议的方法等八项内容。

（一）当事人的姓名或者名称和住所

当事人的名称是指法人或其他组织在工商机关注册登记的称谓，名称应当写全称，不能使用简称；姓名是指当事人为自然人的，要标明姓名、身份证号码，姓名必须与身份证保持一致；住所是指自然人经常居住的场所或法人及其他经济组织主要办事机构的所在地。

（二）标的

标的，指合同当事人权利和义务所共同指向的对象。合同的标的可分为四类：第一类是货物，买卖合同中的商品，供电合同中的电，租赁合同中的房屋等；第二类是货币，民间及银行的借款合同中的标的；第三类是科研智力成果，专利权、商标权、著作权、专有技术权、商号权等在进行有偿转让时，它的标的就是这些智力成果，如新型无人机设计的技术转让；第四类是行为或劳动成果，仓储、保管、中介、运输、物业服务等合同中的标的，如快递运输服务合同中将货物运输到指定地点，家政服务中的劳动等。

标的是合同有效成立的必要条件，没有标的，合同的其他条款就无从谈起，合同就无法履行。《合同法》规定，合同的标的必须合法，标的违反法律规定，合同就无效。走私物品，海洛因、可卡因、冰毒等毒品，黄色书籍、黄色音像、贩卖的人体器官以及枪支弹药、国家禁止买卖的文物等限制类物品，都不能作为合同的标的。总的来讲，在市场经济条件下可以作为合同标的的物品非常广泛，凡是法律没有明文禁止流转的各种物质财富和行为都可以作为合同的标的。

标的是合同中非常重要的条款，必须明确具体，具有可操作性。在确定标的时，要注意以下几点。

1. 要使用标的物的正式名称，即标准学名

尽可能使用符合国际标准或国际行业习惯的商品名称，如果使用地方名称要加以说明；还要注意同名异物和同物异名的情况。如大豆，一般是指黄豆，但有些地方把蚕豆也叫大豆；再如马铃薯有的地方叫洋山芋，有的地方称为土豆，有的地方称为山药蛋；自行车有的地方叫人力车．有的地方叫脚踏车，有的地方叫单车，这些必须写明。

2. 如果标的是有品牌的商品，则必须要写明商标

一定的商标，标志着一定商品的性能、质量、种类。

（三）数量

数量是标的的计量，是衡量当事人权利义务大小的尺度，它是以数字

和计量单位来表示。

在标的是物的情形下，数量主要表现为一定的长度、体积、重量、物品个数；在标的是行为的情形下，数量主要表现为一定的工作量；若标的是智力成果，数量主要表现为智力成果的多少与价值。合同标的数量是通过计量单位和计量方法来衡量的，必须使用国际或国家统一计量单位和计算方法，如计量单位：长度（m），重量（g 或 kg），速度（km）；计量方法，按国家或主管部门规定的计量方法执行；国家或主管部门没有规定的，按供需双方商定的计量方法执行。有些产品数量难以做到十分精确，则应规定允许的磅差、尾差、超欠幅度、自然损耗等。

合同标的的数量一定要明确、具体，切忌模糊不清。重量、长度、体积、面积等尽量使用国家标准，不应使用“一车”“一箱”“一筐”“一堆”“一扎”“一捆”等含混不清的概念，如果需要使用“包”“箱”“打”等计量单位。则一定要明确每包、每箱、每打的具体数量，防止产生分歧；必要的时候，标的的重量需要注明毛重和净重，要明确规定标的数量的正负尾差、合理磅差、自然减重、超欠幅度等。如：“大米八十万公斤，以净重计算。卖方可溢装或短装 5%，超过或不足部分按市场价格计算。”不能用“根据实际数量交货”“根据市场供需收货”之类的提法，一定要用具体的数字来量化。

（四）质量

质量是指双方在合同中约定的标的质量及要达到的标准，是标的内在素质与外观形态的综合反映，主要通过产品的品种、规格、型号、性能、成分、包装、纯度、色泽等来体现。合同质量必须有详细、明确、具体的规定，凡有国际或国家标准的，按国际或国家标准执行；缺少国家标准的，按行业标准执行，必须注明行业标准颁布的时间及标准编号；既没有国家标准也没有行业标准的，可以按照通常标准或者符合合同目的的特定标准，由当事人协商确定，有的产品还要提交样品，双方应将相同的样品（经双方签封）各保存一份，以作验收凭证。如“农副产品苹果：直径 8~10cm，重量 150~200g，含糖量 80% 及以上，色泽光亮均匀，碰伤率不得超过 5%，虫害率不得超过 3%，产地为山西临汾吉县的红富士苹果”。

（五）价款或酬金

价款或酬金是指取得标的一方向给付标的一方所应支付的代价。以实物为标的合同中，需求方取得对方产品后，以货币数量形式支付给对方的代价叫“价款”，如买卖合同的货款、租赁合同的租金、借款合同中的本金和利息等；以行为或劳动成果为标的合同中，接受对方的劳务，以货币形式所支付的代价叫“酬金”，如运输合同中的运费、保管合同与仓储合同中的保管费以及建设工程合同中的勘察费、设计费和工程款等。

价款或酬金应公平合理，符合国家价格管理规定。写作时应明确规定价格的计算方法、货币种类、具体数额、支付时间和方式，并注明开户银行和账号等。在我国，价款与报酬一般以人民币为单位进行计算和支付。在约定价款或报酬时，应当同时约定计价的数量与单价，并写明总金额，并注明是否含税；条款式合同的价款或酬金全部用汉字大写，如“单价人民币捌拾元整（小写：80 元），共叁拾件，总价人民币贰仟肆佰元整（小写：2400 元）”；表格形式合同以阿拉伯数字写单价，总价一定要汉字大写。

产品名称	型号	单位	数量	单价（元）	金额（元）	交货时间
办公桌	A86	张	30	500.00	15000.00	2020.9
椅子	B55	把	50	80.00	4000.00	2020.9
合计人民币金额（大写）：壹万玖仟元整						

写作时注意大小写区分，大写文字的表示方式上，不能有错误、简写等情况，以免对以后履行合同造成障碍。

《民法典》第五百一十一条（二）规定：价款或者报酬不明确的，按照订立合同时履行地的市场价格履行；依法应当执行政府定价或者支付指导价的，依照规定履行。

（六）履行期限、地点和方式

1. 履行期限

履行期限是指合同当事人约定履行一方或双方义务的时间界限，如：交付标的物、价款或者报酬，履行劳务、完成工作的时间界限，履行期限是合同双方履行的时间依据，当事人必须严格执行协商的时间。履行期限应具体，不宜笼统，最好写具体的年月日，如不能确定具体时间，应用“以前”“以内”，不应使用“月初”“以后”“明年”等易引起分歧的词语，更不能使用“抓紧”“尽快”“争取在”等模糊语言来约定履行期限。如“乙方自签订合同之日起，七个工作日内交付货物”，履行期限非常明确、具体。

2. 履行地点

履行地点是指合同当事人交接货物或提供劳务等履行义务时的具体地点；不同的合同，履行地点有所不同。如买卖合同中，买方提货的，在提货地履行；卖方送货的，在买方收货地履行；工程建设合同中，建设项目所在地为履行地点；运输合同中，将旅客或货物从起运地点运输到约定地点为履行地点。履行地点有时是确定运费由哪一方负担、风险由哪一方承担以及所有权是否转移、何时转移的依据，也是在发生纠纷后确定管辖法院的依据，因此，履行地点在合同中必须规定具体、详细，应写明省、市、县、街道、门牌号等，不能产生任何歧义。如“交货方式、交货地点：供方免费送至需方指定仓库（河北省邯郸市建设路幸福街道168号），运费由供方自行承担”。

《中华人民共和国民法典》第五百一十一条（三）规定：履行地点不明确，给付货币的，在接受货币一方所在地履行；交付不动产的，在不动产所在地履行；其他标的，在履行义务一方所在地履行。

3. 履行方式

履行方式指合同当事人履行义务的具体方法，常见的有三种方式：货物交付、结算方式、任务完成方式。

①一般来说，标的物的交付方式包括：送货上门或自提；一次性或分期交付；运输方式为空运、铁路、公路等；②价款或酬金的结算方式包括：现金或委托银行、一次性或分期付款、货到付款或款到发货三种形式。结算方式除法律另有规定外，以货币形式履行义务时，必须用人民币计算和支付；除国家允许使用现金结算外，结算必须采用银行汇票、支票、汇兑、委托收款等五种信用支付工具。如“结算方式及期限：需求方收货并验收合格后30个工作日内，通过银行转账付清人民币壹万玖仟元整

(账号×××；账户名：×××；银行名称：××××）”；③任务完成方式：明确规定当事人自己履行还是委托他人履行。

履行方式与当事人的利益密切相关，应当从方便、快捷和防止欺诈等方面考虑采取最为适当的履行方式，并且在合同中予以明确规定。

（七）违约责任

违约责任又称“罚则”，是指合同当事人全部不履行、部分不履行、不适当履行合同造成违约时，必须承担的经济责任和法律责任，是为维护当事人合法权益和合同的严肃性而设置的。违约责任在合同中非常重要，承担违约责任的主要形式是支付违约金、赔偿对方损失、强制履行合同、采取补救措施等。

违约金或赔偿金的数额有法定标准，按法定执行，违约金的最高限额是损失部分的30%；若无法定标准，则双方协商；属双方过错，根据实际比例分别承担。

违约责任应书面约定，应明确注明违约索赔的条件、期限、金额和比例；违约责任约定有两种书写位置：第一种是用专项条款进行约定，如“第八条　违约责任”；第二种是在写质量责任、交付责任时一并进行约定。

违约责任注意三点：第一点是对双方均做限制；第二点是处罚标准应对等；第三点是注意处罚延时递增。

违约责任可以这样表述，例如：“乙方随意变更、撤销合同，给甲方造成经济损失，处罚合同总价款的30%；无正当理由拒绝发货，应承担甲方该批货款总值的20%的违约金；乙方延期发货，每延期一日，应偿付甲方延期收货款总值万分之五的罚金；延期至15日，甲方有权解除合同，并要求乙方偿付未交付货物总值20%的违约金及延期罚金”；“甲方随意变更、撤销合同，给乙方造成经济损失，处罚合同总价款的30%；无正当理由拒绝发货，应承担甲方该批货款总值的20%的违约金；甲方延期付款，每延期一日，应偿付乙方延期收货款总值万分之五的罚金；延期至15日，乙方有权解除合同，并要求甲方偿付未交付货物总值20%的违约金及延期罚金”。

再如一份茶叶买卖合同是这样明确双方的违约责任的："供方无故不履行合同，则双倍返还定金；供方交货量不足，应处以货款总额 20%的违约罚金；供方逾期交货则每天处以货款总额 5%的滞罚金；质量不符合样品标准则重新议价。需方拒绝接货，则处以货款总额 20%的罚金；中途退货则偿付供方退货部分货款总额 25%的违约金，并赔偿供方实际损失；逾期付款，则每天处以货款总额 5%的滞罚金"。

（八）解决争议的方法

解决争议的方法是指合同发生纠纷时的解决办法。根据《中华人民共和国合同法》规定，解决争议的方式有和解、调解、仲裁和诉讼四种。和解是指双方当事人通过直接谈判消除争议；调解是指当事人双方自愿将争议提交给一个第三方（个人、社会组织、国家机构等），在调解人主持下解决争议；如果双方不愿通过和解或调解，或者经过和解和调解仍不能解决争议时，可根据合同中约定的解决纠纷的形式到仲裁机构进行仲裁，也可以向任何一方所在地的法院提起诉讼。仲裁机构是依照法律规定成立的专门裁决合同争议的机关，其裁决程序简便，处理争议较快。当事人没有订立仲裁协议或者订立的仲裁协议无效，可以向人民法院起诉，通过诉讼解决合同争议。

例如"本合同发生纠纷时，当事人双方应及时友好协商；自行协商不成时，可向建筑物所在地的仲裁委员会申请仲裁，或直接向当地人民法院起诉"。

六、合同写作的基本要求

《中华人民共和国民法典》（以下称《民法典》）对合同的订立和效力、合同的履行、违约责任、合同的监督以及买卖合同等十九类合同都做了规定。因此，《民法典》是合同写作的法律依据，合同写作应遵循《民法典》的有关规定，同时又要遵循写作规律。

（一）依法签订、内容合法

合同依法成立主要表现在：一是合同双方当事人应具有合法资格，具有相应的民事权利和行为能力；二是合同的内容必须符合国家法律、法规、行业的规定，枪支、弹药、毒品、走私物品等国家明令禁止物品，不得作为合同的具体内容；三是合同的内容必须体现平等互利、协商一致、等价有偿的原则，内容公平，体现各方利益。

（二）要素完备、具体周详

合同的条款内容体现着当事人双方或多方的权利和义务。订立合同时应注意条款是否完整、全面地表达了双方意愿，当事人的姓名或名称和住所、标的、质量、数量、价款或者酬金、违约责任、解决争议的方法、履约期限、方式、地点等法定条款不能有遗漏，表达的内容不能有疏漏。同时还应体现根据合同性质约定的其他条款，如：买卖合同中产品的包装、保管合同中涉及的损耗，保密约定、自然灾害如何处理、包装物的返还、免责条款等。

依法签订的合同，受到法律的约束与保护，因此在签订合同时，当事人应本着诚信等六大原则，周密思考，未雨绸缪，合同的签订者必须熟悉行业领域的实际情况，拥有扎实的专业知识和法律常识。

（三）格式规范、文面整洁

合同兼具法律文书和经济文书的双重性质，它督促双方按合同履行义务，又直接关系到签约各方的利益，因此，合同文本必须使用国家规定的示范文本，文面整洁，格式合乎规范，主要有以下几点：

（1）标题、约首、正文、约尾和附件等位置及书写要规范；

（2）合同的具名要写全称（尤其是首次出现的名称），前后书写应保持一致；

（3）合同中的期限、金额、数量一般要大写，总金额必须要汉字大写；

（4）字迹清楚，文面整洁，一般不得私自涂改，若需改动，必须协商一致并签字盖章，推荐使用合同专用纸张打印。

（四）措辞准确、表述严密

1. 用词准确

合同语言应具体、明确、严谨，字斟句酌，做到用词准确、语义明确，杜绝由于措辞含糊不清、语义不明而造成纠纷。合同措辞要明确每一个词所表示的确切含义，包括词的范围、程度深浅、分量轻重以及与其他近义词的区别等等。用词准确在合同语言中表现最为突出，合同中涉及的概念必须准确，数字、数量要精确，长度应精确到米、厘米，重量可用吨、千克来计算，规格、尺寸应明确，计量单位不写“一堆、一车、一大箱”等，品质要准确描述，不能写成“高级或知名品牌”；如“肆桶油漆”，应改为“JFN-201 型高级内墙乳胶漆肆桶，4L/桶”；“高级木门”应标明品牌、规格、质地、颜色、数量等，改为“广州罗兰家居有限公司生产的胡桃色原木门柒个，规格统一 900×2000mm”。合同中涉及的地址、地名、名称也应详细准确。地址、地名要写明省、市、县、街道、道路、门牌号等；单位名称最好用全称，不使用简称。

2. 多用书面语，少用方言

书面词语规范，意义较单一，歧义较少，所以合同语言多为书面语，一般不用口语词和方言词。如：同一种农副产品，因地区、习惯不同，名称就有很大差异，如南瓜大多数地区称为“南瓜”，而北方很多地区则称为“窝瓜”“北瓜”；黑木耳，在北方多叫作“木耳”，而南方某些地区都叫作“云耳”。在合同中，应采用双方认识一致的通用名称作为合同的产品名称，必要时还应加以详细的说明。

3. 表述规范、严谨

表述应符合现代汉语语法规范，以避免歧义与误解。如：农副产品的买卖合同中写“均为二级以上”，供货方在履行中交付了三分之一的一级品，三分之二的二级品，供货方认为二级以上包括二级；采购方强调“二级以上就是一级，不能有二级品，不包括本数在内，双方因此产生纠纷。将”“均为二级以上”改为“均为二级以上（包括二级在内）”，表述非常严谨，语义十分准确。

4. 语境适度，书写正确

如“还欠款 3000 元”；表示已经偿还的应写“现偿还人民币 3000 元”；表示仍然拖欠的应写“尚欠款人民币 3000 元”；文字书写规范，甚至标点符号都不能出错，注意区分“定金与订金”“泌阳和沁阳”等易写错词语。

七、例文分析

例文1

××鼎晨房地产开发有限公司
浦东典雅广场室外景观绿化工程合同

合同编号：XT20130018

发包方：××鼎晨房地产开发有限公司　　　签约地点：××大厦808室

承包方：××盛世园林绿化工程有限公司（以下简称乙方）

依照《中华人民共和国合同法》《中华人民共和国建筑法》及其他有关法律、行政法规，遵循平等、自愿、公平和诚信的原则，双方就本项目建设工程施工事项协商一致，订立本合同，以资共同遵守。

一、工程名称：浦东典雅广场室外景观工程（以下称本工程）

二、工作内容：花池砌筑、室外台阶、室外印花路面、绿化苗木的种植与养护等，详见施工图纸（附件一　浦东典雅广场室外景观工程设计图纸）。

三、承包方式：依据设计图纸，甲方确认的设计变更单，以实结算。价格套用2000年《××省建筑工程预算定额》《全国统一安装工程预算定额××省价目表》。其中定额人工费单价为80元/工日（人工费调整按价格差执行，此部分不参加取费），材料按施工同期的《××市建设工程造价管理信息》信息价进行调整。土建综合取费按15.5%计取，安装工程按三类工程丙类取费（人工费调整按价差执行，此部分不参加取费）。

四、工程期限：本工程的开工日期为2013年8月15日（下称开工日），土建部分竣工日期为2014年10月15日，质保期一年；绿化部分竣工时间为2015年5月30日，质保期两年。通过竣工验收并交付使用，除不可抗力及因发包方原因造成的工期延误外，工期不予顺延。

五、工程造价：暂定为人民币伍佰玖拾陆万元整（596.00万元）。

六、工程质量：

1. 土建、安装部分。依据《××省建筑工程质量标准》达到合格。

2. 绿化养护部分。苗木成活率达到90%以上。苗木规格和形态符合设计要求（附件二　苗木规格表）。苗木新鲜、健壮，根系发达，树干挺直，树形美观，土球包装规范，无病虫害。

七、结算方式：

1. 乙方银行账户名：××盛世园林绿化工程有限公司

银行名称：中国光大银行××支行

账号：040520××××××××××

2. 申请付款时间：每月18日为请款日，乙方达到请款条件要求的应递交请款单和增值税专用发票，下月8日为领款日（遇节假日顺延），由乙方派专人至甲方工程部领取支票。

3. 申请付款流程：乙方填写甲方专用请款单，请款人在承揽签章栏签字并盖单位公章，送至甲方现场代表签字认可后，方能递送至甲方预算部审批。

4. 工程款支付：建筑安装部分按月进度拨付当月完成工程量的70%；工程竣工，经甲方及监理公司验收合格，乙方同时提供完整的竣工资料，结算完成后，甲方于七个工作日内，拨付给乙方合同总造价的25%；剩余的5%作为质保金，质保期满且乙方已履行全部保修义务时，乙方可向甲方申请无息领回质保金，乙方必须提供建筑业增值税专用发票。

绿化养护工程全部完工后，经甲方验收成活率达到90%以上，未成活部分乙方需全部补栽到位，并完成结算手续，甲方于七个工作日内付乙方绿化部分工程总价的60%。养护一年后，经甲方验收成活率达到90%以上，未达到要求的需乙方补栽到位，并延长一个养护管理季节后，甲方于七个工作日内再付乙方绿化工程总价的25%。养护期满后，验收合格，甲方于七个工作日内付绿化工程总价的15%；未达到90%的成活率，甲方有权终止合同，剩余的工程款作为质保金不再拨付。

八、竣工验收：乙方具备竣工验收条件后向甲方提交完整的竣工验收报告，甲方依据国家质量标准、验收规范等组织验收；验收合格的同时乙方向甲方移交工程，乙方拒不移交的视为未完工，必须承担本合同约定的违约责任。经甲方验收不合格部分，乙方应无条件立即返工，其返工费用和延误工期责任由乙方全部承担。

九、双方的责任与义务：

1. 乙方应派富有经验的管理人员常驻工地，依照工程进度时间表，切实执行并遵照甲方的指示施工。甲方认为乙方所派管理人员不能胜任时，甲方有权要求乙方更换管理人员，乙方应立即撤换，并不得借故向甲方要求赔偿，否则将处以人民币壹万元罚款。

2. 乙方在未经甲方同意的情况下，擅自更改图纸内容施工的，将处以人民币壹万元罚款；情节严重的，甲方有权终止合同，更换施工单位。

3. 乙方负责所有工人的管理及工地设备的安全，如工人或所用的设备遇有意外或伤亡事故，由乙方自行负责，与甲方无关。

4. 乙方的施工必须符合我国相关法律法规及施工规范，且随时接受甲方监督检查。如乙方施工违反规定或存在质量问题，一经甲方提出，须立即无条件予以返工处理，因此导致的工期延误及相关损失由乙方自行承担。若甲方提出问题而乙方不予处理的，每次处以人民币伍仟元罚款。

5. 乙方需要签证的工程项目必须提前通知甲方到现场确认情况，并于该事件结束后两周内办理签证手续，超过两周的视为自动放弃，不予补办。

6. 工程验收合格后，乙方应在15日内将临设及机械施工人员和周转材料撤场，否则每延期一日罚款人民币伍佰元整。

7. 乙方在施工期间所产生的建筑垃圾应由乙方负责运出场地，所发生的费用由乙方承担，不得向甲方计取该项费用。

8. 乙方应承担相应的水电费用，乙方要做好安全生产工作，保持施工现场的整洁

9. 甲方负责工程全过程的管理工作，帮助乙方协调处理工程中与第三方的纠纷。

10. 甲方有义务提供水电、场地的正常使用。

十、违约责任：

1. 如乙方未在本合同约定的竣工日期内完工，或未通过甲方竣工验收，每延期一个自然日罚款壹仟元。

2. 工程验收合格后，甲方未履行合同向乙方支付工程结算款，每延期一个自然日，罚违约金壹仟元。

十一、解决争议办法：如双方发生争议，先协商解决；协商不妥，可向工程所在地的人民法院进行诉讼。

十二、本合同一式四份，甲乙双方执两份；本合同自双方签字盖章后生效。

甲方：	乙方：
法定代表人：	法定代表人：
委托代表人：	委托代表人：
公司地址：	公司地址：
联系方式：	联系方式：
开户名称：	开户名称：
开户银行：	开户银行：
银行账号：	银行账号：
签订日期：	签订日期：

例文 2

花卉绿植租摆合同

合同编号：YL2020-6

甲方（承租方）：××科技会展中心

公司地址：××市××区××路×××号

乙方（出租方）：××园艺有限公司

公司地址：××市××区××路×××号

为了美化环境，陶冶情操，提高工作效率，根据《中华人民共和国合同法》及有关法规，甲乙双方本着公正、公平、合理、互惠互利的原则，经友好协商，达成如下条款：

第一条　花卉租摆的数量及位置

1. 甲方承租摆放乙方的花卉设计共计××盆，用于会展大厦室内外装饰，其中大花××盆，中花××盆，小花××盆（见附表二）。

2. 摆放的具体位置已由甲乙双方共同确定（见附表一）

第二条　租金与结算方式

1. 甲方采用先使用后付款方式结算，按月向乙方支付租赁费，即每个结算期满后3个工作日内付给乙方上期租金，首次支付花卉租金日期为××年××月××日前，每月租金为人民币××元整，全年花卉租金为人民币××元整；乙方在履行本合同过程中的人工、托运、管养等费用均已包含在上述月租金中，甲方无须另行支付其他任何费用。

2. 乙方应于结算期满前向甲方出具相应金额的增值税普通发票，若因乙方未能提供合法发票而导致付款延迟，甲方不承担违约责任。

第三条　租赁期限

1. 租期为两年，自××××年××月××日起至××××年××月××日结束。

2. 租赁期限计算方法：乙方按附件一将花卉摆放齐全，经甲方相关负责人验收并签字确认之日为起租日，合同约定的××××年××月××日为结束日期，乙方搬离出租的绿植花卉时间不属于租期内。

第四条　甲方责任

1. 甲方有权对租赁的绿植花卉的数量、品种、规格及质量进行监督。

2. 甲方负责提供场地，无偿提供绿植花卉养护所必需的水源等条件。

3. 爱护租赁的花卉绿植，教育自己的工作人员不向花盆中倾倒废水、废弃物，不损伤花卉，因甲方原因造成绿植花卉死亡或盆器破损，由甲方负责赔偿。

4. 甲方有义务保持花卉摆放位置相对不变，如需变动，须提前3日电话或书面告知乙方，因变动摆放位置而产生的人工费用由甲方另行承担。

5. 需要乙方提供本合同规定以外的其他花卉或服务时，可与乙方协商，乙方按合同指定的租摆价格单价来计算增加的租摆费用；在花卉摆放好后，立即签订增摆合同。

6. 按本合同规定的结算方式及时、足额向乙方支付租金。

7. 甲方不得将租赁的绿植花卉转租给第三方。

第五条　乙方责任

1. 乙方在××××年××月××日前按附表一规定的位置和花卉为甲方摆放好合同所规定的全部花卉。

2. 乙方将花卉养护计划和时间提前告知甲方，并服从甲方，在摆放植物及日常维护时应注意安全，不得损坏甲方设施。

3. 乙方负责向甲方所提供花卉的日常管理（浇水、施肥、修剪），确保花卉绿植长势健康，做到绿植花卉无枯萎死亡、无病虫害、叶面无尘土，并根据不同季节和花卉情况及时更换，保持所供花卉的新鲜和美观的观赏效果。

4. 按本合同规定认真负责地摆放和养护甲方承租的全部花卉，花卉的自然死亡由乙方承担，甲方不负责任。

5. 乙方派专人负责管理全部绿植花卉，并保证不丢失、不损坏（包括花盆、托盘、几架等），否则，因花卉丢失、损坏的一切经济损失由乙方自行承担。

6. 乙方工作人员遵守甲方的一切规章制度，未经许可不得进入与租摆业务无关的区域，或做与租摆无关的事项，为甲方养护花卉时统一着装，注意文明礼貌，保持甲方摆花场所的环境卫生，做到人走场净。

7. 对于甲方确定租摆方案过程中提出的咨询，乙方有义务从专业角度针对不同花卉注意事项给必要建议，以确保方案的合理有效性。

8. 对于甲方的临时摆放业务，乙方应于接到甲方电话通知后，三个工作日内落实到位。对于甲方的新增摆放和调整更换任务，乙方应于接到甲方通知后两个工作日内落实到位。对于甲方整理搬迁任务，乙方应于接到甲方电话通知后五个工作日内落实到位。

9. 甲方如需增加租摆的绿植花卉，乙方应优先提供，不得以任何理由故意拖延、加价。

第六条　违约责任

1. 在本合同期限内，单方面终止合同（违约）的一方须赔偿对方剩余年租金额的30%。

2. 如乙方未能及时更换枯死、失去观赏价值的花卉，按拖延的天数，每拖延一天，甲方有权扣罚乙方5%的月租金。

3. 如每月甲方未能按本合同规定及时足额付给乙方花卉租金，按拖延的天数，每拖延一天，甲方应根据银行同期同类贷款利率向乙方支付未付租金的违约金。

4. 因甲方原因导致植物死亡、损坏的，甲方应照合同赔偿该植株月租摆管理费用的三倍；

5. 因乙方原因造成花卉死亡等，给甲方的租摆观赏带来损失的，乙方承担扣除一个月租金的违约责任。

第七条　解决争议的处理办法

1. 本合同受中华人民共和国法律管辖并按其进行解释。

2. 本合同在履行过程中发生的争议，由双方当事人协商解决，协商不成，可由有关部门调解协商或调解不成的，任何一方有权向甲方所在地人民法院提起诉讼。

第八条　不可抗力

1. 如果本合同任何一方因受不可抗力事件影响而未能履行其在本合同下的全部或部分义务，该义务的履行在不可抗力事件妨碍其履行期间应予以终止。

2. 声称受到不可抗力事件影响的一方应尽可能在最短的时间内通过书面形式将不可抗力事件的发生书面通知另一方，并在该不可抗力事件发生后三日内向另一方提供关于此种不可抗力事件及其持续时间的适当证据及合同不能履行或者需要延期履行的书面资料。声称不可抗力事件导致其对本合同的履行在客观上成为不可能或不实际的一方，有责任尽一切合理的努力消除或减轻此等不可抗力事件的影响。

3. 不可抗力事件发生时，双方应立即通过友好协商决定如何执行本合同，不可抗力事件或其影响终止或消除后，双方须立即恢复履行各自在本合同项下的各项义务。如不可抗力及其影响无法终止或消除而致使合同任何一方丧失继续履行合同的能力，则双方可协商解除合同或暂时延迟合同的履行，且遭遇不可抗力一方无须为此承担责任，当事人延迟履行后发生不可抗力的，不能免除责任。

4. 本合同所称“不可抗力”是指受影响一方不能合理控制的，无法预料或即使可预料到也不可避免且无法克服，并于本合同签订之日后出现的，使本合同全部或部分的履行在客观上成为不可能或不实际的任何事件。此等事件包括但不仅限于自然灾害如水灾、火灾、旱灾、台风、地震，以及社会事件如战争（不论曾否宣战）、动乱、罢工，政府行为或法律规定等。

第九条　补充与附件

本合同未尽事宜，依照法律、法规执行，法律、法规未做规定的，甲乙双方可以达成书面补充合同。本合同的附件和补充合同均为本合同不可分割的组成部分，与本合同具有同等的法律效力。

第十条　其他

1. 本合同自双方签字并加盖公章或合同专用章之日起生效。

2. 本合同正本一式肆份，双方各执贰份，具有同等法律效力。

附表一：花卉摆放位置明细表

附表二：租摆花卉价位明细表

甲方：	乙方：
单位名称：	单位名称：
法定代表人：	法定代表人：
委托代理人：	委托代理人：
开户银行：	开户银行：
账号：	账号：

日期：　　年　　月　　日

签约地点：××科技会展中心一楼会议室

例文 3

成都市××机械设备有限公司买卖合同

合同编号：2015C-321

供方：成都市××机械设备有限公司

需方：株洲市×××贸易有限公司

根据我国合同法有关规定，供需双方经友好协商，共同制订以下条款，以资共同遵守。

第一条　产品名称、品种规格、数量、金额、交售时间。

产品名称	型号	单位	数量	单价（万元）	金额（万元）	交货时间
“海洋”牌洗衣机	XPB，0-3	台	100	0.35	35	2015.9.2
程力威牌洒水车	CLWGSS3	台	4	19.65	78.6	2015.11.1.
惠威多用途车	DHW6456B	台	4	28.5	114	2015.12.25
合计人民币金额（大写）：贰佰贰拾柒万陆仟元整						

第二条　质量要求、技术标准：国家标准/行业标准。供方保证质量，实行“三包”。

第三条　交货方式、交货地点及费用：供方公路货车运送至需方指定仓库，费用由供方负担。

第四条　结算方式及期限：合同签订后五个工作日内，需方先行支付供方定金人民币叁拾万元整；需方收货并验收合格后10个工作日日内分别付给供方人民币柒拾捌万陆仟元整和壹佰壹拾肆万元整；产品全部验收合格交付后，第一笔定金充当货款，需方于2016年1月10日前再付供方人民币伍万元整，结清全部货款。以上所有结算均以银行对公网银转账形式完成。

第五条　产品包装要求：用硬纸箱包装，符合行业标准。

第六条　违约责任：按《中华人民共和国合同法》第17条第2款规定：“供方必须对产品的质量和包装负责，提供据以验收的必要技术资料或实样。”因产品数量短少，不符合约定的，甲方必须退还产品的本金并偿付不能交货部分总值的5%的罚金；因包装不符合要求造成的损失，由甲方负责赔偿；因交货日期违约，比照银行延期付款的规定，每延期1天，按延期交货部分总值的0.1%偿付乙方。乙方半途退货，由乙方偿付退货部分货款总值5%的罚金；乙方延期付款，比照银行延期付款规定偿付甲方罚金。

第七条　非人力抗拒的因素造成不能履行合同时，经双方协商一致同意的第三方查明证实的，甲乙双方均可免于承担经济责任。

第八条　解决合同纠纷的方式：一旦双方发生纠纷，先自行协商；协商不成时，到合同所在地仲裁机构仲裁或进行司法诉讼。

第九条　本合同自签订之日起生效，任何一方不得擅自修改或终止。本合同有效期至2015年11月11日。

第十一条　本合同一式两份，供、需双方各执一份。

供方：	需方：
法定代表人：	法定代表人：
委托代表人：	委托代表人：
公司地址：	公司地址：
联系方式：	联系方式：
开户名称：	开户名称：
开户银行：	开户银行：
银行账号：	银行账号：
签订日期：	签订日期：

例文4

计算机维护合同

合同编号：ST—2019-11-08

北京××计算机技术有限公司（以下简称为甲方）

北京××计算机网络科技有限公司（以下简称乙方）

为促进互联网电子商务的迅速发展，本着互惠互利的原则，由乙方向甲方提供IT维护服务。双方经友好协商，特订立本合同。

一、服务项目名称及费用、服务期限、支付方式

1. 服务内容及费用。

内容	数量	单价	金额
IT维护		元/月	元
合计	元		

2. 服务期限：本合同第2条规定的服务（下称服务）有效期限为______

年，自______年____月____日起至______年____月____日止。

3. 付款方式：在本合同签署后的2个工作日内，甲方应以票据或银行转账方式向乙方支付本合同规定的全部服务费用，计人民币__________元整。

4. 如果甲方在规定日期内没有按时缴纳服务费用的话，则乙方有权每天以拖欠金额1%的标准加收罚金。

二、项目的内容及质量技术要求

在合同有效期间，乙方应为甲方提供计算机维护服务，该服务包括以下几条：

（一）计算机硬件故障诊断、排除

1. 若不是计算机硬件自身的问题，乙方应当为每个硬件安装相应的驱动程序；

2. 对于计算机硬件出现的问题，乙方应该做出诊断，并提出合理的解决方案；

3. 对甲方的硬件购置使用提供合理化意见；

4. 以工本费的标准修复甲方可以修复的硬件（显示器除外）；

5. 每月对甲方计算机硬件做定期的保养，包括：硬件检修；计算机内部灰尘清理；计算机外部电源线检查；网络设备检修；

6. 软件故障的及时排除。

（二）操作系统的安装优化

1. 乙方安装的操作系统、软件要求尽可能地发挥甲方电脑硬件性能；

2. 在硬件没有故障的前提下，保证甲方每台电脑可以正常运行；

3. 乙方为甲方的每台电脑都要求有防、杀病毒系统和系统快速备份、恢复系统；

4. 每月为甲方做一次全面的病毒查杀和磁盘扫描、整理，删除木马之类危害计算机安全软件，清除计算机里涉及迷信、淫秽、色情、赌博、暴力、凶杀、恐怖的内容；

5. 每半年重新安装一次系统。

（三）网络的组建、维护

1. 对于甲方已经存在的网络，乙方有义务对其维护、优化，保证网络的畅通，并且网络速度要和甲方的网络接入方式相匹配；

2. 根据甲方实际需要，对网络进行拆迁、增减不在此合同所指定的范围。

（四）网络接入主机的维护

1. 为服务器安全保护措施；

2. 对服务器做安全检测，关闭掉多余的服务，删除木马等后门程序；

3. 为甲方安装一台备用服务器，以便在当前服务器无法工作时快速接通网络；

4. 向甲方传授安全知识。

（五）乙方以优惠的价格为甲方提供不在此合同范围内的服务，如网站制作、图片扫描、光盘刻录、硬件评测、__________服务。

三、双方的责任与义务

1. 乙方应该按照第二条所规定的条款为甲方提供优质服务；

2. 甲方应该对乙方的工作提供支持；

3. 非技术性的工作由甲方自行完成；

4. 甲方不得擅自删除、修改系统文件，不得修改、删除乙方的系统备份文件；

5. 甲方有责任禁止客人在自己的计算机上浏览非政府许可的网站、下载安装危害计算机安全或者网络安全的软件；

6. 根据甲方和乙方的距离，甲乙双方共同商定：乙方在甲方提出正式服务请求的____分钟工作时间内到达甲方，并开始服务；

7. 在非工作时间内如发生严重故障（如服务器故障）导致网络整体不能运营，乙方应于1小时内到达甲方现场，其他小故障可待工作时间解决。

四、违约责任

在此合同有效期内，任何一方提出终止合同的行为视为违约行为。违约方以此合同总金额的10%作为违约金赔偿给对方，但以下行为不视为违约行为：

1. 在此合同有效期内甲方转让、变卖其计算机而无法履行此合同的行为不视作违约行为，但必须结算应该付给乙方的相应费用；

2. 乙方由于特殊原因，终止合同不视作违约行为；

3. 由于无法抗拒的灾害而导致无法履行此合同不视作违约行为；

五、解决合同纠纷的方式

执行本合同发生的争议，由当事人双方协商解决。协商不成，双方同意由XX仲裁委员会仲裁，当事人双方不在本合同中约定仲裁机构，事后又没有达成书面仲裁协议的，可向任何一方所在地的人民法院起诉。

六、续约

在此合同期满后，如果双方合作愉快，有意继续合作的，需重新签订合同。

七、双方协商的其他条款________________________。

八、本合同一式两份，双方各执一份，均具有同等效力。

甲方：	乙方：
法定代表人：	法定代表人：
委托代表人：	委托代表人：
公司地址：	公司地址：
联系方式：	联系方式：
开户名称：	开户名称：
开户银行：	开户银行：
银行账号：	银行账号：
签订日期：	签订日期：

例文5

个人装修合同书

委托方（甲方）：马田田　身份证号码：××××××××××××××××××

承接方（乙方）：刘永明　身份证号码：××××××××××××××××××

甲乙双方经友好协商，甲方决定委托乙方进行住房装修，为保护双方的合法权益，结合本工程的具体情况，双方达成如下协议，以共同恪守。

一、工程地点：__古城__区__东大河__街__6号__楼__1__单元__201__室

二、形式结构：__二__室__二__厅__一__厨__一__卫

三、工程项目：

1. 四个房间（两卧室、两客厅）地面铺设80＊80瓷砖，打地角线，

要求平整；一个厨房，一个卫生间墙面 25 * 40 铺瓷到顶，留出吊顶空间，边角打磨，地面铺 30 * 30 瓷砖，要求平整；两个阳台地面铺设 30 * 30 瓷砖，要求平整。

2. 未尽细节之处，由甲方提出方案，商量确定。

四、工程期限：自××××年××月××日开工，至××××年××月××日竣工，工期 30 天。

五、承包方式：清包工。甲方按照设计要求采购全部材料，并按照乙方要求及时运送至项目所在地；乙方负责提供人工，按行业标准和甲方的要求进行施工，并确保工人安全、文明施工，甲方不提供食宿；甲方如需增加或改动工程内容，应提前 3 天与乙方沟通，增加内容产生的费用由甲方另行承担。

六、质量标准：施工质量要符合安全要求，质量标准根据 DBJ08-62-97《住宅建筑装饰工程技术规程》、DB31/T30—1999《住宅装饰装修验收标准》的要求达到合格。工程竣工验收合格后，6 个月内因乙方施工出现质量问题，乙方负责无偿返工维修。

七、工程造价：工程材料全部由甲方提供，甲方支付乙方装修人工费人民币＿陆仟贰佰＿元整。

八、付款方式：

1. 本工程项目分两期支付。第一次付款为竣工后付部分人工费，质保期结束后第二次付款。

2. 为确保工程质量，暂扣乙方人民币壹仟元整作为质保金，期限为＿2019＿年＿6＿月＿1＿日至＿2019＿年＿12＿月＿1＿日，其间装修无任何问题，甲方将质保金全额返还给乙方。

3. 工程完工后，经甲方验收，如符合以上施工项目和设计要求，三天甲方内以银行转账的形式付清乙方剩余的人工费用。

乙方银行名称：中国交通银行××支行

户名：×××

银行账号：××××××××××××××××

九、违约责任

1. 由于甲方原因导致延期开工或中途停工，甲方应补偿乙方因停工、窝工所造成的损失，每停工一天，甲方付乙方人民币××元整；甲方未按合同的约定付款的，每逾期一天，支付人民币××元违约金。

2. 由于乙方原因逾期竣工的，每逾期一天，乙方支付甲方人民币××元的违约金。

十、纠纷处理方式：双方如合同执行发生争议，应通过友好协商解决，如协商无效的，可以提交人民法院诉讼。

十一、合同的变更和解除本协议自双方签字之日起生效；一式贰份，甲乙方各执壹份，具有相同效应。

甲方：马田田

签字（盖章）：

联系电话：×××××××××××

乙方：刘永明

签字（盖章）：

联系电话：×××××××××××

2021年3月25日

思考和练习

一、《民法典》所指的“合同”定义是什么？

二、签订合同应遵守哪些基本原则？

三、《民法典》规定合同条款中，必须写明哪些内容？

四、合同写作结构一般包括哪几个部分？

五、根据材料拟写一份租赁合同

出租人：曾××，甲方；承租人：欧阳××，乙方。甲方在解放路28号院内8号楼三单元301室有三居室楼房一套，家具基本齐全，装有液晶电视、海尔全自动洗衣机、海尔冰箱各一台，1.8米大床、床垫各两张，床头柜四个，水、电、天然气全部开通并能正常使用。月租金为3000元，按月现金或微信支付，乙方承诺按月结清租金，绝不拖欠。甲方要求乙方可以使用室内家具等物品，但要保护室内所有用具完好，损坏东西要照价赔偿，乙方答应爱护房屋及家具。甲方提出不允许乙方将房屋转租给第三方，房屋用来居住，不能在房屋内从事其他商业或违法活动，并承诺负责房屋的基本维修，承担维修费用。租赁时间是2年，从2020年10月10日开始，如果要延期，则另行签订合同。

六、用所学知识指出下列合同存在的主要问题

甲方：××贸易公司

乙方：××广告有限公司

甲乙双方为了便于在沪深两地联系业务，需要交换商务写字楼作为各自的办事处。现本着友好合作精神制定如下协议：

1. 甲方在上海市××路188号大楼中为乙方提供九层楼一室（使用面积不小于120平方米）作为乙方驻沪的办事处用房。

2. 乙方在深圳市为甲方提供同样面积的写字楼作为甲方驻深办事处用房。

3. 双方分别负责为对方上述办事处供水、电及安装电话、网络等，以确保日常商务活动的正常开展。

4. 本合同有效期为三年，是否延期根据实际需要而定。

5. 本合同自双方同时履约之日起生效。

6. 未尽事宜，另行协商。

甲方代表签字：　　　　乙方代表签字：

（甲方公章）　　　　（乙方公章）

年　月　日　　　　年　月　日

第二节　协议

一、协议的概念

协议有广义和狭义之分。广义的协议是指社会机构或个人处理各种社会关系事务时常使用的“契约”类文书，包括合同协定书、条约公约、联合宣言、联合声明等。狭义的协议指国家机关、企事业单位、社会团体或个人为了完成某项合作或其他事项，经过协商取得一致意见后形成和订立的一种具有经济关系或其他关系的契约性文书。

协议书发挥着与合同类似的法律作用，能够明确双方的权利和义务关系，对双方的合作事宜确定了大致的方向，有助于合作的持续和深化。如果发生纠纷，也可以将协议依法作为诉讼的依据。

二、协议的特点

（一）内容广泛

协议的用途比较广泛，经济、政治、科技、军事、宗教、法律、文化教育乃至家庭财产等各个方面的权利义务关系，凡不宜使用合同形式的都可以用协议的形式来签订。

（二）自愿性

协议即协商议定，双方在自愿的基础上，经过友好协商达成一致意见后签署。一方强迫或威逼另一方签订的协议，都不是真正意义上的协议。

（三）强制性

协议一旦签署，就具有约束双方的法律效力，必须严格履行协议中的约定事项。任何一方都不能单方面的变更或终止协议，并要对自己不履行或不完全履行协议的行为承担相应的违约责任。

三、协议的分类

从内容上来讲，协议书分为调解协议书、收养协议书、财产保险协议书、技术合作协议书、赔偿协议书、委托协议书、捐赠协议书等。

四、协议书的写作格式

协议书的格式大致可以分为标题、立约单位、正文和落款四个部分。

（一）标题

标题通常有四种写法：

1. 直接使用文种名“协议书”作为标题，如协议书；

2. “事由+文种”，如《赔偿协议书》《收养协议书》《赡养协议书》；

3. “当事人名称+文种”，如《××厂与××公司协议书》；

4. “当事人名称+事由十文种”，如《××集团与××乡关于征地拆迁的协议》《××大学与××大学联合办学协议书》。

（二）签约单位

在标题下，正文之前写明签订协议书各当事方的单位名称或个人姓名、地址、联系方式等，协议当事方的名称要写全称。有时，为了叙述方便，可在当事方的前面或后面注明“甲方”“乙方”。

（三）正文

正文是指协议书的条款内容，是协议书的核心部分，这是经双方当事人协商后确定下来的，正文分前言、主体和结尾三部分。

1. 正文的前言也叫开头，一般要写明签订协议书的原因、目的、依据。如“因为（为了）……，经双方自愿协商，现就有关事宜达成协议以下：”。

2. 正文的主体部分是协议书的重点。合同有《民法典》对条款进行了一般规定，而协议则不同，它主要是根据协议双方的决定拟制的，具有相对的灵活性。协议书的主题部分一般包括以下内容：①合作的项目（双方议定的事项，实现的共同任务）；②合作的方式（共同完成任务的实施计划于步骤，互相做什么、做到什么程度、何时完成、得到什么报酬等）；③双方的权利义务；④合作期限和工作日程；⑤违反协议的处罚意见等。如果协议内容较多，则可分条逐项加以阐述。

3. 结尾

须写明协议的份数及保存方式；附注事项等。

（四）落款

署上当事方的单位名称或姓名，甚至按上指纹，当事双方签字盖章，写明签署的时间。

必要时还要注明电话、传真、住址等。若协议书有公证人公证的，公证人也应当签字盖章。

五、撰写要求

（一）协议书的签订必须合法

不仅协议书的内容必须符合法律法规，同时，协议书的相关程序也必须合法，一些特殊的协议书，如离婚协议书在程序上还需要经过国家婚姻登记机关才能生效。

（二）要坚持平等互利协商一致的原则

在经济领域中，协议书往往是签订合同的基础文件，起草时当事各方应贯彻自愿平等、互利互惠、协商一致的原则，任何一方不得采用欺诈、胁迫手段订立协议。

（三）内容明确、条款具体

协议书一经签订，对双方都有约束力，因此，条款内容力求明确具体，如有关商品的数量、质量、包装等应分条详列，双方的权利与义务必须一一写明，不可疏漏。

（四）措辞严密，书写规范

协议书的书面形式必须符合相关的规范要求。如文字表达、标点符号、签字盖章等必须规范化，用词也要准确恰当，切忌含糊不清，更不能产生歧义。如“按习惯包装”“适合海运包装”等，用语，表义含混，易产生歧义，不能使用。在签订时，应逐字逐句（包括标点符号）仔细推敲，发现错误或不当，经双方协商后进行修改，再签署，以免日后发生争议和纠纷。

六、例文分析

例文1

校企合作协议书

甲方：××建筑安装工程有限公司

乙方：××职业技术学院

为加强校企深度融合，提升职业院校学生技术能力，为社会培养更多合格的技术型人才，实现技能就业、素质就业、稳定就业的既定目标，甲乙双方本着互相合作、共同发展、积极交流、互利互惠的原则，经协商一致达成如下协议：

一、甲方作为乙方的实习培训基地，按照乙方的要求，为乙方培养焊接、电钳、建筑（瓦工、钢筋工、架子工、抹灰工）等技能人才，在乙方需要的时候，为乙方定期优先培养。

二、乙方也是甲方的研发基地，按照企业提出的技术项目，提供技术支持，双方共同研发，帮助企业技术改造和科技创新。

三、甲方也是乙方就业基地，在有用工需求时，及时与乙方沟通，经甲方考试合格后，需优先录用乙方学生。

四、甲方必须按照国家法律、法规要求，与乙方的学生签订劳动合同，并为其缴纳养老保险、医疗保险、工伤保险等，确保用工的合法性。

五、在乙方学生实习期间，甲方提供必要的工作、生活、学习、文化等基本条件，并保障学生的人身安全。甲方按规定应支付乙方学生一定的工资、福利待遇，保障学生的合法权益。

六、乙方学生应严格遵守甲方的一切规章制度，甲方有权对乙方学生以员工身份按照相关政策、制度进行管理。

七、甲乙双方必须遵守《劳动合同法》中的各项条款，妥善处理劳务纠纷。如一方单方面违约，另一方有权终止协议。

八、其他未尽事宜，依照相关法律法规，由甲乙双方协商解决。

九、合作期限为 5 年，根据双方合作意愿和实际情况，可长期合作。首次合作结束后，双方可共同商议形成新的合作意向。

十、本协议一式三份，甲方执一份，乙方执两份，合作协议经双方代表签字、盖章即生效，双方应遵守有关条款。

甲方（盖章）：	甲方（盖章）：
甲方代表签字：×××	乙方代表签字：×××
地址：××××××××××××	地址：××××××××××××
	签约日期：××××年××月××日

例文2

家庭赡养老人协议书

被赡养人姓名：

赡养人姓名：

为维护被赡养人合法权益，切实保障被赡养人的晚年生活，根据有关法律规定，赡养人和被赡养人签订如下赡养协议。

第一条　赡养的基本原则

1. 赡养人不分男女都有赡养被赡养人的义务，各赡养人应积极履行对被赡养人经济供养、生活照料和精神慰藉的义务。赡养人应尊重被赡养人的生活习惯、宗教信仰、隐私，禁止侮辱、诽谤、殴打、虐待和遗弃被赡养人。赡养人的配偶应当协助赡养人履行赡养义务，赡养人家庭成员应尊重、照顾被赡养人。被赡养人所需的各项赡养费用和物资由赡养人根据各自的经济状况协商负担。

2. 被赡养人在身体健康、经济条件允许的情况下，按照自愿、量力的原则，给赡养人及家庭以帮助，酌情减轻赡养人的负担。被赡养人在力所能及的情况下可以给予赡养人一定的帮助，但赡养人不得要求被赡养人承担不愿意或力不能及的劳动。

3. 被赡养人的房产权、房屋租赁权和居住权受法律保护，未经被赡养人同意或者授权，赡养人及其配偶、子女不得强占、出卖、出租、转让或者拆除。经被赡养人同意由赡养人出资翻建的，应当明确被赡养人享有的产权和居住权。

4. 赡养人不得强行将有配偶的被赡养人分开赡养。赡养人应当尊重被赡养人的婚姻自由，被赡养人有权携带自有财产再婚；赡养人及其家庭成员不得以被赡养人的婚姻关系发生变化为由，强占、分割、隐匿、损毁属于被赡养人的房屋及其他财产，或者限制被赡养人对其所有财产的使用和处分。被赡养人再婚的，赡养人仍有赡养的义务，不得以此为借口不尽赡养义务。

5. 被赡养人有权依法继承配偶、父母、子女的遗产和接受遗赠。被赡养人的财产依法由被赡养人自主支配，赡养人及其配偶、子女不得向被赡养人强行索取。赡养人中经济条件较好的，可以对被赡养人适当多增加赡养费，经济条件较差的，在征得被赡养人和其他赡养人同意的情况下可以适当减少赡养费。

第二条　赡养人的主要义务

1. 赡养人应保证被赡养人每年添置两套外衣、一套内衣、鞋帽等个人物品，所需费用由赡养人共同承担。赡养人保证被赡养人的衣服、被褥干净、整洁，被赡养人单独居住的由当期赡养人负责，被赡养人同赡养人共同居住的由同住赡养人负责。

当期赡养人是指赡养人按照本协议轮流赡养、护理、照顾被赡养人，当轮到具体的赡养人时，该赡养人即为当期赡养人。

2. 赡养人应妥善安排好被赡养人的膳食结构，保证被赡养人吃饱、吃好，保证每周至少有一顿肉、鱼、蛋以及新鲜蔬菜和水果等。食品的购买、烹饪和餐具的清洗，被赡养人单独居住的，由当期赡养人负责；被赡养人同赡养人共同居住的，由同住赡养人负责。被赡养人对膳食有特殊要求的，应尽量满足被赡养人的要求。被赡养人单独居住自己负责购买、烹饪的，所需费用由赡养人共同承担，在征得被赡养人同意的情况下，赡养人可以提供粮食、蔬菜以及柴、米、油、盐等实物。

3. 赡养人应为被赡养人提供安全、舒适、方便的居住场所以及其他生活用品。赡养人应当妥善安排被赡养人的住房，不得强迫被赡养人迁居条件低劣的房屋。被赡养人单独居住的，如房屋损毁，赡养人应负责及时维修，确保被赡养人的住所不破、不漏，卫生整洁，费用由赡养人共同承担。如被赡养人租赁房屋居住的，房租由赡养人共同承担。因房屋拆迁被赡养人没有居住房屋的，被赡养人可以选择到任何赡养人家居住。被赡养人的拆迁补偿款任何赡养人不得截留、侵占。

4. 如被赡养人不能自行出行，赡养人应安排时间负责被赡养人出行，所需交通费由当期赡养人承担。被赡养人单独居住时所需的水、电、煤等日常必须费用由各赡养人承担。被赡养人生活用品、个人用品的更换、维修费用由各赡养人共同承担。

5. 被赡养人生病，赡养人应及时给予医治，并负责生活照料与护理。

被赡养人日常检查、就诊、买药由当期赡养人或同住赡养人负责，就近购买。被赡养人大病需住院治疗的，应就近治疗。被赡养人住院期间由各赡养人轮流护理，没有时间或条件亲自护理的，由当期赡养人聘请专人护理。

6. 被赡养人生活不能自理时，赡养人自行护理的，每个月轮换一次，由当期赡养人护理。个别赡养人不能亲自照料被赡养人的，可以按照被赡养人的意愿，请人代为照料，并及时支付所需费用。赡养人之间可以协商由其中一个赡养人护理，其他赡养人应支付相应的补助，补助的数额由赡养人共同协商。

7. 被赡养人体弱多病行走不便的，赡养人要及时给予医治、照顾和精心看护，在精神上关心被赡养人，不得用粗暴蛮横的语言对待被赡养人。

8. 赡养人每年要为被赡养人庆祝生日，宴会费用由全体赡养人共同承担。庆祝期间赡养人尽可能创造轻松、愉悦的气氛，不得谈及伤害、侮辱被赡养人或其他赡养人的话题。

9. 赡养人有义务根据被赡养人的意愿代耕、代种、收割被赡养人的责任田、承包田、自留地，照管被赡养人的林木和牲畜等，收益归被赡养人所有。被赡养人可以对提供劳务的赡养人给予适当补助。

10. 赡养人有义务按照被赡养人的要求代为缴纳各种费用，接送物品、邮件。赡养人有义务按照被赡养人的要求管理其他事务，其他赡养人不得干涉。

第三条　赡养的方式、周期

1. 被赡养人单独居住的，赡养人应主动上门赡养，各赡养人每个月轮换一次。

2. 被赡养人同赡养人同住的，各赡养人按照长幼顺序每　　个月轮换一次，下一顺序的赡养人负责上门接回被赡养人。

第四条　赡养费及共同承担的费用数额、给付方式、给付时间

1. 被赡养人单独居住的，赡养人每月给付被赡养人赡养费____元。

2. 赡养人应以现金方式支付赡养费，赡养人应填好相应凭证，赡养人应对支付赡养费或共同分担的费用承担举证责任。

3. 赡养费或共同承担的费用，由赡养人承担。如被赡养人有退休工资或其他收入的，赡养费或共同承担的费用从被赡养人的退休金或其他收入中优先支取，具体由当期赡养人、同住赡养人或预定的监护人、被赡养人委托的人负责支取。

被赡养人有医疗保险的，从医疗保险或医疗保险卡中支取，医疗保险不能报销的或被赡养人无力支付的医疗、护理等费用，由赡养人共同承担。被赡养人同意从存款或其他财产中支取的，在保留丧葬费用的前提下，赡养人可以从中支取，不足部分，赡养人共同承担。

4. 赡养协议的内容，根据实际情况和当地经济社会发展状况进行调整；赡养人单独居住的，赡养费标准按照当地物价上涨幅度每二年浮动一次，并不低于当期赡养人家庭成员生活标准或当地最低生活标准（以两者高者为标准）。

第五条　属于全体赡养人共同分摊的费用

1. 被赡养人的衣、食、住、行、医疗等费用。

2. 被赡养人单独生活发生的水、电、煤等生活费用。

3. 被赡养人生日宴会费用。

4. 丧葬费用等被赡养人花费的其他需要共同分摊的费用。

第六条　被赡养人的丧葬费用分担和遗产继承

1. 被赡养人去世后，赡养人应按照国家的有关规定办理丧事，丧葬费用从被赡养人的遗产中支取，不足部分由赡养人共同承担。

2. 赡养人应遵守国家关于丧葬的有关规定，不得铺张浪费。个别赡养人在未同其他赡养人协商的情况下，超过正常标准办理丧事的，所花费的费用，由责任人自行承担。正常标准范围内所支出的合理费用，赡养人共同承担。

3. 被赡养人去世后，被赡养人的遗产有遗嘱的按遗嘱执行。没有遗嘱的按照《继承法》的规定继承。被赡养人的个人物品、金银首饰等遗产可以由赡养人通过竞价的方式获得，所得款项按照《继承法》的规定继承。

第七条　协议变更的条件和争议的解决方法

1. 变更本协议应取得被赡养人、赡养人全部同意后方可变更、修改。

2. 因履行本协议出现纠纷的，赡养人各方应友好协商；协商不成的，可以请求村民委员会等调解组织调解；调解不成的，由被赡养人、赡养人向被赡养人居住地人民法院起诉。

3. 赡养人在协商、调解的过程中，各赡养人应本着实事求是、求同存异、最有利于维护被赡养人利益的原则进行协商，妥善处理好争议事宜。

第八条　违约责任

1. 赡养人不得以放弃继承权、被赡养人婚姻关系变化或其他理由，拒绝履行赡养义务。

2. 赡养人不履行赡养义务，被赡养人有要求赡养人给付赡养费的权利。

3. 赡养人不履行给付赡养费、共同分担费用的，除了支付赡养费、共同分担的费用外，还应按照应当缴纳的赡养费、共同分担的费用数额的每日1%支付违约金。因赡养人不履行本协议而产生的诉讼费、律师费、交通费、赡养期间的护理人员费用由违约的赡养人承担。

4. 赡养人不尽赡养义务的，在继承遗产时少分或不分。

5. 部分赡养人不履行义务，其他赡养人按照长幼顺序由不尽赡养义务赡养人的下一顺序赡养人继续履行赡养协议约定的义务，任何赡养人不得以此作为自己不履行义务的理由。

6. 本协议赡养人共同委托村民委会监督执行。

7. 本协议共3页，一式　　份，具有同等法律效力。赡养人、被赡养人、协议履行监督人、村（居）民委会各执一份。

被赡养人

父亲：　　　　　　　　　　　　母亲：

赡养人　　　　　　　　　　　　协助赡养人

长子：　　　　　　　　　　　　配偶：

次子：　　　　　　　　　　　　配偶：

协议签订时间：　　年　　月　　日

协议签订地点：

思考和练习

一、合同和协议有什么异同?

二、意向书与协议有什么异同?

相关知识

合同与协议的区别

协议书与合同都具有法律效力，联系也很密切。协议书可以成为当事人订立某项合同愿望的草签意见，起意向作用，合同则是落实这些意见的具体表现。协议书的意义、作用、格式和写法与合同大致相同，有时人们也把它称为“合同”，合同和协议都是契约文书，二者的主要区别在以下几个方面:

1. 适用范围不同。合同多用于微观角度（主要用于经济领域），就某一具体事项签约；协议书往往涉及宏观角度，经济、政治、科技、文化、军事等领域都可以使用，适用范围大至国家关系，小至个人往来。

2. 内容表述要求不同。合同主要表达当事人之间就相互的权利和义务达成的一致意见，是已经落实且能够对照履行的具体措施，故其内容必须详细、具体、明确，操作性强；协议书主要表达当事人各方就某些要点和原则达成的一致性意见，是纲领性的，原则性较强，因此，较少写履行的具体细节，内容比较简略、笼统，有些协议签订后，还需订立一系列协议书中包含项目的单项合同。

3. 文体的功能不同。作为经济关系的凭证文书，协议书可作为正式合同的“前奏”，为合同提供一个纲要性的内容，也可作为已订合同的修订或补充，成为合同的一个组成部分。

如在我国与外资合营企业的协议书中，往往伴有技术转让、产品销售、贷款、聘请外

国技术管理人员等方面的内容，因此，除签订合营协议和实现合营协议而制订的章程之外，还要订立一系列有关单项（专项）合同。

意向书与协议的区别

1. 性质作用不同：协议具有约束力，有法律效力，属于契约文书。意向书无法律效力，属于草约性质，只是便于双方领导层掌握情况，作为进一步签订合同、递交确认书或协议书的依据和准备，因此它只具有信用性，不具有法律效力，和备忘录有些近似。

2. 内容要求不同：协议的内容较具体、有违约责任；意向书较原则、粗略，具体细节、意见未考虑好。

丝绸之路经济带城市之间经济科技合作意向书

甲方：××××市人民政府

乙方：××××是人民政府

为推动丝绸之路经济带各城市之间的经济科技交流与合作，促进个城市间的合作与发展，带动丝绸之路经济带共同繁荣，经友好协商，达成如下合作意向：

一、合作目标

以促进丝绸之力经济带城市经济建设和社会全面发展为目标，探索经济科技合作新模式。

二、合作原则

开展城市间经济科技合作，立足发挥各城市的区位优势、资源优势和高新技术、现代综合服务优势，加快城市间经济科技交流与写作，实现优势互补、合作共赢，共同推进丝绸之路经济带各城市的全面发展。

三、合作内容

（一）产业发展合作。推进在丝绸之路经济带各城市产业规划、资源开发、项目建设、市场拓展等各方面的合作。

（二）科技创新合作。根据各方技术发展优势，建立科技信息互通共享渠道，推广先进技术、开展讲学活动、人才交流与培养，以及在科研院所、大学、企业共同开展科研项目合作。

四、合作机制

（一）信息沟通机制。在丝绸之路经济带各城市间建立长效的信息沟通协调机制。

（二）建立联席会议制度。在丝绸之路经济带各城市定期召开联席会议，研究本合作意向的执行事宜。

五、意向的修改

本合作意向作为丝绸之路经济带各城市长期开展经济科技合作的有效文件，根据实际情况可做相应的调整各补充。本意向未尽事宜由双方另行确定。

本意向自签订之日起生效。

甲方：××市人民政府（印章）

代表：×××（签名）

乙方：××市人民政府（印章）

代表：×××（签名）

签约日期：××××年××月××日

签约地点：××××××××

知识链接

合同的几点法律知识

一、定金与订金

订金：一般视为“预付款”。接受订金者违约时，应无条件退款；交付订金者违约时，可以与对方协商解决并要求退款。如果双方另有约定，则按约定执行。

定金：又称为“保证金”。为保证合同的履行，一方在签订合同或执行前，向另一方交纳一定数额的钱款。《民法典》第五百八十六条规定：当事人可以约定一方向对方给付定金作为债权的担保。《民法典》第五百八十七条规定：债务人履行债务的，定金应当抵作价款或者收回。给付定金的一方不履行债务或者履行债务不符合约定，致使不能实现合同目的的，无权请求返还定金；收受定金的一方不履行债务或者履行债务不符合约定，致使不能实现合同目的的，应当双倍返还定金。

特别提示：

1. 定金应当以书面形式约定并标明期限。

2. 定金从实际交付之日起生效。

3. 定金的数额由当事人约定；但是不得超过主合同标的额的百分之二十，超过部分不产生定金的效力。

4. 定金与违约金不能并用，违约时，二者选其一。《民法典》第五百八十八条规定：当事人既约定违约金，又约定定金的，一方违约时，对方可以选择适用违约金或者定金条款。定金不足以弥补一方违约造成的损失的，对方可以请求赔偿超过定金数额的损失。

二、违约责任

当事人一方不履行合同义务或者履行合同义务不符合约定的，应当承担继续履行、采取补救措施或者赔偿损失等违约责任。

违约责任的承担：履行不符合约定的，应当按照当事人的约定承担违约责任。对违约责任没有明确约定或者约定不明确，依据《民法典》第五百一十条的规定仍不能确定的，受损害方根据标的的性质及损失的大小，可以合理选择请求对方承担修理、重作、更换、减少价款或者报酬等违约责任。

违约金的约定：当事人可以约定一方违约时应当根据违约情况向对方支付一定数额的违约金，也可以约定因违约产生的损失赔偿额的计算方法。当事人一方不履行合同义务或者履行合同义务不符合约定，造成对方损失的，损失赔偿额应当相当于因违约所造成的损失，包括合同履行后可以获得的利益。

违约金的最高限度不得超过损失部分的30%；约定的违约金低于造成的损失的，当事人可以请求人民法院或者仲裁机构予以增加；约定的违约金过分高于造成的损失的，当事人可以请求人民法院或者仲裁机构予以适当减少。

三、合同无效

合同无效分两种：全部和部分条款无效。全部无效主要是指以下几种情况：

1. 一方以欺诈、胁迫的手段订立合同，损害国家利益。

2. 恶意串通，损害国家、集体或者第三人利益（房屋买卖合同中，买家为了少缴税款而与卖家恶意串通，对房屋评估价值进行造假）。

3. 以合法形式掩盖非法目的；如：我们通常所说的阴阳合同。

4. 损害社会公共利益，违背公序良俗；将房产赠与“小三”的。

5. 违反法律、行政法规的强制性规定，签订走私、贩卖枪支弹药的合同。

6. 无民事行为能力人实施的民事法律行为，如与10岁小孩签订的租房协议等；

合同无效后，因该合同取得的财产，应当予以返还；不能返还或者没有必要返还的，应当折价补偿；合同无效，自始至终是无效的，不受法律的保护。

部分条款无效主要指以下情况：

1. 定金超过主合同标的额20%的定金合同；

2. 租赁合同超过20年的；

3. 借款合同中约定的利率超过年化利率36%；

以上合同中，超过的部分无效，不受法律保护；但未超过的部分依然有效，受到法律的保护，维护各自的权利。

第六章 党政机关公文

党政机关公文是公务文书，是党政机关单位使用最为频繁的文书。一般情况下，企业和团体在工作中也是用此类公文处理公务。

2012 年 4 月 16 日，中共中央办公厅、国务院办公厅联合发布《党政机关公文处理工作条例》（以下简称《条例》，2012 年 7 月 1 日起实施），以适应中国共产党机关和国家行政机关（以下简称“党政机关”）工作需要，推进党政机关公文处理工作科学化、制度化、规范化，适用于各级党政机关公文处理工作。公文处理工作是指公文拟制、办理、管理等一系列相互关联、衔接有序的工作。公文处理工作应当坚持实事求是、准确规范、精简高效、安全保密的原则。

公文的质量，直接反映党政机关的思想深度、政策水平和对社情民意、重大问题分析掌控能力，直接关系党的意志和方针政策的传达贯彻成效，直接体现机关干部的能力素质和工作水准。

第一节 党政机关公文概述

一、党政机关公文的概念

公文是公务活动的产物和工具，是公府所作之文，公事所用之文，有广义和狭义两种理解。

广义的公文是党政机关、社会团体、企事业单位等合法组织行使职权、办理各种公务时所使用的文书，是实施管理、规范行为、商洽工作、记载和传递公务信息等的重要工具。

狭义的公文是中共中央办公厅和国务院办公厅于2012年4月16日印发的《条例》中所列15种公文，是法定公文。

党政机关公文，是党政机关实施领导、履行职能、处理公务的具有特定效力和规范体式的文书，是传达贯彻党和国家的方针政策，公布法规和规章，指导、布置和商洽工作，请示和答复问题，报告、通报和交流情况等的重要工具。

本章所讲公文是指狭义的公文。

二、党政机关公文的作用

党政机关公文的基本功能是能够逾越时间与空间有效地记载、传递与存储公务活动所需的信息，是党政机关行使职能的重要工具，具体表现如下。

（一）领导指导作用

党政机关公文是传达和贯彻落实党和国家的方针政策及各项指令的重要载体，是上级机关对下级机关工作进行领导和指导的有效工具。上级机关制定及发布的各项方针政策、指示、决定等，给下级机关和广大群众指明方向，阐明措施和做法；下级机关和广大群众按照上级的部署、意见和决策进行工作。

（二）宣传教育作用

党政机关公文具有较强的政策性、理论性、指导性，是教育干部的好教材。党的各项方针政策的传达、各机关之间互通情报交流经验，还有表彰决定、奖惩通报等，都要通过相应的文种来发布，因此，许多公文具有阐明政治主张、让群众了解领导意图、说服教育广大干部群众的作用。

（三）联系沟通作用

党和国家的各级各类组织都是有机联系的，经常要联系公务和办理公务，公文是加强组织联系和信息交流的重要纽带。在各个机关、组织之间，需要互通信息和情报，需要协调、处理许多工作和事务，如上对下有晓谕与安排，下对上有请求与汇报，单位之间有联系交流与请托配合，这样，形成一种上情下达、下情上呈、互相沟通、协调步骤的运转机制。因此，公文的联系沟通作用至关重要。

（四）凭证依据作用

公文是党政机关管理活动的真实记录。它有法定的作者和极大的权威性，是办理各项公务的凭证和依据。一些重要的公文，既有现实作用，又有历史作用。当其现实效用消失后，它所记录记载的内容会作为珍贵的历史凭证和依据，成为具有重大价值的档案资料。因此，可以说，凭证依据作用是公文最基本的作用。

三、党政机关公文的特点

（一）作者的法定性

公文的法定作者，是指依法成立并能以自己的名义行使职权和担负义务的机关、组织或法人代表。在我国，各级党政机关、社会团体、企事业单位都是法定的作者，都有对外独立行文的资格。撰写和制发公文不是个人行为，所代表的是机关或组织。

（二）格式的规范性

公文的体式，用以维护公文的权威性、严肃性与准确性，是公文区别于其他文献形式的明显标志。无论语体、结构、各组成要素的排列形式如何，都有规范的要求。规范的格式有助于实现公文工作的标准化，提高工作效率，更好地发挥管理工具的作用。

（三）极大的权威性

公文是党政机关、社会团体、企事业单位为了传达领导意图、办理公务、记载工作过程等而制发的，是代表机关在发言，因此，它在法定的时间和空间范围内能够对受文者的行为产生强制性影响，具有法定的效力和约束力。例如，中共中央的文件，传达的是党中央的意见，就代表了党的最高领导机关的权威，党的各级组织都要执行，不得违背。

（四）处理程序的规定性

公文的制发和办理都必须经过规定的处理程序，如发文办理，包括草拟、审核、签发、复核、印制、核发等程序；收文办理，包括签收、登记、初审、承办、传阅、催办、答复等程序；办理完毕后还要进行整理、归档工作。这一系列过程在《党政机关公文处理工作条例》中都有明确的规定，其目的是保证公文制发和办理的质量，以维护公文的法定效力和权威性。

四、党政机关公文的种类

党政机关公文根据不同的标准，可以分为不同的种类。

（一）按性质和适用范围划分

2012 年 4 月 16 日中共中央办公厅、国务院办公厅联合发布的《党政机关公文处理工作条例》规定，我国当前党政机关的文种种类有决议、决定、命令（令）、公报、公告、通告、意见、通知、通报、报告、请示、批复、议案、函、纪要共 15 种。

1. 决议

适用于会议讨论通过的重大决策事项。

2. 决定

适用于对重要事项作出决策和部署、奖惩有关单位和人员、变更或者撤销下级机关不适当的决定事项。

3. 命令（令）

适用于公布行政法规和规章、宣布施行重大强制性措施、批准授予和晋升衔级、嘉奖有关单位和人员。

4. 公报

适用于公布重要决定或者重大事项。

5. 公告

适用于向国内外宣布重要事项或者法定事项。

6. 通告

适用于在一定范围内公布应当遵守或者周知的事项。

7. 意见

适用于对重要问题提出见解和处理办法。

8. 通知

适用于发布、传达要求下级机关执行和有关单位周知或者执行的事项，批转、转发公文。

9. 通报

适用于表彰先进、批评错误、传达重要精神和告知重要情况。

10. 报告

适用于向上级机关汇报工作、反映情况，回复上级机关的询问。

11. 请示

适用于向上级机关请求指示、批准。

12. 批复

适用于答复下级机关请示事项。

13. 议案

适用于各级人民政府按照法律程序向同级人民代表大会或者人民代表大会常务委员会提请审议事项。

14. 函

适用于不相隶属机关之间商洽工作、询问和答复问题、请求批准和答复审批事项。

15. 纪要

适用于记载会议主要情况和议定事项。

（二）按行文方向划分

1. 上行文

具有隶属关系的下级机关向上级机关呈报的公文，如报告、请示等。

2. 下行文

具有隶属关系的上级机关向下级机关发送的公文，如决议、命令（令）、决定、批复、通知等。

3. 平行文

同系统的平级机关或不相隶属机关之间往来的公文，如函等。

（三）按保密级别划分

有秘密公文和一般公文。秘密公文又分为三个等级：绝密、机密、秘密，不同的等级有不同的保密期限。

（四）按缓急程度来划分

有特急、加急和一般文件三类，是针对公文的办理时限来说的。

五、党政机关公文的格式

公文的书面格式，是指公文的数据项目在文面上所处的位置和书写的形式。公文格式具有相对稳定性和规范性的特点。公文各要素的编排次序为：发文机关、份号、秘密等级、紧急程度、发文字号、签发人、标题、主送机关、正文、附件说明、署名、印章（签署）、成文日期、附注、抄送机关、印发机关和时间。

（一）党政机关公文的基本格式

根据2012年6月29日发布的国家标准《党政机关公文格式》（GB/T9704—2012）的规定，公文版心内的各要素可分为版头、主体、版记三部分。

公文首页红色分隔线以上的部分称为版头；公文首页红色分隔线（不含）以下、公文末页首条分隔线（不含）以上的部分称为主体；公文末页首条分隔线以下、末条分隔线以上的部分称为版记。

1. 版头

公文版头就是公文首页红色分隔线以上的部分，由份号、密级和保密期限、紧急程度、发文机关标志、发文字号、签发人、版头中的分隔线等要素组成。

（1）份号。涉密公文需要标注份号，份号使用6位阿拉伯数字，标注在版心左上角第一行。

（2）密级和保密期限。涉密公文需要标注密级和保密期限。公文的秘密级别分为“绝密”“机密”“秘密”三个等级，一般用3号黑体字，顶格编排在版心左上角第二行，密级和期限之间用“★”隔开，如：“绝密★30年”“机密★20年”“秘密★10年”。

（3）紧急程度。一般用3号黑体字，顶格编排在版心左上角；如需同时标注份号、密级和保密期限、紧急程度，按照份号、密级和保密期限、紧急程度的顺序自上而下分行排列。

（4）发文机关标志。由发文机关全称或者规范化简称加“文件”二字组成。居中排布，上边缘至版心上边缘为35mm，推荐使用小标宋体字，颜色为红色，以醒目、美观、庄重为原则。

联合行文时，如需同时标注联署发文机关名称，一般应当将主办机关名称排列在前；如有“文件”二字，应当置于发文机关名称右侧，以联署发文机关名称为准上下居中排布。

（5）发文字号。由发文机关代字、发文年号及该年度的发文序号组成。编排在发文机关标志下空两行位置，居中排布。年份、发文顺序号用阿拉伯数字标注；年份应标全称，用六角括号“〔〕”括入；发文顺序号不加“第”字，不编虚位（1不编为01），在阿拉伯数字后加“号”字。

上行文的发文字号居左空一字编排，与最后一个签发人姓名处在同一行。

（6）签发人。上行文中需标注签发人。由“签发人”三字加全角冒号和签发人姓名组成，居右空一字，编排在发文机关标志下空两行位置。“签发人”三字用3号仿宋体字，签发人姓名用3号楷体字。

（7）分隔线。分隔线即发文字号之下4mm处居中印一条与版心等宽的红色分隔线。

2. 主体

（1）标题。标题由发文机关、事由、文种三部分组成。一般用2号小标宋体字，编排于红色分隔线下空两行位置，分一行或多行居中排布；回行时，要做到词意完整，排列对称，长短适宜，间距恰当，标题排列应当使用梯形或菱形。

（2）主送机关。主送机关即发文机关要求对公文予以办理或答复的对方机关，也称“受文机关”。编排于标题下空一行位置，居左顶格，回行时仍顶格，最后一个机关名称后标全角冒号。如主送机关名称过多导致公文首页不能显示正文时，应当将主送机关名称移至版记。

（3）正文。正文是公文的主要内容，一般包括开头、主体和结尾三部分。

公文首页必须显示正文。一般用3号仿宋体字，编排于主送机关名称下一行，每个自然段左空二字，回行顶格。文中结构层次序数依次可以用“一、”“（一）”“1.”“（1）”标注；一般第一层用黑体字、第二层用楷体字、第三层和第四层用仿宋体字标注。

（4）附件说明。附件说明是附在文件之后，对文件内容起说明和补充作用的文字材料，它包括转发、报送的文件，随文颁发的规章、制度，以及文件中的报告、数据、人员名单等，它是文件的有机组成部分。

如有附件，在正文下空一行左空二字编排“附件”二字，后标全角冒号和附件名称。如有多个附件，使用阿拉伯数字标注附件顺序号（如“附件：1. ×××××”）；附件名称后不加标点符号。附件名称较长需回行时，应当与上一行附件名称的首字对齐。

（5）发文机关署名。

（6）成文日期。用阿拉伯数字将年、月、日标全，年份应标全称，月、日不编虚位（1 不编为 01）。

（7）印章。印章是公文生效的标识。

加盖印章的公文，成文日期一般右空四字编排，印章用红色，不得出现空白印章。

单一机关行文时，一般在成文日期之上、以成文日期为准居中编排发文机关署名，印章端正、居中下压发文机关署名和成文日期，使发文机关署名和成文日期居印章中心偏下位置，印章顶端应当上距正文（或附件说明）一行之内。

联合行文时，一般将各发文机关署名按照发文机关顺序整齐排列在相应位置，并将印章一一对应、端正、居中下压发文机关署名，最后一个印章端正、居中下压发文机关署名和成文日期，印章之间排列整齐、互不相交或相切，每排印章两端不得超出版心，首排印章顶端应当上距正文（或附件说明）一行之内。

联合行文时，应当先编排主办机关署名，其余发文机关署名依次向下编排。

（8）附注。公文中需要特殊加以说明的内容标注在此项，如说明阅读范围、解释名词术语等。如有附注，居左空二字加圆括号编排在成文日期下一行。

（9）附件。附件应当另面编排，并在版记之前，与公文正文一起装订。“附件”二字及附件顺序号用 3 号黑体字顶格编排在版心左上角第一行。附件标题居中编排在版心第三行。附件顺序号和附件标题应当与附件说明的表述一致。附件格式要求同正文。

如附件与正文不能一起装订，应当在附件左上角第一行顶格编排公文的发文字号并在其后标注“附件”二字及附件顺序号。

3. 版记

（1）版记中的分隔线。与版心等宽，首条分隔线和末条分隔线用粗线（推荐高度为0.35mm），中间的分隔线用细线（推荐高度为0.25mm）。首条分隔线位于版记中第一个要素之上，末条分隔线与公文最后一面的版心下边缘重合。

（2）抄送机关。抄送机关是指除主送机关以外的其他需要告知公文内容的机关。一般用4号仿宋体字，在印发机关和印发日期之上一行、左右各空一字编排。“抄送”二字后加全角冒号和抄送机关名称，回行时与冒号后的首字对齐，最后一个抄送机关名称后标句号。

如需把主送机关移至版记，除将“抄送”二字改为“主送”外，编排方法同抄送机关。既有主送机关又有抄送机关时，应当将主送机关置于抄送机关之上一行，之间不加分隔线。

（3）印发机关名称和印制日期。印发机关名称和印发日期一般用4号仿宋体字，编排在末条分隔线之上，印发机关名称左空一字，印发日期右空一字，用阿拉伯数字将年、月、日标全，年份应标全称，月、日不编虚位（1不编为01），后加“印发”二字。

（4）页码。一般用4号半角宋体阿拉伯数字，编排在公文版心下边缘之下，数字左右各放一条一字线；一字线上距版心下边缘7mm。单页码居右空一字，双页码居左空一字。公文的版记页前有空白页的，空白页和版记页均不编排页码。公文的附件与正文一起装订时，页码应当连续编排。

（二）公文的特定格式

1. 信函格式

发文机关标志使用发文机关全称或者规范化简称，居中排布，上边缘至上页边为30mm，推荐使用红色小标宋体字。联合行文时，使用主办机关标志。

发文机关标志下 4mm 处印一条红色双线（上粗下细），距下页边 20mm 处印一条红色双线（上细下粗），线长均为 170mm，居中排布。

如需标注份号、密级和保密期限、紧急程度，应当顶格居版心左边缘编排在第一条红色双线下，按照份号、密级和保密期限、紧急程度的顺序自上而下分行排列，第一个要素与该线的距离为 3 号汉字高度的 7/8。

发文字号顶格居版心右边缘编排在第一条红色双线下，与该线的距离为 3 号汉字高度的 7/8。

标题居中编排，与其上最后一个要素相距两行。

第二条红色双线上一行如有文字，与该线的距离为 3 号汉字高度的 7/8。

首页不显示页码。

版记不加印发机关和印发日期、分隔线，位于公文最后一面版心内最下方。

2. 命令格式

发文机关标志由发文机关全称加“命令”或“令”字组成，居中排布，上边缘至版心上边缘为 20mm，推荐使用红色小标宋体字。

发文机关标志下空两行居中编排令号，令号下空两行编排正文。

3. 会议纪要格式

纪要标志为“×××××纪要”，居中排布，上边缘至版心上边缘为 35mm，推荐使用红色小标宋体字。

标注出席人员名单，一般用 3 号黑体字，在正文或附件说明下空一行左空二字编排“出席”二字，后标全角冒号，冒号后用 3 号仿宋体字标注出席人单位、姓名，回行时与冒号后的首字对齐。

标注请假和列席人员名单，除依次另起一行并将“出席”二字改为“请假”或“列席”外，编排方法同出席人员名单。

纪要格式可以根据实际制订。

（三）公文的排版规格与印制装订要求

1. 排版规格

正文使用 3 号仿宋体字，一般每面排 22 行，每行排 28 个字。

2. 用纸要求

公文用纸采用 A4 型，幅面尺寸为 210mm×297mm。

3. 装订要求

公文应左侧装订，不掉页。包本公文的封面与书芯不脱落，后背平整、不空。两页页码之间误差不超过4mm。

六、党政机关公文的行文规则

（一）行文的总规则

（1）行文应当确有必要，讲求实效，注重针对性和可操作性。

（2）行文关系根据隶属关系和职权范围确定。一般不得越级行文，特殊情况需要越级行文的，应当同时抄送被越过的机关。

（二）下行文规则

（1）主送受理机关，根据需要抄送相关机关。重要行文应当同时抄送发文机关的直接上级机关。

（2）党委、政府的办公厅（室）根据本级党委、政府授权，可以向下级党委、政府行文，其他部门和单位不得向下级党委、政府发布指令性公文或者在公文中向下级党委、政府提出指令性要求。需经政府审批的具体事项，经政府同意后可以由政府职能部门行文，文中须注明已经政府同意。

（3）党委、政府的部门在各自职权范围内可以向下级党委、政府的相关部门行文。

（4）涉及多个部门职权范围内的事务，部门之间未协商一致的，不得向下行文；擅自行文的，上级机关应当责令其纠正或者撤销。

（5）上级机关向受双重领导的下级机关行文，必要时抄送该下级机关的另一个上级机关。

（三）上行文规则

（1）原则上主送一个上级机关，根据需要同时抄送相关上级机关和同级机关，不得抄送下级机关。

（2）党委、政府的部门向上级主管部门请示、报告重大事项，应当经本级党委、政府同意或者授权；属于部门职权范围内的事项应当直接报送上级主管部门。

（3）下级机关的请示事项，如需以本机关名义向上级机关请示，应当提出倾向性意见后上报，不得原文转报上级机关。

（4）请示应当一文一事。不得在报告等非请示性公文中夹带请示事项。

（5）除上级机关负责人直接交办的事项外，不得以本机关名义向上级机关负责人报送公文，不得以本机关负责人名义向上级机关报送公文。

（6）受双重领导的机关向一个上级机关行文，必要时抄送另一个上级机关。

（四）联合行文规则

（1）同级党政机关、党政机关与其他同级机关必要时可以联合行文。

（2）属于党委、政府各自职权范围内的工作，不得联合行文。

（五）其他行文规则

（1）党委、政府的部门依据职权可以相互行文。

（2）部门内设机构除办公厅（室）外不得对外正式行文。

思考和练习

一、填空

1. 公文的书面格式是指________________________________。

2. 公文的特定格式有__________格式、__________格式、__________格式。

3. 公文的行文方向有________________________________。

4. 公文行文的总规则是________________________________。

5. 向上级行文有__________条规则。

6. 向下级行文有__________条规则。

7. 联合行文的规则是________________________________。

8. 最新的《党政机关公文处理工作条例》自______________起实施。

二、绘制一幅党政机关下行公文格式

第二节 决定

一、决定的概念

决定适用于对重要事项做出决策和部署，奖惩有关单位和人员，变更或者撤销下级机关不适当的决定事项。各级党政机关对于自己职权范围内的事项或工作做出肯定或否定性的结论、做出规划和安排时，都可以使用决定。决定是下行文，具有指导工作的作用。

二、决定的特点

决定通常有以下三个特点。

1. 政策性

决定都是上级机关作出的政策性和法规性非常强的行政安排，其内容本身就是一个政策，需要执行部门贯彻执行。如《国务院关于实施动产和权利担保统一登记的决定》就是国务院针对动产登记做出的一个重要决定，要求全国各地贯彻落实，具有非常强的政策性。

2. 权威性

决定都由权力机关或上级行政机关，如政府、国务院等管理部门所制发，它们的权力是国家赋予的，发出的决定代表的是整个国家的意志。决定一经发出，就对受文单位具有很强的约束力，必须遵照执行。

3. 全局性

决定的行文对象有一定的普遍性。它所涉及的事项和解决的问题如“依法行政”“西部开发”等都是事关全局的重要问题，体现了决定的全局性特点。

三、决定的分类

根据内容和作用的不同，决定主要有以下三类。

1. 安排性决定

对重要事项或重大行动作出安排的决定。

2. 奖惩性决定

奖惩有关单位及人员的决定。

3. 变更或撤销性决定

变更或撤销下级机关不适当决定事项的决定。

四、决定的写作格式

决定一般由标题、正文、落款三个部分组成。

1. 标题

标题的形式一般是由发文机关、事由和文种组成，第一行居中写明，如《山西省人民代表大会常务委员会关于批准〈太原市旅游条例〉的决定》。

如果是会议通过的决定，在标题正下方用括号注明“××××年×月×日××会议讨论通过”字样。

2. 正文

决定的正文一般由开头、主体、结尾三部分组成。

（1）开头。简要交代决定的缘由。

（2）主体。包括决定的内容，落实决定的要求和措施等。

（3）结尾。用于提出希望、要求或执行说明。

有的决定需要带附件，附件名称应书写在正文之后、发文机关之前，附件附在决定之后。

3. 落款

正文下居右写明发文机关的名称及成文日期。决定的成文时间是指发布决定的时间。

五、决定的写作要求

1. 措辞简洁明确

撰写决定要用简短准确的文字表达完整的意思，既显示出决定内容的重要性，也能使相关人员易于理解和领会决定的精神。

2. 要求明确可行

决定是上级机关对下级机关作出的指示，应该将相关事项要求和措施写清楚，要求明确，具有可执行性。

例文 1

国务院关于实施动产和权利担保统一登记的决定

国发〔2020〕18号

各省、自治区、直辖市人民政府，国务院各部委、各直属机构：

为贯彻落实党中央、国务院决策部署，进一步提高动产和权利担保融资效率，优化营商环境，促进金融更好服务实体经济，现作出如下决定：

一、自2021年1月1日起，在全国范围内实施动产和权利担保统一登记。

二、纳入动产和权利担保统一登记范围的担保类型包括：

（一）生产设备、原材料、半成品、产品抵押；

（二）应收账款质押；

（三）存款单、仓单、提单质押；

（四）融资租赁；

（五）保理；

（六）所有权保留；

（七）其他可以登记的动产和权利担保，但机动车抵押、船舶抵押、航空器抵押、债券质押、基金份额质押、股权质押、知识产权中的财产权质押除外。

三、纳入统一登记范围的动产和权利担保，由当事人通过中国人民银行征信中心（以下简称“征信中心”）动产融资统一登记公示系统自主办理登记，并对登记内容的真实性、完整性和合法性负责。登记机构不对登记内容进行实质审查。

四、中国人民银行要加强对征信中心的督促指导。征信中心具体承担服务性登记工作，不得开展事前审批性登记。征信中心要做好系统建设和维护工作，保障系统安全、稳定运行，建立高效运转的服务体系，不断提高服务效率和质量。

五、国家市场监督管理总局不再承担“管理动产抵押物登记”职责。中国人民银行负责制定生产设备、原材料、半成品、产品抵押和应收账款质押统一登记制度，推进登记服务便利化。中国人民银行、国家市场监督管理总局应当明确生产设备、原材料、半成品、产品抵押登记的过渡安排，妥善做好存量信息的查询、变更、注销服务和数据移交工作，确保有关工作的连续性、稳定性、有效性。

各地区、各相关部门要相互协作、密切配合，认真落实本决定部署的各项工作，努力优化营商环境。

国务院

2020 年 12 月 22 日

［资料来源：国务院关于实施动产和权利担保统一登记的决定。政府信息公开专栏（www. gov. cn）。］

例文 2

山西省人民代表大会常务委员会关于批准《太原市旅游条例》的决定

（2021 年 9 月 29 日山西省第十三届人民代表大会常务委员会第三十一次会议通过）

山西省第十三届人民代表大会常务委员会第三十一次会议审议了太原市第十四届人民代表大会常务委员会第四十五次会议于 2021 年 5 月 13 日通过的《太原市旅游条例》，决定予以批准。

［资料来源：山西省人民代表大会常务委员会关于批准《太原市旅游条例》的决定（sxpc. gov. cn）。］

思考和练习

一、选择

1. 决定具有指导工作的作用，是典型的（　　）

A. 上行文　　B. 下行文　　C. 平行文

2. 决定对受文单位具有很强的约束力，必须遵照执行，是因为其由权力机关制发，具有（　　）

A. 权威性　　B. 政策性　　C. 全局性

3.《国务院关于实施动产和权利担保统一登记的决定》属于（　　）

A. 安排性决定　　B. 奖惩性决定　　C. 变更性决定

二、判断

1. 决定的标题一般是由发文机关、事由和文种组成。(　　)

2. 决定也可用于平级机关之间。(　　)

3. 决定是上级机关对下级机关作出的指示，应该要求明确，具有可执行性。(　　)

第三节　公告

一、公告的概念

公告适用于向国内外宣布重要事项或者法定事项。公告是下行文，一般作为新闻稿件在电视台、报纸或网络媒体上发布，有的可以张贴在公众场所。

二、公告的特点

公告与一般下发的公文有所区别，具有以下三个特点。

1. 庄重性

公告一般由国家权力机关或较高级别的行政机关制定并发布，内容多涉及政治、经济、军事、国家领导人行动或与人民群众利益密切相关的重大事情，有的还需向国外宣布，因此非常庄重严肃。在撰写公告时，一定要注意措辞，谨慎表达。

2. 广泛性

公告通过张贴或媒体发布的方式向国内外或广大人民群众发布，其目的是使需要周知的人群了解公告的内容，其发布范围具有广泛性。

3. 新闻性

公告是宣布重要事项时使用的，经常作为新闻事件在媒体上发布，内容具备新闻的特点。

三、公告的分类

公告根据内容和性质的不同，大体可以分为以下三种。

1. 知照性公告

通常用于公布重大事项，需要一定范围内的人知晓。

2. 发布性公告

通常用于发布法律、法令、法规和其他重要法律公文。

3. 事项性公告

用于公布需要社会和群众广为周知的公务事项，并向其提出规定和要求的一种公告。

四、公告的写作格式

公告一般由标题、发文字号、正文、落款四个部分组成。

1. 标题

公告的标题一般有以下三种形式：

（1）完全式标题。写明发文机关、事由和文种，如《市场监管总局关于规范新能源汽车检测收费的公告》。

（2）省略式标题。写明发文机关和文种，省去发文事由，如《国务院公告》。

（3）单独以文种名称做标题，如《公告》。标题采用此种形式时，务必要在落款处注明发文机关。

2. 发文字号

公告的发文字号有的使用流水号，如“第1号”“第2号”，即表示该届人大或政府所发公告的顺序号；有的公告则可以不使用发文字号。

3. 正文

正文是公告的主体和核心部分，其写法视内容而定。

（1）写明制发公告的根据、理由或目的，说明为什么要制发这个公告。

（2）写明宣布的重要事项是什么，包括时间、地点、人物、主要情况、结果、立场、态度等。

（3）结尾可写“特此公告”“现予公告”等字样。

4. 落款

在正文右下角写明制发公告的机关名称（发文机关）和日期。如果在标题中已经写明制发公告的机关名称，落款时可以略去不写。

五、公告的写作要求

（1）行文简洁明了，概括主要事项。

（2）用词准确、严谨，语言庄重而得体，表达清晰、条理性强。

例文1　知照性公告

国务院公告

为表达全国各族人民对抗击新冠肺炎疫情斗争牺牲烈士和逝世同胞的深切哀悼，国务院决定，2020年4月4日举行全国性哀悼活动。在此期间，全国和驻外使领馆下半旗致哀，全国停止公共娱乐活动。4月4日10时起，全国人民默哀3分钟，汽车、火车、舰船鸣笛，防空警报鸣响。

[资料来源：国务院公告。政府信息公开专栏（www.gov.cn）]

例文2　发布性公告

山西省人民代表大会常务委员会公告（第七十一号）

《山西省预防和制止餐饮浪费规定》已由山西省第十三届人民代表大会常务委员会第二十二次会议于2021年1月15日通过，现予公布，自2021年3月1日起施行。

山西省人民代表大会常务委员会

2021年1月15日

[资料来源：山西省人民代表大会常务委员会公告（第七十一号）。山西人大（sxpc.gov.cn）]

例文 3　事项性公告

市场监管总局关于规范新能源汽车检测收费的公告

2021 年第 32 号

党中央明确要求“支持新能源汽车加快发展”。随着新能源汽车市场保有量不断增长，检测服务需求日益旺盛，优化检测项目设计、规范车辆检测收费成为促进新能源汽车发展的重要因素。近期，市场监管总局组织对北京市、上海市、重庆市、深圳市、杭州市、济南市、武汉市、长沙市、成都市、昆明市、九江市等 11 个城市机动车检测收费情况进行了抽查，发现部分城市在纯电动汽车检测收费中不列明具体服务项目和收费标准，将不应收取的“尾气检测费”打包进年检费一并收取。为贯彻落实党中央决策部署，规范新能源汽车检测收费，维护机动车检测服务市场秩序，减轻群众负担，现将有关事项公告如下：

一、各机动车检测机构要严格按照《价格法》《关于商品和服务实行明码标价的规定》等有关规定，规范价格收费行为。对于可分解为多个项目和标准的服务，应当明确标示每一个项目和标准，禁止混合标价或者捆绑销售。对机动车检测不区分环保检测、安全检测等具体服务项目，采取打包收费、“一口价”等收费形式的，属于捆绑销售，违反明码标价相关规定。

二、各机动车检测机构要根据新能源汽车结构特点，设立真实合理的检测收费项目，列明服务内容，做到明码标价、诚信经营，不得就未真实提供的服务收取费用。

三、市场监管部门要加强对机动车检测检验收费行为的监督检查，严肃查处哄抬价格、串通涨价、不明码标价等价格违法行为。

四、行业协会要加大指导力度，发挥好政策宣传、沟通协作、指导引导作用，强化行业自律。

五、鼓励和支持群众积极监督价格违法行为，及时通过全国 12315 平台或者热线投诉举报。

市场监管总局
2021 年 8 月 23 日

［资料来源：市场监管总局关于规范新能源汽车检测收费的公告。中国政府网（www. gov. cn）］

思考和练习

一、填空

1. 通常用于公布重大事项的公告属于（　　）公告。

2. 公告一般由（　　）或较高级别的行政机关制定并发布，具有庄重性特点。

3. 公告的写作一般由（　　）（　　）（　　）（　　）四部分构成。

二、判断

1. 有的公告可以不使用发文字号。（　　）

2. 公告不可以单独用文种做标题。（　　）

3. 公告写作语言一定要准确严谨，庄重得体。（　　）

第四节　通告

一、通告的概念

通告适用于在一定范围内公布应当遵守或者周知的事项，是各级机关、团体常用的具有一定约束力和知照性的下行文。

二、通告的特点

通告通常具有以下三个特点：

1. 公开性

通告是用来发布要求一定范围内的人们或特定的人群普遍知晓有关政策法令或事项的。通告发布形式灵活，可以以张贴的形式或者报纸、广播、电视等新闻媒体的形式发布，还可以以文件的形式下达。

2. 针对性

通告往往针对实际业务活动发布，内容专门性、针对性强。

3. 强制性

一些由行政领导机关或职能机构发布的法规政策性通告，常就某些事项作出规定限制，或宣布某些必须遵守的事项，带有一定的强制性，对一定范围内的公众具有法规约束力。

三、通告的分类

根据不同的分类标准，通告有不同的种类名称。

1. 按其内容不同

可分为全国范围内的重大法规性通告和针对专门问题或某一项工作发布的通告。

2. 按其效用不同

可分为制约性通告和周知性通告。

四、通告的写作格式

通告一般由标题、正文、落款三个部分组成。

1. 标题

通告的标题一般有以下三种形式：

（1）由发文机关、事由和文种三个要素组成，如《工业和信息化部　公安部关于依法清理整治涉诈电话卡、物联网卡以及关联互联网账号的通告》。

（2）由发文机关、文种组成，如《中华人民共和国公安部通告》。

（3）由事由、文种组成，如《关于维护学院秩序的通告》。

2. 正文

通告的正文一般由通告缘由、通告事项和结语三个部分组成。

（1）通告缘由。简要说明制发通告的依据、原因、目的。依据有法律政策依据和理论事实依据两种。常用“特通告如下”或“现就××问题，通告如下”引出通告的事项。

（2）通告事项。事项为须知和遵守的内容，比较简单，可采用篇段合一的结构。内容较复杂的，常采用分条列项的方法，逐层阐明。

（3）结语。交代执行时间、执行范围和有效期限以及对群众的号召、希望和要求。多用“特此通告”作结。

3. 落款

写明制发通告的机关名称或规范化简称、成文日期。

五、通告的写作要求

通告的写作要求一般有以下几点：

（1）事项要明确清楚；

（2）与政策联系紧密；

（3）语言通俗易懂。

例文　制约性通告

工业和信息化部　公安部关于依法清理整治涉诈电话卡、物联网卡以及关联互联网账号的通告

工信部联网安函〔2021〕133号

为深入贯彻落实党中央、国务院决策部署，坚决遏制电信网络诈骗犯罪高发多发态势，切实维护广大人民群众合法权益，按照《中华人民共和国刑法》《中华人民共和国治安管理处罚法》《中华人民共和国网络安全法》《互联网信息服务管理办法》等相关法律法规要求，现就依法清理整治涉诈电话卡、物联网卡以及关联互联网账号有关事项通告如下：

一、凡是实施非法办理、出租、出售、购买和囤积电话卡、物联网卡以及关联互联网账号的相关人员，自本通告发布之日起，应停止相关行为，并于2021年6月底前主动注销相关电话卡、物联网卡以及关联互联网账号。对通告发布后仍然进行上述非法行为的人员，将依法依规予以

惩处。

二、电信主管部门、公安机关将持续深入推进“断卡行动”，以零容忍态度，依法严厉打击非法办理、出租、出售、购买和囤积电话卡、物联网卡以及关联互联网账号的行为，全力清理涉诈号卡资源。

三、电信企业、互联网企业应按照“谁开卡、谁负责，谁接入、谁负责，谁运营、谁负责”的原则，严格落实网络信息安全主体责任，加强电话卡、物联网卡、互联网账号的实名制管理，加强涉诈网络信息监测处置，强化风险防控。

四、电信企业应建立电话卡“二次实人认证”工作机制，针对涉诈电话卡、“一证（身份证）多卡”“睡眠卡”“静默卡”、境外诈骗高发地卡、频繁触发预警模型等高风险电话卡，提醒用户在24小时内通过电信企业营业厅或线上方式进行实名核验，在规定期限内未核验或未通过核验的，暂停电话卡功能，有异议的可进行投诉反映，经核验通过的恢复功能。通过电信企业营业厅认证的，电信企业应要求用户现场签署涉诈风险告知书；采用线上方式认证的，电信企业应要求用户阅读勾选涉诈风险告知书，录制留存用户朗读知晓涉诈法律责任的认证视频。

五、互联网企业应根据公安机关、电信主管部门有关要求，对涉案电话卡、涉诈高风险电话卡所关联注册的微信、QQ、支付宝、淘宝等互联网账号依法依规进行实名核验，对违法违规账号及时采取关停等处置措施。

六、公安机关统一负责用户投诉受理、涉卡违法犯罪线索举报等事项，全国统一受理电话为96110。

广大人民群众要提高风险防范意识，配合开展此次清理整治工作，并积极向公安机关举报涉及电话卡、物联网卡以及关联互联网账号的违法犯罪线索。

特此通告。

工业和信息化部　公安部

2021年6月2日

思考和练习

一、填空

1. 通告是各级机关、团体常用的具有一定约束力和知照性的（　　）。

2. 通告通常具有（　　）（　　）（　　）三个特点。

3. 通告正文要写清楚（　　）（　　）（　　）三部分内容。

二、判断

1. 通告发布形式灵活，可张贴，可登报，可广播，可用文件形式下达。(　　)

2. 通告可发布的内容很广泛，专门性和针对性不强。(　　)

3. 一些职能机构发布的法规政策性通告，带有一定的强制性，对一定范围内的公众具有法规约束力。(　　)

第五节　意见

一、意见的概念

意见适用于对重要问题提出见解和处理办法。意见可以上行、下行，也可以平行，既有报请性也有指挥性。一般情况下行文居多，发送给下级机关执行办理。作为上行文时，作用类似于请示，可以向上级提出对某个重要问题的见解和处理办法，上级可以进行批复。

二、意见的特点

意见有以下三个特点。

1. 指导性

意见要符合党的路线、方针、政策，又要结合具体的实际情况，理论联系实际，意见正确、办法具体可行，才能发挥指导工作的作用。意见是指导性很强的公文，对受文机关有较强的约束力，下级机关要遵照执行。

2. 针对性

意见的制定、发布取决于工作需要或出现的某些问题，针对具体工作和问题提出见解和处理办法，不能泛泛而谈，分析见解深刻、写作上针对性强，才能提出有效意见。

3. 明确性

意见往往是针对工作中急需解决的重要问题或必须防止的主要错误倾向而制发的，因此，它提出问题要明确，分析问题要切合实际，提出办法要对症下药，这样才能便于贯彻执行。

三、意见的分类

意见根据内容和性质不同，可分为以下三种。

1. 建议性意见

用于向上级或平级机关提出建议。

2. 质疑性意见

向同级或下属单位提出不同看法。

3. 工作性意见

向下级机关布置工作，提出工作措施和要求。

四、意见的写作格式

意见由标题、主送机关、正文、落款四个部分组成。

1. 标题

意见的标题有以下三种形式：

（1）由发文机关、事由和文种组成，如《国务院办公厅关于进一步支持大学生创新创业的指导意见》。

（2）由事由和文种组成，如《关于加强公园管理工作的意见》。

（3）文种前面加“若干”或“几点”等字样，如《对经济工作的几点意见》。

2. 主送机关

意见的主送机关是意见的具体执行机关和部门。

3. 正文

意见的正文由发送意见的缘由、针对问题或事件的具体意见、结尾三部分组成。

（1）发送意见的缘由。简单说明因何发布意见，如“为提升大学生创新创业能力、增强创新活力，进一步支持大学生创新创业，经国务院同意，现提出以下意见”。

（2）针对问题或事件的具体意见。这部分要提出针对相关问题的具体解决方案和步骤。如果内容复杂，可以分条罗列，将具体意见层次分明地表述出来。

（3）结尾。提出希望和要求，要求下级机关严格按照意见执行，将工作或事件处理妥当。

4. 落款

在正文的右下方注明发文机关的名称和成文日期。

五、意见的写作要求

意见的写作要求有以下几点：

（1）内容要具体，条理要清晰；

（2）内容具有可行性和科学性；

（3）语言表达严谨、平实准确。

例文

国务院办公厅关于进一步支持大学生创新创业的指导意见

国办发〔2021〕35号

各省、自治区、直辖市人民政府，国务院各部委、各直属机构：

纵深推进大众创业万众创新是深入实施创新驱动发展战略的重要支撑，大学生是大众创业万众创新的生力军，支持大学生创新创业具有重要意义。近年来，越来越多的大学生投身创新创业实践，但也面临融资难、经验少、服务不到位等问题。为提升大学生创新创业能力、增强创新活力，进一步支持大学生创新创业，经国务院同意，现提出以下意见：

一、总体要求

以习近平新时代中国特色社会主义思想为指导，深入贯彻落实党的十九大和十九届二中、三中、四中、五中全会精神，全面贯彻党的教育方针，落实立德树人根本任务，立足新发展阶段、贯彻新发展理念、构建新发展格局，坚持创新引领创业、创业带动就业，支持在校大学生提升创新创业能力，支持高校毕业生创业就业，提升人力资源素质，促进大学生全面发展，实现大学生更加充分更高质量就业。

二、提升大学生创新创业能力

（一）将创新创业教育贯穿人才培养全过程。深化高校创新创业教育改革，健全课堂教学、自主学习、结合实践、指导帮扶、文化引领融为一体的高校创新创业教育体系，增强大学生的创新精神、创业意识和创新创业能力。建立以创新创业为导向的新型人才培养模式，健全校校、校企、校地、校所协同的创新创业人才培养机制，打造一批创新创业教育特色示范课程（教育部牵头，人力资源社会保障部等按职责分工负责）。

（二）提升教师创新创业教育教学能力。强化高校教师创新创业教育教学能力和素养培训，改革教学方法和考核方式，推动教师把国际前沿学术发展、最新研究成果和实践经验融入课堂教学。完善高校双创指导教师到行业企业挂职锻炼的保障激励政策。实施高校双创校外导师专项人才计划，探索实施驻校企业家制度，吸引更多各行各业优秀人才担任双创导师。支持建设一批双创导师培训基地，定期开展培训（教育部牵头，人力资源社会保障部等按职责分工负责）。

（三）加强大学生创新创业培训。打造一批高校创新创业培训活动品牌，创新培训模式，面向大学生开展高质量、有针对性的创新创业培训，提升大学生创新创业能力。组织双创导师深入校园举办创业大讲堂，进行创业政策解读、经验分享、实践指导等。支持各类创新创业大赛对大学生创业者给予倾斜（人力资源社会保障部、教育部等按职责分工负责）。

三、优化大学生创新创业环境

（四）降低大学生创新创业门槛。持续提升企业开办服务能力，为大学生创业提供高效便捷的登记服务。推动众创空间、孵化器、加速器、产业园全链条发展，鼓励各类孵化器面向大学生创新创业团队开放一定比例的免费孵化空间，并将开放情况纳入国家级科技企业孵化器考核评价，降低大学生创新创业团队入驻条件。政府投资开发的孵化器等创业载体应安排30%左右的场地，免费提供给高校毕业生。有条件的地方可对高校毕业生到孵化器创业给予租金补贴（科技部、教育部、市场监管总局等和地方各级人民政府按职责分工负责）。

（五）便利化服务大学生创新创业。完善科技创新资源开放共享平台，强化对大学生的技术创新服务。各地区、各高校和科研院所的实验室以及科研仪器、设施等科技创新资源可以面向大学生开放共享，提供低价、优质的专业服务，支持大学生创新创业。支持行业企业面向大学生发布企业需求清单，引导大学生精准创新创业。鼓励国有大中型企业面向高校和大学生发布技术创新需求，开展“揭榜挂帅”（科技部、发展改革委、教育部、国资委等按职责分工负责）。

（六）落实大学生创新创业保障政策。落实大学生创业帮扶政策，加大对创业失败大学生的扶持力度，按规定提供就业服务、就业援助和社会救助。加强政府支持引导，发挥市场主渠道作用，鼓励有条件的地方探索建立大学生创业风险救助机制，可采取创业风险补贴、商业险保费补助等方式予以支持，积极研究更加精准、有效的帮扶措施，及时总结经验、适时推广。毕业后创业的大学生可按规定缴纳“五险一金”，减少大学生创业的后顾之忧（人力资源社会保障部、教育部、财政部、民政部、医保局等和地方各级人民政府按职责分工负责）。

四、加强大学生创新创业服务平台建设

（七）加强高校创新创业实践平台。充分发挥大学科技园、大学生创业园、大学生创客空间等校内创新创业实践平台作用，面向在校大学生免费开放，开展专业化孵化服务。结合学校学科专业特色优势，联合有关行业企业建设一批校外大学生双创实践教学基地，深入实施大学生创新创业训练计划（教育部、科技部、人力资源社会保障部等按职责分工负责）。

（八）提升大众创业万众创新示范基地带动作用。加强双创示范基地建设，深入实施创业就业“校企行”专项行动，推动企业示范基地和高校示范基地结对共建、建立稳定合作关系。指导高校示范基地所在城市主动规划和布局高校周边产业，积极承接大学生创新成果和人才等要素，打造“城校共生”的创新创业生态。推动中央企业、科研院所和相关公共服务机构利用自身技术、人才、场地、资本等优势，为大学生建设集研发、孵化、投资等于一体的创业创新培育中心、互联网双创平台、孵化器和科技产业园区（发展改革委、教育部、科技部、国资委等按职责分工负责）。

五、推动落实大学生创新创业财税扶持政策

（九）继续加大对高校创新创业教育的支持力度。在现有基础上，加大教育部中央彩票公益金大学生创新创业教育发展资金支持力度。加大中央高校教育教学改革专项资金支持力度，将创新创业教育和大学生创新创业情况作为资金分配重要因素（财政部、教育部等按职责分工负责）。

（十）落实落细减税降费政策。高校毕业生在毕业年度内从事个体经营，符合规定条件的，在3年内按一定限额依次扣减其当年实际应缴纳的增值税、城市维护建设税、教育费附加、地方教育附加和个人所得税；对月销售额15万元以下的小规模纳税人免征增值税，对小微企业和个体工商户按规定减免所得税。对创业投资企业、天使投资人投资于未上市的中小高新技术企业以及种子期、初创期科技型企业的投资额，按规定抵扣所得税应纳税所得额。对国家级、省级科技企业孵化器和大学科技园以及国家备案众创空间按规定免征增值税、房产税、城镇土地使用税。做好纳税服务，建立对接机制，强化精准支持（财政部、税务总局等按职责分工负责）。

六、加强对大学生创新创业的金融政策支持

（十一）落实普惠金融政策。鼓励金融机构按照市场化、商业可持续原则对大学生创业项目提供金融服务，解决大学生创业融资难题。落实创业担保贷款政策及贴息政策，将高校毕业生个人最高贷款额度提高至20万元，对10万元以下贷款、获得设区的市级以上荣誉的高校毕业生创业者免除反担保要求；对高校毕业生设立的符合条件的小微企业，最高贷款额度提高至300万元；降低贷款利率，简化贷款申报审核流程，提高贷款便利性，支持符合条件的高校毕业生创业就业。鼓励和引导金融机构加快产品和服务创新，为符合条件的大学生创业项目提供金融服务（财政部、人力资源社会保障部、人民银行、银保监会等按职责分工负责）。

（十二）引导社会资本支持大学生创新创业。充分发挥社会资本作用，以市场化机制促进社会资源与大学生创新创业需求更好对接，引导创新创业平台投资基金和社会资本参与大学生创业项目早期投资与投智，助力大学生创新创业项目健康成长。加快发展天使投资，培育一批天使投资人和创业投资机构。发挥财政政策作用，落实税收政策，支持天使投资、创业投资发展，推动大学生创新创业（发展改革委、财政部、税务总局、证监会等按职责分工负责）。

七、促进大学生创新创业成果转化

（十三）完善成果转化机制。研究设立大学生创新创业成果转化服务机构，建立相关成果与行业产业对接长效机制，促进大学生创新创业成果在有关行业企业推广应用。做好大学生创新项目的知识产权确权、保护等工作，强化激励导向，加快落实以增加知识价值为导向的分配政策，落实成果转化奖励和收益分配办法。加强面向大学生的科技成果转化培训课程建设（科技部、教育部、知识产权局等按职责分工负责）。

（十四）强化成果转化服务。推动地方、企业和大学生创新创业团队加强合作对接，拓宽成果转化渠道，为创新成果转化和创业项目落地提供帮助。鼓励国有大中型企业和产教融合型企业利用孵化器、产业园等平台，支持高校科技成果转化，促进高校科技成果和大学生创新创业项目落地发展。汇集政府、企业、高校及社会资源，加强对中国国际“互联网+”大学生创新创业大赛中涌现的优秀创新创业项目的后续跟踪支持，落实科技成果转化相关税收优惠政策，推动一批大赛优秀项目落地，支持获奖项目成果转化，形成大学生创新创业示范效应（教育部、科技部、发展改革委、财政部、国资委、税务总局等按职责分工负责）。

八、办好中国国际“互联网+”大学生创新创业大赛

（十五）完善大赛可持续发展机制。鼓励省级人民政府积极承办大赛，压实主办职责，进一步加强组织领导和综合协调，落实配套支持政策和条件保障。坚持政府引导、公益支持，支持行业企业深化赛事合作，拓宽办赛资金筹措渠道，适当增加大赛冠名赞助经费额度。充分利用市场化方式，研究推动中央企业、社会资本发起成立中国国际“互联网+”大学生创新创业大赛项目专项发展基金（教育部、国资委、证监会、建设银行等按职责分工负责）。

（十六）打造创新创业大赛品牌。强化大赛创新创业教育实践平台作用，鼓励各学段学生积极参赛。坚持以赛促教、以赛促学、以赛促创，丰富竞赛形式和内容。建立健全中国国际“互联网+”大学生创新创业大赛与各级各类创新创业比赛联动机制，推进大赛国际化进程，搭建全球性创新创业竞赛平台，深化创新创业教育国际交流合作（教育部等按职责分工负责）。

九、加强大学生创新创业信息服务

（十七）建立大学生创新创业信息服务平台。汇集创新创业帮扶政策、产业激励政策和全国创新创业教育优质资源，加强信息资源整合，做好国家和地方的政策发布、解读等工作。及时收集国家、区域、行业需求，为大学生精准推送行业和市场动向等信息。加强对创新创业大学生和项目的跟踪、服务，畅通供需对接渠道，支持各地积极举办大学生创新创业项目需求与投融资对接会（教育部、发展改革委、人力资源社会保障部等按职责分工负责）。

（十八）加强宣传引导。大力宣传加强高校创新创业教育、促进大学生创新创业的必要性、重要性。及时总结推广各地区、各高校的好经验好做法，选树大学生创新创业成功典型，丰富宣传形式，培育创客文化，营造敢为人先、宽容失败的环境，形成支持大学生创新创业的社会氛围。做好政策宣传宣讲，推动大学生用足用好税费减免、企业登记等支持政策（教育部、中央宣传部牵头，地方各级人民政府、各有关部门按职责分工负责）。

各地区、各有关部门要认真贯彻落实党中央、国务院决策部署，抓好本意见的贯彻落实。教育部要会同有关部门加强协调指导，督促支持大学生创新创业各项政策的落实，加强经验交流和推广。地方各级人民政府要加强组织领导，深入了解情况，优化创新创业环境，积极研究制定和落实支持大学生创新创业的政策措施，及时帮助大学生解决实际问题。

国务院办公厅

2021 年 9 月 22 日

［资料来源：国务院办公厅关于进一步支持大学生创新创业的指导意见（国办发〔2021〕35 号）。政府信息公开专栏（www. gov. cn）］

思考和练习

一、选择

1. 根据内容和性质的不同，常见的意见种类有（　　）。

A. 建议性　　B. 质疑性　　C. 工作性　　D. 答复性

2. 意见标题的构成方式有（　　）。

A. 发文机关+事由+文种

B. 事由+文种

C. 事由+若干（或几点）+文种

D. 发文机关+文种

3. 意见的主要特点是（　　）。

A. 指导性　　B. 针对性　　C. 明确性　　D. 真实性

二、判断

1. 意见适用于对重要问题提出见解和处理办法。(　　)

2. 意见对收文机关没有较强约束力，收文机关可执行，也可不执行。(　　)

3. 意见是对具体工作和问题提出见解和处理办法的，不能泛泛而谈，必须具有可行性和科学性。(　　)

第六节　通报

一、通报的概念

通报适用于表彰先进、批评错误、传达重要精神和告知重要情况。通报是用来互通情况、沟通信息、学习先进典型经验和吸取他人教训的。

二、通报的特点

通报具有典型性、真实性和引导性的特点。

1. 典型性

通报无论是表彰好人好事，还是批评坏人坏事，都是有一定影响力的，具有一定的代表性，能够反映、揭示事物的本质规律，在一定范围内起着教育干部和群众的作用。

2. 真实性

通报的内容要真实确凿，不能弄虚作假；要用事实和数据说话，切忌空泛议论。

3. 引导性

无论是表彰先进，还是批评错误或者通报情况，通报都有很强的指导作用和教育引导意义。

三、通报的分类

根据内容不同，通报可以分为以下三类。

1. 表彰性通报

适用于表彰先进单位和个人，介绍先进经验或事迹，点明实质，提出希望、要求，号召大家向其学习。

2. 批评性通报

适用于批评、处分错误，以示警诫，要求被通报者和大家吸取教训。

3. 情况通报

适用于在一定范围内传达重要情况和动向，目的是指导当前工作。

四、通报的写作格式

通报主要由标题、主送机关、正文和落款四个部分组成。

1. 标题

通报的标题有以下四种形式：

（1）由主送机关名称、事由和文种组成，如《国务院办公厅关于对少数地方和单位违反国家规定集资问题的通报》。

（2）由事由、文种组成，如《关于给不顾个人安危勇于救人的王××同志记功表彰的通报》。

（3）由主送机关、文种组成，如《中共××市纪律检查委员会通报》。

（4）单独以文种名称做标题。

2. 主送机关

通报的主送机关一般为直属下级机关，或需要了解该内容的不相隶属的单位。

3. 正文

通报的正文由主要事实、事实评析、决定和要求三个部分组成。

（1）主要事实。概述事实发生的时间、地点、单位或个人、经过和结果，事实要有一定的代表性和典型性。文字表达要抓住主要内容，做到简明扼要、清楚明白、准确无误。

（2）事实评析。对通报的事实进行恰如其分的议论分析，指出事实的性质和产生的原因，阐明通报的意图。表彰先进，要指出先进事迹的精神实质、意义和影响；批评错误，要分析其性质、原因和危害性，批评性通报的主体包括错误事实、根源和教训、处理决定、希望和要求四个方面的内容。

（3）决定和要求。针对通报事实，作出表彰决定或对错误者的处分（处理）决定，并由此引申出应当吸取的经验或教训，有的放矢地提出希望与要求。文字表述要简略、概括，针对性强。

4. 落款

在末尾处右下角注明发文机关名称和成文日期，标题里标明发文机关名称的，落款处也可省略发文机关名称，通报的成文日期也可标注于标题之下。

五、通报的写作要求

通报的写作要求有以下几点：

（1）材料要真实典型。

（2）评价要客观恰当。

（3）分析要深刻全面。

（4）语言要具有说服力。

例文

交通运输部关于命名太原市等7个城市国家公交都市建设示范城市的通报

交运发〔2021〕69号

各省、自治区、直辖市、新疆生产建设兵团交通运输厅（局、委）：

按照《交通运输部关于开展国家公交都市建设示范工程有关事项的通知》（交运发〔2011〕635号）等部署安排，我部受理了太原市、长春市、重庆市、贵阳市、昆明市、兰州市、西宁市共7个城市人民政府提出的国家公交都市建设示范工程验收申请。经技术组评估、专家组实地验收、向社会公示、专项整改等程序和整改综合评议，太原市等7个城市达到国家公交都市创建预期目标，通过验收。交通运输部决定命名太原市、长春市、重庆市、贵阳市、昆明市、兰州市、西宁市为国家公交都市建设示范城市。

希望以上城市深入落实城市公共交通优先发展战略，主动对标国际先进，按照《交通运输部关于开展国家公交都市建设示范城市动态评估工作的通知》（交运函〔2021〕109号）有关要求，建立健全国家公交都市建设的长效机制，持续提升城市交通治理水平，加快推进城市交通高质量发展，不断满足人民群众美好出行需求。

保定市、福州市、海口市等国家公交都市建设示范工程创建城市，逾期未完成创建任务，经给予一年整改期仍未达到创建预期目标，且明确不再申请验收，交通运输部决定取消保定市、福州市、海口市的国家公交都市建设示范工程创建资格。

交通运输部

2021年7月30日

思考和练习

一、填空

1. 通报具有（　　　）（　　　）（　　　）特点。

2. 根据内容的不同，通报有（　　　　）（　　　　）（　　　　）三种类型。

3. 通报的主送机关一般为（　　　　　　　　）。

二、判断

1. 从行文目的来看，通报重在引导教育。（　　）

2. 通报不可以单独用文种做标题。（　　）

3. 通报正文所述事实必须真实可靠。（　　）

第七节　通知

一、通知的概念

通知“适用于发布、传达要求下级机关执行和有关单位周知或者执行的事项，批转、转发公文”。

通知一般属于下行文，是公文中使用范围最广、使用频率最高的文种。

二、通知的特点

（一）种类的多样性

在15种公文中，通知的种类最多，可发布法规、转发文件、部署工作、召开会议、任免人员等。

（二）应用的广泛性

通知适用范围最广，任何单位、团体都可以使用，是机关管理过程中使用频率最高的文种。

（三）内容的时效性

通知的内容有一定的时间限制，受文单位要及时予以办理和执行。

三、通知的种类

（一）发布性通知

常用于发布有关规定、规则、制度、条例、办法等规章制度，如《中共中央办公厅　国务院办公厅关于印发〈党政机关公文处理工作条例〉的通知》。

（二）批转性通知

上级机关对下级机关的有关文件进行批示后，认为文章有一定的参考、借鉴价值，需要再转发给有关单位遵照执行时所用的通知，如《国务院批转中国人民银行〈关于调整银行存款、贷款利率报告〉的通知》。

（三）转发性通知

转发上级机关、平级机关和不相隶属机关的公文时所用的通知，如《××市政府办公厅转发农委等三部门关于做好农村扶贫工作意见的通知》。对所转发的公文一般不作阐述，只提出要求。

（四）指示性通知

上级机关对下级机关的某项工作有所指示、安排，要求办理执行，根据内容不适宜用“命令”时，则用指示性通知，如《国务院关于严格控制农业生产资料价格的通知》。

（五）任免通知

调整某些机构组织的领导成员，任免下级机关的干部，上级机关的任免事项需要下级机关知道时，要发任免通知，如《×××××学院关于郭××等三人任职的通知》。

（六）会议通知

上级机关召开比较重要的会议，不宜用电话或其他形式通知的，可提前向所属有关单位发通知，如《××省教育厅关于召开××××年招生工作会议的通知》。

（七）知照性通知

主要用于通知所属单位或其他有关单位，需要他们知道和了解的事项，如成立、调整或撤销某些机构组织，印章的更改，办公地址的迁移等。一般只有告知性，没有指导性。如《国务院关于成立国家行政学院的通知》。

四、通知的写作格式

通知主要由标题、主送机关、正文和落款四个部分组成。

（一）标题

通知的标题由“发文机关”“通知事由”“文种”构成，有的通知可根据内容需要，在文种前加定语“联合”“重要”“紧急”“补充”。

通知的标题有完全式和省略式两种。完全式标题由发文机关、事由、文种三部分组成；省略式标题则根据需要省去其中的一项或两项。省略式标题有如下两种情况：

1. 省略发文机关

如果标题太长，可省略发文机关，如某大学发的《关于做好校园消防安全检查工作的通知》。如果是两个单位以上联合发文，不能省略发文机关。

2. 省略多余的“关于”和“通知”字样

发布性和批转性通知的标题可简化为“发文机关+转发+原文件名+通知”。

（二）主送机关

主送机关是必须承办、执行和应当知晓该通知内容的机关。

（三）正文

1. 通知的缘由

写明发该通知的原因、依据或目的，这部分结束通常用“现将有关事项通知如下”“特此通知如下”等过渡到下文。

2. 通知的事项

它是通知的主体部分，要求写明通知的具体内容，如需要周知什么、遵守什么、执行贯彻什么等。

3. 通知要求

它是对贯彻执行该通知所提出的希望和要求，如“以上通知，请认真贯彻执行”“请各有关地区和部门按上述通知贯彻执行”；有的不另写要求，直接写“特此通知”。

正文随内容需要而定，不同种类的通知，其正文的写法有所不同。

发布性通知的正文都很简短，只需写明发布的意义、目的，提出执行的要求即可。

批转性、转发性通知要对原文有评价意见，表明本机关的态度，还要结合实际情况提出执行要求等。

指示性通知要交代工作的任务、基本原则、具体措施、注意事项等，使下级一看就知道要解决什么问题，为什么要解决这些问题，采取什么措施解决问题。

会议通知的写法较具体全面，一般包括会议的名称、起止时间、组织者、地点、主要议题和内容、出席的对象及人数，应备资料、接待方式、食宿、缴费问题、联系方式等。

任免通知要写清任免的时间、机关、会议或依据文件，以及任免人员的具体职务等。

知照性通知写清需知晓的事项即可。

（四）落款

落款包括发文机关署名、成文日期和印章。

五、通知的写作要求

（一）注意规范使用不同种类的通知

例如，即使是发布性通知也有印发和发布两种形式。一般而言，发布的文件多为法规性的，如规定、条例、办法等；印发的文件多为非法规性的，如纲要、计划、会议纪要等。

（二）该详则详，该简则简

指示性、会议性通知，内容要尽量详尽；发布性、转发性、批转性通知，内容应简洁。

（三）通知事项必须清楚明确

要明白准确提出工作的任务和要求，交代应知或应办的事项，切忌泛泛而言。

六、通知的例文分析

例文1 发布性通知

国务院办公厅关于2021年部分节假日安排的通知

国办发明电〔2020〕27号

各省、自治区、直辖市人民政府，国务院各部委、各直属机构：

经国务院批准，现将2021年元旦、春节、清明节、劳动节、端午节、中秋节和国庆节放假调休日期的具体安排通知如下：

一、元旦：2021年1月1日至3日放假，共3天。

二、春节：2月11日至17日放假调休，共7天。2月7日（星期日）、2月20日（星期六）上班。

三、清明节：4月3日至5日放假，共3天。

四、劳动节：5月1日至5日放假调休，共5天。4月25日（星期日）、5月8日（星期六）上班。

五、端午节：6月12日至14日放假，共3天。

六、中秋节：9月19日至21日放假调休，共3天。9月18日（星期六）上班。

七、国庆节：10月1日至7日放假调休，共7天。9月26日（星期日）、10月9日（星期六）上班。

节假日期间，各地区、各部门要妥善安排好值班和安全、保卫等工作，遇有重大突发事件，要按规定及时报告并妥善处置，确保人民群众祥和平安度过节日假期。

国务院办公厅

2020年11月25日

例文2　发布性通知

中共中央办公厅　国务院办公厅
关于印发《党政机关公文处理工作条例》的通知

中办发〔2012〕14号

各省、自治区、直辖市党委和人民政府，中央和国家机关各部委，解放军各总部、各大单位，各人民团体：

《党政机关公文处理工作条例》已经党中央、国务院同意，现印发给你们，请遵照执行。

中共中央办公厅

国务院办公厅

2012年4月16日

例文3　会议通知

国务院关于召开全国劳动模范和先进工作者表彰大会的通知

各省、自治区、直辖市人民政府，国务院各部委、各直属机构：

为进一步调动全国人民改革开放和建设社会主义的积极性，更好地完成党的十四大提出的各项任务，国务院决定，2015年“五一”国际劳动节前夕召开全国劳动模范和先进工作者表彰大会，表彰全国各行各业、各条战线在改革和建设中作出突出贡献的先进个人。现将有关事项通知如下：

一、表彰范围

这次大会拟表彰全国劳动模范和先进工作者3000名。表彰范围是：2010年以来，在改革开放、经济建设、工农业生产和各项社会事业中作出突出贡献的工人、农民、专业技术人员、管理人员、机关工作人员及其他人员。

二、组织领导

国务院成立全国劳动模范和先进工作者表彰大会筹备委员会（以下简称筹委会）。筹委会受国务院委托负责审批全国劳动模范和先进工作者，并领导表彰大会的筹备工作，国务委员、国务院秘书长罗干提任筹委会主任，中国全国总工会副主席、书记处第一书记张丁华，人事部部长宋德福，劳动部部长李伯勇，国家经贸委主任王忠禹，国家教委主任朱开轩，国家科委副主任朱丽兰，农业农村部部长刘江，中共中央办公厅副主任胡光宝，国务院副秘书长李树文担任副主任，国务院有关部门及中宣部、团中央、全国妇联、北京市的负责同志担任委员。筹委会下设办公室，国务院副秘书长李树文兼任办公室主任，并设副主任若干人，筹委会办公室设在全国总工会。

三、工作要求

评选、表彰全国劳动模范和先进工作者是我国各族人民政治生活中的一件大事，为切实做好这项工作，各省、自治区、直辖市人民政府和各有关部门，一定要加强领导，认真做好表彰大会的筹备工作。评选全国劳动模范和先进工作者，要面向基层，面向经济建设第一线。要评选坚持党的基本路线，一贯勤勤恳恳、任劳任怨、改革创新、事迹突出的先进人物。妇女、少数民族应占一定比例。通过评选活动，广泛宣传各行各业先进人物的模范事迹和崇高精神，动员广大群众以先进模范人物为榜样，努力工作，为夺取改革开放和现代化建设事业的新胜利而努力奋斗。劳动模范和先进工作者评选条件、评选方法、评选数额分配等事项，由筹委会另行通知。

国务院

2016年4月27日

例文4 知照性通知

国务院办公厅关于公布山西灵空山等23处新建国家级自然保护区名单的通知

国办发〔2013〕111号

各省、自治区、直辖市人民政府，国务院各部委、各直属机构：

山西灵空山等23处新建国家级自然保护区已经国务院审定，现将名单予以公布。新建国家级自然保护区的面积、范围和功能分区等由生态环境部另行公布。有关地区要按照批准的面积和范围组织勘界，落实自然保护区土地权属，并在规定的时限内标明区界，予以公告。

自然保护区是生态文明建设的重要载体。建立自然保护区是落实生态保护红线制度、维护国家生态安全的有效措施，是加快转变经济发展方式、实现可持续发展的积极手段。山西灵空山等23处国家级自然保护区主要保护对象的典型性、稀有性、濒危性和代表性较强，在保护生物多样性和生物资源、维护生态系统服务功能等方面具有重要作用。

有关地区和部门要严格执行自然保护区条例等有关规定，认真贯彻《国务院办公厅关于做好自然保护区管理有关工作的通知》（国办发〔2010〕63号）要求，切实加强对自然保护区工作的领导、协调和监督，妥善处理好自然保护区管理与当地经济建设及居民生产生活的关系，确保各项管理措施得到落实，不断提高国家级自然保护区建设和管理水平。

国务院办公厅

2013年12月25日

例文5 任免通知

中共教育部党组关于于继海同志试用期满正式任职的通知

部内各司局：

于继海同志任国际合作与交流司副司长，试用期满，考核合格，经研究决定，正式任职。任职时间从试用之日起计算。

中共教育部党组（章）
2015年5月5日

思考和练习

一、通知一般分为哪几种？

二、案例写作。

1. 根据所给材料，整理一份通知。

2014年4月10日，经某学院党委研究，同意从2014—2015学年第一学期开始实行《财政拨付学生医疗经费和学生参保返还门诊统筹经费的使用管理办法（试行）》，为此向学院各部门、各单位印发通知，请遵照执行。发文字号为××××〔2014〕6号。

2. 根据所给材料拟写通知。

为深入宣传党和国家的资助政策，强化学院资助育人的工作成效，加强学生思想道德教育，激励广大学生刻苦学习、励志成才、报效祖国，××学院学生工作部于2015年12月16日给各系发文，决定在全院开展以“资助、励志、感恩”为主题的征文活动。

征文对象：2015—2016学年全体受助学生。

征文要求：①体裁要求：文体不限，自拟标题；②内容要求：体现学生感恩资助、积极进取、奋发刻苦、自强自立、成长成才的精神风貌，主题鲜明、形式新颖、内容真实、感情真挚；③文稿要求：统一用A4纸打印，2000字以内，在标题下注明作者信息，包括系别、专业、班级、姓名、辅导老师；④报送要求：截至2015年12月31日。

本次活动院学工部将组织评审组对征文进行评选，部分获奖文章将在校报上刊登，并择优推荐参加省级资助征文评选。本次活动设一等奖3名，二等奖6名，优秀奖若干。

活动要求：①各系要高度重视，广泛宣传；②精心组织，确保效果。

相关知识

“通知”的由来与演变

“通知”用作公文名称较晚。自秦汉到明清乃至北洋军阀政府统治时期，官府之间有事互相告知，或者上级机关告知下级机关，所使用的公文均无“通知”这一名称。1942年国民党政府为了消除公文体制上的混乱，在此前经过5次公文调整的基础上，做了新的变动，公布了新的《公文体式条例》。在这次变革中取消了原来的“咨”和“任命状”，增加了“通知”和“报告”，这是我国第一次将“通知”用作公文名称。

1949年，华北人民政府发布的《公文处理暂行办法（草案）》，把“通知”正式列为行政公文名称，其适用范围是：“对于特定事项、特定机关人员，通知以必须知照之事项，用通知。”新中国成立后，1951年9月29日，政务院颁布的《公文处理暂行办法》中将“通知”列为独立文种，附在“通报”之后，但在实际工作中“通知”虽广泛使用，但不够规范。之后，国务院秘书厅1957年11月所发的《关于对公文名称和体式问题的几点意见（稿）》和国务院办公厅1981年2月发布的《国家行政机关公文处理办法》以及1987年2月发布的《国家机关公文处理办法》都将“通知”列为主要文种，至今未变。

通知与通报的区别

通知与通报的区别：

1. 通知使用广泛，形式灵活，内容多样；通报使用范围较窄，内容单一。

2. 通知以具体的任务、详细的规范化要求和有关规定来指导和推动工作；通报则是通过好的和不好的典型事例、有关情况来传达意图，启发教育有关人员，或把有关的情况告知对方，使之了解。从行文目的来看，前者对受文单位的要求重在执行，而后者则重在引导教育。

3. 通知约束力强；通报只体现一种原则、一种思想或观点，主要是起引导和影响的作用。

第八节 请示

一、请示的概念

请示是“适用于向上级机关请求指示、批准”的公文。它是一种使用频率较高的上行文。这里的上级机关是指有隶属和指导关系的上级机关，没有隶属关系的上级机关不能请示，有上下级关系，但不直接隶属的上级机关也不可以越级请示。

请示的适用情况有以下七种：

（1）对于上级有关方针、政策、指示或法规、规章不够明确或有不同理解，需要上级机关作出明确解释和答复。

（2）从本地区本单位的实际出发，需要上级对某项政策、规定作出变通处理，有待上级重新审定，明确答复。

（3）在工作中出现新情况、新问题需要处理而无章可循、无法可依，需要上级机关作出明确指示。

（4）需要上级解决本地区、本单位的某一具体问题和实际困难。

（5）按上级机关和主管部门有关政策规定，不经请示有关部门批准，无权自行处理的问题。

（6）工作中出现一些涉及面广而本部门无法独立解决的困难和问题，必须请示上级领导或综合部门，以求得它们的协调和帮助。

（7）请求上级主管部门批转文件。

前三项是涉及政策法规方面的问题，属于需要上级批示的请示；后四项是涉及职权范围方面的问题，属于需要上级批准的请示。

二、请示的特点

（一）时效性

请示所提出的要求必须在事前没有做而准备做之前。请示所涉及的情况和问题，都有一定的迫切性，应该及时写作、及时发出，如有延误，就有可能耽误解决的时机。相应地，上级机关在处理下级的请示时，也会注意到时效性问题，对请示作出及时的批复。

（二）单一性

跟其他上行文相比，请示更要强调遵循“一事一文”的原则。在一份请示中，只能就一项工作或一种情况、一个问题作出请示，不得在一份公文中就若干事项请求指示和批准。如果确有若干事项都需要同时向同一上级机关请示，可以同时写出若干份请示，它们各自都是一份独立的文件，有不同的发文字号和标题。而上级机关则会分别对不同的请示作出不同的批复。

（三）期复性

在公文体系中，请示是为数不多的双向对应文体之一，与它相对应的文体是批复。下级有一份请示报上去，上级就会有一份批复发下来。不管上级是不是同意下级的请示事项，都必须给请示单位答复。下级机关一般是在遇到比较重要的情况和问题需要解决时，才会及时向上级机关请示，写请示最直接的目的就是得到批复。

（四）针对性

请示的基本特点就是请求上级予以指示、批准、准许。请示的行文，有很强的针对性。必须针对本机关没有对策、没有把握或没有能力解决的重要事件和问题，才能运用请示。不得动辄就向上级请示，那样看起来像是尊重上级，实际上却是把矛盾交给上级，而自己躲避责任的表现。

三、请示的种类

按照《党政机关公文处理工作条例》规定，请示有两种，是在内容、性质、行文目的方面不尽相同的两种类型。一种是请求批准的请示；另一种是请求指示的请示。

（一）请求批准的请示

请求批准的请示，有以下四种情况：

（1）请求批准有关规定、方案、规划等。下级机关制定的某些规定、方案、规划等，需要经过上级部门的批准才能发布实行。如本部门长期实行的法规，在制定出来后须经上级批准；由于本单位的特殊情况，难以执行上级的统一规定，需要进行变通处理，须提出变通方案报上级批准；设立新的机构，也要将设想或方案报上级批准；重要的工作计划、规划，也要报请上级部门批准。

（2）请求审批某些项目、指标。如请求审批基建项目，请求审批购进设备物资，请求增加人员编制等。

（3）请求帮助的请示。下级机关在工作中遇到了自身无法解决或无法克服的困难时，请求上级机关在人力、物力、财力等方面给予支持、帮助时写的请示。

（4）请求批转的请示。某职能部门在自己的职权范围内制定了相关的办法和措施，却不能直接要求平级机关和不相隶属机关照办，可用请示的方式要求上级机关批转给有关部门执行。如绿化部门制定的保护花草和绿地的办法，由于职权的限制不可能自己直接出面要求有关部门都执行这一办法，就可以将这些办法和措施通过请示提交给上级，要求上级机关批转给所有相关部门施行。

（二）请求指示的请示

请求指示的请示，有以下三种情况：

（1）在工作中遇到新情况、新问题，在有关的方针、政策、规章以及上级的指示中，找不到相应的处理依据，无章可循，因而没有对策，需要上级机关给以指示。

（2）对有关方针、政策和上级机关发布的规定、指示有疑问，需要上级机关给予解释和说明。

（3）与友邻机关或协作单位在较重要的问题上出现意见分歧，需要上级机关裁决。

四、请示的写作格式

请示由标题、主送机关、正文、落款四部分组成。

（一）标题

请示的标题可以由发文机关、事由、文种构成，如《××省人民政府关于增拨防汛抢险救灾专项经费的请示》；也可以由事由和文种构成，如《关于成立老干部办公室的请示》。

（二）主送机关

请示的主送机关就是负责受理和答复请示的机关。请示在确定主送机关时，要注意以下三点。

1. 主送机关只能有一个

国务院办公厅规定，请示“一般只写一个主送机关，如需同时送其他机关，应当用抄送的形式”。中央办公厅也规定，“向上级机关行文，应当主送一个上级机关”，“受双重领导的机关向上级机关行文，应当写明主送机关和抄送机关，由主送机关负责答复其请示事项”。请示如果多头行文，很可能得不到任何机关的批复。

2. 只能主送上级机关，不能送领导者个人

国务院办公厅规定：“除上级机关负责人直接交办的事项外，不得以机关名义向上级机关负责人报送‘请示’。”中央办公厅规定：“不应直接送领导者个人。”

3. 不得越级行文

国务院办公厅规定：“一般不得越级请示和报告。”中央办公厅规定：“党委各部门应当向本级党委请示问题。未经本级党委同意或授权，不得越过本级党委向上级党委主管部门请示重大问题。”

（三）正文

请示的正文由开头、主体、结语三部分构成。

1. 开头

开头主要表述请示的缘由，是上级机关批复的主要依据。一般而言，这部分要写明所遇到的新情况、新问题，或自身没有能力解决的困难，要写得充分、恰当、具体。如《××市××局关于成立老干部办公室的请示》的开头“随着干部制度的改革和时间的推移，我局离退休干部日益增多，截至目前已达 65 人。由于没有专门的管理服务机构和工作人员，致使这些老同志的政治学习和生活福利得不到应有的组织和照顾，一些实际困难得不到妥善解决。为了使离退休老同志老有所为、老有所养、老有所依、充

分发挥余热，根据上级有关部门的规定和离退休老同志的迫切要求，我们拟成立老干部办公室。现就成立老干部办公室的几个问题，请示如下”。

如果请示仅仅是为了履行一下规定的程序，开头可以写得简略一些。如《中共××局纪律检查委员会关于给×××同志警告处分的请示》的开头“为保证党的队伍纯洁，我委于五月份在机关党员中开展了党纪自查与互查活动。在互查活动中，发现行政科×××同志贪污公款903元。现就给×××同志警告处分事宜请示如下”。

2. 主体

主体是表明请示事项的部分，也是请示最核心、最重要的部分。请求指示的请示，主体要写明想在哪些具体问题、哪些方面得到指示；请求批准的请示，要把要求批准的事项分条列款一一写明，以便上级及时批准。

3. 结语

请示的结语比较简单，在主体之后另起一段，按程式化语言写明期复请求即可。期复请求用语常见的有“当否，请批示”“妥否，请批复”“以上请示，请予审批”“以上请示如无不妥，请批转有关部门执行”等。

（四）落款

落款包括发文机关署名、成文日期和印章。

五、请示的例文分析

例文1　请求批准的请示

××市第二职业中学关于申请学校新宿舍楼建筑资金的请示

××市教委：

我校近几年按照上级下达的计划招生，住宿生急剧增加，造成了学生宿舍的拥挤。2014年我校有学生1200人，其中住宿生600人，今年10月份学生增加到2600人，其中住宿生增加到1300人，而学生宿舍仍然只有两栋楼，800个床位，500名住宿生安置在临时租赁的民房中。这不仅给这部分学生的生活和学习造成很大的不便，也给学校管理带来一定困难。为解决这一问题，我校拟于2016年初在校园东面的空地上建一栋800个床位的七层学生宿舍楼，现已自筹资金60万元，尚有70万元缺口。恳请市教委给予支持，拨付我校70万元学生宿舍楼的建筑资金。

可否，请批复。

××市第二职业中学（章）

2015年11月5日

例文2 请求批准的请示

××房地产开发有限责任公司
关于××花园9号楼修改设计图的请示

××市建设与规划委员会：

我公司拟建的××花园9号楼原方案设计已通过贵委审批，该栋楼位于高差5.25米的地坪上（见地质勘探点平面布置图），为避免5米多高填土对一墙之隔的省地矿院的影响，同时降低造价，提高土地使用率，我公司请求修改设计图，将原设计的深基础部位（9-1-9-22）改为自行车库。

妥否，请批准。

附件：1. 地质勘探点平面布置图

2. ××花园9号楼深基础部位（9-1-9-22）示意图

××房地产开发有限责任公司

××××年××月××日

例文3 请求指示的请示

关于职工出境期间办理退休手续有关事项的请示

省人事厅：

最近，我市一些机关及企事业单位的人事部门，纷纷来信来电询问关于职工出境期间要求办理退休手续的事，我局没有现成文件可查，无法回答这些问题，现特向省厅提出请示。请示的具体问题是：①国家机关、事业单位的职工获准出境探亲，在探亲期间可否办理退休手续，应如何办理？②国家机关、事业单位的职工在出境探亲期间，已取得所在地定居权或因重病不能返回时，应如何办理退休手续？③国家对于这些人员的退休费的发放标准是否另有规定？

请指示。

××市人事局

××××年××月××日

六、请示写作的注意事项

请示写作的注意事项，有以下几点：

（1）请示要一事一文。

（2）请示主送一个主管上级机关；受双重领导时，一个主送，另一个要抄送。

（3）请示应按隶属关系逐级请示，一般情况不得越级请示。

（4）请示事项和内容必须合法、符合政策方针。

（5）请示和报告不能混用。

思考和练习

一、选择。

1. 适合请示的事项有(　　)。

A. 向上级汇报工作情况，请求上级指导

B. 下级无权解决的问题，请求上级作出指示

C. 下级无力解决的问题，请求上级机关帮助解决

D. 按规定不能自行处理，应经上级批准的事项

E. 工作中出现的一些涉及面广而下级无法独立解决必须请求上级机关协调和帮助的问题

2. 下列事项中，应该用请示行文的有(　　)。

A. ××县教育局拟行文请求上级拨款修复台风刮毁的学校

B. ××县政府拟行文向上级汇报本县灾情

C. ××集团公司拟行文请求上级批准引进肉食品加工自动化生产线

D. ××海关拟行文请求上级明确车辆养路费缴纳标准

E. ××市政府拟行文向上级反映农民负担增加的情况

3. 请示应当(　　)。

A. 一文一事

B. 抄送下级机关

C. 一般只写一个主送机关

D. 不考虑上级机关的审批权限和承受能力

4. 下列标题中正确的有(　　)。

A. ××分公司关于请求批准开发新产品的报告

B. ××县人民政府关于解决我××高寒山区贫困户移民搬迁经费的请示

C. ××县人民政府关于请求将××风景区列为省级自然保护区的请示报告

D. ××公司关于解决生产用地的请示

E. ××省移民办公室关于对移民区域作适当调整的请示

5. 请示的下列结语中，正确的有(　　)。

A. 特此请示，请批复

B. 当否，请批准

C. 可否，请批复

D. 请审批

二、请示有哪些特点？下级机关什么情况下可以使用请示？

三、根据材料写作。

多媒体教学已经在各学校的教学中广泛应用，××学院目前只有10套多媒体教学设备，远远不能满足教学需要。为了提高教学质量，加强现代化教学手段的运用，急需购进20套多媒体教学设备，需要60万元资金。请以学院设备处的名义拟写一份请示。

相关知识

请示与申请书的不同

文种	文书性质	使用范围	作者	写作对象	写作格式
请示	公文	公事（工作）	国家机关、企事业单位、社会团体	主送机关明确单一	公文格式严谨规范
申请书	日常文书专用书信	工作、生活、学习	单位、个人	不固定	书信格式规范完整

第九节　批复

一、批复的概念

批复适用于答复下级机关请示事项。下级机关遇到本单位无权、无力、无法解决的事项需要向上级机关请示时，上级机关就用“批复”这一文种答复请示事项，即批复是与请示相对应的一种公文，属于下行文，如《关于同意成立××市体育运动学院的批复》《国务院关于办理注册商标附送证件问题的批复》。

二、批复的特点

批复通常具有以下四个特点。

1. 权威性

批复代表着上级机关的权力和意志，对请示的单位有约束力，特别是那些关于重要事项或问题的答复，常常具有明显的法规作用。

2. 针对性

批复总是针对下级机关的请示事项进行答复，不能另找话题。

3. 鲜明性

批复主要用于批准或不批准、同意或不同意下级机关做什么或怎么做。批复中回答问题要态度明确，旗帜鲜明。

4. 指示性

批复的目的是指导下级机关的工作，因此，批复在表明态度后，还需概括地说明方针、政策以及执行中的注意事项。

三、批复的分类

批复根据内容、性质的不同可以分为以下两类。

1. 指示性批复

指示性批复主要是针对方针、政策性问题进行答复。这类批复，不仅是对请示机关提出的请示事项的答复，而且批复的指示性内容，在其管辖范围内，具有普遍的指导和规范作用。

2. 表态性批复

表态性批复是对请示事项表示同意或不同意的批复。

四、批复的写作格式

批复一般由标题、主送机关、正文、落款四个部分组成。

1. 标题

批复的标题一般有以下三种形式。

（1）由发文机关、事由和文种组成，如《国务院关于滇池流域水污染防治“九五”计划及2010年规划的批复》。

（2）由发文机关、表态词、请示事项和文种组成，如《国务院关于同意设立武夷山国家公园的批复》。

（3）只由事由和文种组成，如《关于召开全省地方政协工作经验交流会问题的批复》。

2. 主送机关

主送机关一般只有一个，是报送请示的下级机关。批复不能越级行文，当所请示的机关不能答复下级机关的问题而需要向更上一级机关转报“请示”时，更上一级机关所批复的主机关应是“转报机关”，而非原请示机关。

3. 正文

批复的正文由批复引语、批复意见和批复要求三个部分组成。

（1）批复引语。引语要求点出批复对象，一般称收到某文，或某文收悉。要写明是对于何时、何号、关于何事的请示的答复，时间和文号可省略。

（2）批复意见。意见是针对请示中提出的问题所做的答复和指示，态度要明确，语气要适当。

（3）批复要求。要求是从上级机关的角度提出的一些补充性意见，或是表明希望、提出号召。如果同意，可写要求；不同意，亦可提供其他解决办法。

4. 落款

在正文右下方注明发文机关名称和发文日期并加盖公章，发文日期用汉字，要标全年、月、日。

五、批复的写作要求

批复的写作要求有以下几点：

（1）批复要有针对性，要弄清请示的事项，答复要全面。

（2）批复意见应具体明确。

（3）对于请示事项应及时批复，以免贻误工作。

例文

国务院关于同意设立武夷山国家公园的批复

国函〔2021〕105号

福建省、江西省人民政府，自然资源部、国家林草局（国家公园局）：

自然资源部关于设立武夷山国家公园的请示收悉。现批复如下：

一、同意设立武夷山国家公园。武夷山国家公园设立后，相同区域不再保留其他自然保护地，相关未划入国家公园区域的管控要求通过自然保护地整合优化工作予以明确。原则同意《武夷山国家公园设立方案》，请认真组织实施。

二、武夷山国家公园建设要以习近平新时代中国特色社会主义思想为指导，全面贯彻党的十九大和十九届二中、三中、四中、五中全会精神，深入贯彻习近平生态文明思想，认真落实党中央、国务院决策部署，牢固树立绿水青山就是金山银山理念，坚持山水林田湖草系统治理，坚持生态保护第一、国家代表性、全民公益性的国家公园理念，加强自然生态系统原真性、完整性保护，正确处理生态保护与居民生产生活的关系，维持人与自然和谐共生并永续发展，强化监督管理，完善政策支撑，为构建中国特色的以国家公园为主体的自然保护地体系、推进美丽中国建设作出贡献。

三、福建省、江西省人民政府要加强组织领导，密切协作配合，落实工作责任，全面加强武夷山生态系统保护修复、文化和自然遗产保护，积极稳妥有序推进国家公园建设；抓紧组织编制武夷山国家公园总体规划，按程序印发实施。

四、国务院各有关部门要按照职能分工，加大对武夷山国家公园的支持力度，在有关规划编制、政策制定、资金投入、项目安排等方面给予指导和倾斜。自然资源部、国家林草局（国家公园局）要加强督促指导，健全工作协调机制，积极帮助解决国家公园建设中的困难，重大情况和重要问题及时向国务院报告。

国务院

2021 年 9 月 30 日

［资料来源：国务院关于同意设立武夷山国家公园的批复（国函〔2021〕105 号）。政府信息公开专栏（www.gov.cn）］

思考和练习

一、填空

1. 批复与请示是一一对应的关系，按行文方向批复属于（　　）文。

2. 批复具有（　　）（　　）（　　）（　　）的特点。

3. 批复的正文包括（　　）（　　）（　　）三部分。

二、判断

1. 批复意见一定要具体明确，便于执行。(　　)

2. 批复引语要写明收文名称和字号。(　　)

3.《关于同意成立××市体育运动学院的批复》属于指示性批复。(　　)

第十节　函

一、函的概念

函，适用于不相隶属的机关之间相互商洽工作、询问和答复问题，请求批准和答复审批事项。函多用于平行文，有别于私人函件。

二、函的特点

函具有广泛性和灵活性两个特点。

1. 广泛性

函的适用范围广泛，可以用于平行机关和不相隶属机关之间，从行文方向上看，函主要是平行文，但也可以用于上下级机关之间。

2. 灵活性

函适用于各类公务活动，一般不受级别高低的制约，行文方向灵活，内容繁简、事情大小均不受限制，便于使用。

三、函的分类

函根据不同的分类标准，有不同的种类名称。

1. 按性质划分

按性质不同，可以分为公文函和公务便函。

2. 按行文方向划分

按行文方向不同，可以分为致函和复函。

3. 按适用范围划分

按适用范围可以分为以下五类：

（1）答复函。用于针对对方来函所做的答复，上行、平行、下行均可使用。

（2）询问函。用于向有关单位查询、了解问题，上行、平行、下行均可使用。

（3）请求函。用于向有关职能主管部门请示帮助解决有关问题，上行、平行均可使用。

（4）告知函。用于向有关单位告知某些情况或事项，多为平行、下行文。

（5）商洽函。用于平级或不相隶属的机关事业单位之间商量洽谈有关事务。

四、函的写作格式

函通常由标题、主送机关、正文、落款四个部分组成。

1. 标题

函的标题一般有以下两种形式：

（1）由发文机关、事由和文种组成，如《教育部关于同意中北大学信息商务学院转设为山西晋中理工学院的函》。

（2）由事由和文种组成，如《关于催促全国方便食品科技会议情况的函》。

2. 主送机关

主送机关指受函的机关名称。

3. 正文

函的正文由开头、主体和结尾三个部分组成。

（1）开头。写明发函缘由，如果是回复函要说明来函收到并作出答复。

（2）主体。这部分包括函所要商洽、询问、请示或答复事项的具体内容，要求意图明确。

（3）结尾。这部分通常另起一行，使用一些模式化语言作结，如“特此函告”“盼复”等。

4. 落款

正文的右下方注明发函机关名称和发函日期。

五、函的写作要求

函的写作要求如下：

（1）用语措辞得体、礼貌谦和。

（2）一份函件只能作为一件事项的办理文件，不能在一份函件中办理多件事。

（3）内容简短、目的明确。

例文

教育部关于同意中北大学信息商务学院转设为山西晋中理工学院的函

教发函〔2021〕30号

山西省人民政府：

《山西省人民政府关于商请将中北大学信息商务学院转设为独立设置的民办普通本科高校的函》（晋政函〔2020〕127号）、《山西省教育厅关于调整中北大学信息商务学院转设后校名的请示》（晋教发〔2020〕33号）收悉。

根据《中华人民共和国高等教育法》《中华人民共和国民办教育促进法》《中华人民共和国民办教育促进法实施条例》《普通本科学校设置暂行规定》《关于加快推进独立学院转设工作的实施方案》有关规定以及第七届全国高等学校设置评议委员会评议结果，经教育部党组会议研究决定，同意中北大学信息商务学院转设为山西晋中理工学院，学校标识码为4114013538，同时撤销中北大学信息商务学院的建制。现将有关事项函告如下：

一、山西晋中理工学院系独立设置的本科层次民办普通高等学校，由你省负责管理。

二、学校要切实加强党的建设，全面贯彻党的教育方针，坚持社会主义办学方向，落实立德树人根本任务，培养德智体美劳全面发展的社会主义建设者和接班人。

三、学校办学定位于应用型高等学校，主要培养区域经济社会发展所需要的高素质应用型、技术技能型人才。

四、中北大学、山西大任国际教育交流有限公司应逐项落实双方签订的《终止合作举办中北大学信息商务学院暨转设过渡期协议书》，以保证过渡期内学校平稳、健康发展。

五、我部将适时对学校办学定位、办学条件、办学行为和人才培养质量等情况进行检查。

望你省加强对学校的指导和支持，督促举办者进一步加大投入力度，坚持公益办学导向，切实强化教学科研平台和实训基地建设，加强教师队伍建设，完善内部治理结构，健全资产管理和财务会计制度，规范办学行为，注重发展，促进学校办出特色、办出水平，更好地为地方经济社会发展服务。

附件：1. 山西晋中理工学院办学许可证信息

2. 山西晋中理工学院章程

教育部

2021 年 2 月 2 日

思考和练习

一、填空

1. 党政机关公文中函按行文方向一般多用于（　　　　）。

2. 公函具有（　　　　）和（　　　　）的特点。

3. 函的写作通常由（　　　　）（　　　　）（　　　　）（　　　　）四部分构成。

二、判断

1. 函的写作要用语措辞得体、礼貌谦和。（　　）

2. 一份公函可以办理多项事情。（　　）

3. 函主要用于平行机关和不相隶属机关之间处理公务、相互商洽工

作、询问和答复问题。(　　)

第十一节　报告

一、报告的概念

报告是“适用于向上级机关汇报工作，反映情况，回复上级机关的询问”的一种党政公文。

下级机关利用报告及时向上级机关反映工作情况，可以取得上级机关的指导、帮助；同时，上级机关也可通过报告，及时了解下级机关的情况，以便正确地制定方针政策，实施科学领导。

二、报告的特点

（一）行文的单向性

报告是下级机关向上级机关汇报工作、反映情况、提出建议时使用的单方向上行文，不需要上级机关给予批复。在这方面，报告和请示有较大的不同。

（二）内容的陈述性

报告在汇报工作、反映情况时，所表达的内容和使用的语言都是陈述性的。遵照上级的指示，做了什么工作、怎样做的这些工作、取得了哪些成绩、还存在哪些不足，要一一向上级陈述；反映情况时，也要把时间、地点、人物、事件、原因、结果叙述清楚，向上级机关提供准确的现实性信息；即便是提出建议的报告，也要在汇报情况的基础上，才能深入一步提出建议来。

（三）事实的客观性

报告所反映的情况、提供的信息，必须是实事求是的，不能有任何弄虚作假。瞒报、漏报、误报相关情况，都会影响到上级的决策。

三、报告的类型

（一）工作报告

可分为综合工作报告和专题工作报告两种。

综合工作报告涉及面宽，要对主要工作范围之内的方方面面都涉及，可以有主次的区分，但不能有大的遗漏。大到国务院提供给人民代表大会的政府工作报告，小到某单位向上级提供的年度、季度、月份工作报告，都属于这种类型。

专题工作报告的涉及面窄，只针对某一方面的工作或者某一项具体工作进行汇报，如党的机关关于“三严三实”专题教育工作的报告、××企业关于技术革新工作的报告等。

（二）情况报告

如果本单位出现了正常工作秩序之外的情况，譬如说发生了事故、出现了意想不到的问题等，对工作产生了一定程度的影响，应该及时将有关情况原原本本地向上级进行汇报；即使对工作没有太大影响，一些有倾向性的新动态、新风气，以及最近出现的新事物等，必要时也要向上级报告，凡此种种，都属于情况报告。作为下级机关，有责任做到“下情上达”，保证上级机关耳聪目明，对下面的情况始终了如指掌，这就是情况报告的意义。如果隐情不报，则是一种失职的表现。

（三）建议报告

对自己职权范围内的某方面工作有了深思熟虑、切实可行的设想之后，将其归纳整理成意见、办法、方案上报上级，希望上级机关采纳，这就是建议报告。如林业部制发的《关于进一步加强森林防火工作的报告》。对于建议报告，上级如果采纳，可能会批转给有关部门实施，这是建议报告目的的最终实现。但上级部门也可能不予采纳，这也是很正常的。作为下级机关，有建议的权力，却没有逼迫上级机关一定采纳的权力。

（四）答复报告

答复上级机关询问的报告，称为“答复报告”。这种报告内容针对性最强，上级询问什么，就答复什么，不能答非所问。对待上级机关的询问，一定要慎重，如果不了解实情，要经过深入的调查研究后再作答复。

（五）递送报告

这是向上级报送文件、物件时使用的报告。正文通常非常简略，只需写明“现将××××报上，请指正（请查收）”即可。真正有意义的内容都在所报送的文件里。

四、报告的结构和写法

（一）标题

报告的标题有两种写法：一是“发文机关+主要内容+文种”的写法，如《中共中央纪律检查委员会关于清理党政干部违纪违法建私房和用公款超标准装修住房的报告》；二是“主要内容+文种”的写法，如《关于进一步加强我市公共场所防火工作的报告》。

（二）主送机关

党政机关的报告，主送机关尽量要少，一般只送一个上级机关即可。但行政机关受双重领导的情况比较多见，只报送其中一个上级机关显然不妥，因此，有时主送机关可以不止一个。报告应报送自己的直接上级机关，一般情况下不要越级行文。

（三）正文

1. 报告导语

报告导语指报告的开头部分，它起着引导全文的作用。

不同类型的报告，其导语的写法也有较大不同。概括起来，报告的导语有以下几种类型：

（1）背景式导语，就是交代报告产生的现实背景，例如，“前不久，中央纪委召开了部分省市清理党员干部违纪建私房座谈会，总结交流了各地清房工作的情况和经验，并就清房中遇到的一些政策性问题进行了讨论，根据各地的做法和座谈会中提出的问题，中央纪委常委研究提出以下建议”。

（2）根据式导语，就是交代报告产生的根据，例如，“根据省委、省政府领导同志的指示，我厅于去冬派人到重庆市涪陵区和渠县，与市、县的同志一道，对城镇贫困户的情况作了一些调查。涪陵区委、区政府和渠县县委、县政府对此十分重视，在调查研究的基础上，立即采取措施，着手解决这一问题。现将两地城镇贫困户的情况及采取的措施报告如下”。

（3）叙事式导语，在开头简略叙述一个事件的概况，一般用于反映情况的报告。例如：“××××年2月20日上午9时40分，我省××市百货大楼发生重大火灾事故，市消防队出动15辆消防车，经四个小时的扑救，大火才被扑灭。这次火灾除消防队员和群众奋力抢救出部分商品外，百货大楼三层楼房一幢及余下商品全部烧毁。时值开门营业不久，顾客不多，加之疏散及时，幸未造成人员伤亡。但此次火灾已造成直接经济损失792万余元。”

（4）目的式导语，将发文目的明确阐述出来作为导语。例如，“为认真贯彻落实《国务院批转林业部关于进一步加强森林防火工作报告的通知》（国发〔19××〕42号），切实做好我市防火工作，保护和发展森林资源，更好地为改革开放和经济建设服务，结合我市实际情况，就进一步加强森林防火工作提出以下几点意见”。

报告导语的写法不止以上四种，运用时可以举一反三、融会贯通、灵活处理。

2. 报告主体

报告主体有多种写法，常见形态有以下几种：

（1）总结式写法。总结式写法主要用于工作报告。主体部分的内容，以成绩、做法、经验、体会、打算、安排为主，在叙述基本情况的同时，有所分析、归纳，找出规律性认识，类似于工作总结。

总结式写法最需要注意的是结构的设计安排。按照总结出来的几条规律性认识来组织材料、安排层次，是最常用的结构方式。例如，2000年3月5日在第九届全国人民代表大会第三次会议上时任总理朱镕基所做的政府工作报告，全文分为十个部分，分别是：第一，1999年国内工作回顾；第二，坚持实行扩大内需的方针；第三，大力推进经济结构的战略性调整；第四，继续推进改革，全面加强管理；第五，加快科技、教育发展，加强精神文明建设；第六，进一步扩大对外开放；第七，搞好社会保障体系建设，维护社会稳定；第八，从严治政，加强政府自身建设；第九，促进祖国和平统一大业；第十，关于外交工作。

（2）“情况—原因—教训—措施”四步写法。这种结构多用于情况报告。先将情况叙述清楚，然后分析情况产生的原因，接着总结经验教训，最后提出下一步的行动措施。例如，《××省商业厅关于××市百货大楼重大火灾事故的报告》，采用的就是这样的写法。

（3）指导式写法。这种结构多用于建议报告。希望上级部门采纳建议，批转给有关部门执行、实施，是建议报告的基本写作目的。为此，建议要针对某项工作提出系统完整的方法、措施和要求，对工作实行全面的指导。形式上采用分条列项的方法逐层表达。

3. 报告结语

报告结语比较简单，可以重申意义、展望未来，也可以采用模式化的套语收结全文。

模式化的写法大致是：“特此报告”“以上报告，请审阅”等。

（四）落款

落款包括发文机关署名、印章和日期。

五、报告的例文分析

例文 1

××市体改办关于事业单位公司制改革进展情况的报告

市政府：

《推进事业单位公司制改革》课题是我办牵头的全市年度改革项目，为市政府确定的2013年重点工作之一。今年1~4月，我办组织力量对我市事业单位企业化经营和事业单位公司制改造情况进行了调研，并将我市事业单位的有关情况报告市政府。××副市长对此做了批示：“请转市编办，最好市体改办、市编办共同组织调研，所需经费请市财政局审定。”依据市领导的批示，我们与市编办、市财政局联系协商，拟定由我办和市编办牵头组成调研组开展调研，经费由市财政局负责审定落实。调研组拟由××

副市长任组长，我办×××同志任副组长，成员由我班、市编办、市建设局、市财政局、市社科院、市勘察设计协会、市建筑设计总院的有关同志组成（名单附后）。我办起草了调研计划，鉴于市编办正组织全市事业单位机构改革，该办建议将事业单位公司制改革课题纳入全市事业单位机构改革的总体方案中统一安排。我办将与市编办配合，按原计划赴西安、澳大利亚等地考察，尽快完成调研报告，并形成《××市事业单位公司制改革方案》上报。

专此报告。

××市体改办（章）

2014 年×月×日

例文2

关于张××同志职称评定问题的答复报告

××市人民政府办公室：

接市办 5 月 20 日查询我单位张××同志有关职称评定情况的通知后，我们立即进行了调查。现将有关情况报告如下：

张××同志是我集团公司二分厂工程师。该同志××××年起曾在××工学院受过四年函授教育，学习了有关课程。由于“文革”而未能取得学历证明。因缺乏学历证明，在今年上半年职称评定时，根据上级有关文件精神，我单位职称评委会决定暂缓向上一级职称评委会推荐评定他的高级工程师职称，待取得学历证明后补办。该同志认为这是刁难，因而向市政府提出了申述。

接到市政府办公厅查询通知后，我们专程派人去××工学院查核有关材料，得到了××工学院的支持，正式出具了该同志的学历证明。现在，我集团公司职称评委会已为张××同志专门补办了有关评定高级工程师的推荐手续，并向该同志说明了情况。对此，他本人已表示满意。

特此报告。

××××学院（章）

××××年××月××日

例文3

关于报送参加钢铁优质产品评选的报告

冶金部钢铁司：

根据冶金部《关于评选××××年钢铁优质产品的通知》（冶钢字〔××××〕102号）的要求，现将我公司××××年钢铁产品4C（D）造船用钢板的申请评选表报上，请查收。

附件：《申请评选表》

×××公司（章）

××××年×月×日

思考和练习

一、报告有哪些类型？下级机关什么情况下可以使用报告？

二、写作。

1. ××××年11月14日晚11时，某校六号楼508室男生宿舍发生火灾，经过近半小时的扑救，大火被扑灭，未造成人员伤亡。事故是由烟头未熄灭造成，该校后勤服务总公司对此已进行了相应处理，并制定规章制度，要求所有学生不得在宿舍吸烟，以防止火灾的发生。请以学校的名义向主管的××厅递交一份报告。

2. ××××系党总支根据晋林院党发〔2015〕56号《中共山西林业职业技术学院委员会2015年度专题组织生活会、民主评议党员方案》的精神，组织全体党员于2016年1月13日召开了民主评议会议，对所有党员进行了民主评议。本次会议应到会党员15人，实到会党员15人，其中正式党员11人，预备党员4人。会议由总支书记×××同志主持。首先学习了民主评议党员制度，使大家充分了解民主评议的重要性；其次每个党员从政治理论学习、履行工作职责、党员的先锋模范作用等方面都进行了自我评价；再次党员们相互进行了评议，肯定成绩，指出不足，气氛融洽和谐；最后以无记名投票的方式对所有党员进行了评价。评议结果为：×××、×××被评为优秀；×××、×××、×××、×××、×××、×××、×××、×××、×××9人被评为合格。会后向院党委递送了报告。

相关知识

报告与请示的区别

1. 性质不同：报告是陈述性公文，它反映情况，汇报工作，向上级机关提出意见和建议，不要求批复；请示是请求性公文，为解决问题，请求上级指示、审核批准，上级必须批复或回答。

2. 时限不同：报告可以在事前、事中、事后行文；请示必须事前行文，得到上级批示后才能付诸实施，不能"先斩后奏"。

3. 容量不同：报告可汇报工作，提出意见或建议，涉及内容较为广泛，可以一文一事，也可一文数事；请示中可以陈述情况，但陈述的情况作为请示事项的依据而存在，请示要求一文一事，言简意赅。

4. 正文结构不同：报告由报告的目的、情况、内容、结束语构成，可以不用发文字号；请示由请示的缘由、事项和要求构成，要用发文字号，结尾语要带有明确的请求性。

第二部分

应用文写作模拟实训

项目一　模拟招聘实训

一、学习目标

学习招聘启事、求职文书的写作，提高交流和表达能力，掌握职场交流常识，能够应对未来的就业和求职。

二、学习任务

（1）利用网络资源，搜索与所学专业相关的单位、企业和岗位资料，了解此类岗位的用人需求，撰写企业简介和招聘启事；

（2）根据招聘启事准备应聘资料，撰写应聘信、个人简历；

（3）通过模拟招聘面试活动，学习职场交流的语言表达与基本礼仪。

三、实训过程

（一）实训前期准备：模拟面试小组角色任务分配

1. 总经理（1名）任务

（1）利用网络等资源，整理一份公司简介，包括公司主要业务及主要岗位介绍，作为本小组模拟招聘活动背景；

（2）在本小组模拟招聘活动中担任面试官，向应聘者提问；

（3）在其他小组活动中担任评委打分。

2. 办公室主任（1名）任务

（1）根据总经理提供的公司资料，撰写一份不少于三个岗位的招聘启事；

（2）围绕招聘职位及职位要求，在活动之前准备3~5道面试题；

（3）在本组模拟招聘活动中担任面试官，向应聘者提问。

3. 总经理秘书（1名）任务

（1）撰写招聘计划；

（2）负责招聘启事的发布及联络通知小组其他成员；

（3）模拟招聘活动时进行招聘工作的组织和协调；

（4）活动结束后负责将小组所有资料（资料内容附后）整理装订好交回；

（5）撰写小组活动总结。

4. 应聘人员（若干名）任务

（1）根据本小组提供的招聘启事和岗位需求准备求职材料（包括封面、求职信、个人简历、相关附件。如材料不全，可虚拟）；

（2）面试时，需作自我介绍，并回答面试官的问题。

（二）实训安排

班级	时间	地点

四、评分项目及标准

（1）文书写作，30分；

（2）情景设计，20分；

（3）沟通表达，30分；

（4）仪表举止，10分；

（5）团队合作，10分。

以上项目由任课教师打分，各小组组长在活动中也担任评委，除自己所在小组外，给其他小组综合表现打分。

五、附件

附件1　模拟招聘实训评分表

附件2　小组综合表现评分表

附件3　小组模拟招聘装订资料目录

附件 1 模拟招聘实训评分表

专业： 班级： 组别： 指导教师： 日期：

序号	姓名	角色	文书写作 30 分	情景设计 20 分	沟通表达 30 分	仪表举止 10 分	团队合作 10 分	总分
1								
2								
3								
4								
5								
6								
7								
8								

附件 2 小组综合表现评分表

评委：

专业： 班级： 指导教师： 日期：

小组	整体印象（40 分）	团队合作（40 分）	设计创意（20 分）	总分
1				
2				
3				
4				
5				
6				
7				
8				

附件3 小组模拟招聘装订资料目录

1. 封面
2. 小组模拟招聘活动计划
3. 公司简介
4. 招聘启事
5. 招聘现场记录表
6. 面试问题
7. 面试情况记录
8. 求职者求职资料
9. 小组模拟招聘活动总结
10. 模拟招聘活动个人总结

项目二　模拟调查实训

一、学习目标

通过模拟调查实训，使学生全面掌握调查报告的有关知识，完成一份格式规范、内容完整的调查报告；同时锻炼学生的工作能力，树立团队合作意识，以适应未来的职业需求。

二、学习任务

（1）开展调查前的准备工作。

（2）掌握调查问卷的设计方法。

（3）掌握开展调查的一般方法。

（4）掌握数据统计与分析能力。

（5）撰写一份调查报告。

三、实训过程

（一）实训前期准备

各小组由组长负责，通过讨论确定一个调查选题（附件 1：《模拟调查参考选题》）。

（1）小组根据选题查阅相关资料，确定调查目的。

（2）确定调查范围。

（3）确定调查方法（本次实训采用问卷调查法）。

（4）制订调查计划。

（5）设计一份调查问卷。

要求：问题设计要注意必要性、针对性、可行性，以保证问卷调查结果有意义。问卷需要设计10个左右封闭式问题，方便被调查者配合，同时也便于将来统计数据。

（6）组长给每位小组成员分配任务，将任务安排填写在《模拟调查小组打分表》（附件2）的“承担任务”一栏。

（二）开展调查

（1）根据已经做好的调查计划和小组成员任务分配表，小组成员分别到划定的范围使用调查问卷开展调查活动，可以采用匿名填写问卷的方式，也可以采用问答方式，做好数据统计工作。每位小组成员至少完成10份问卷的调查。

（2）组长负责将全部问卷收回，根据任务安排，组织小组成员进行数据统计，填写《调查数据统计表》（附件3）。

（3）对调查得到的数据进行分析，对照调查目的，讨论调查结果。

（三）撰写报告

（1）每位小组成员需写作一份《模拟调查实训个人总结》。

（2）小组执笔人根据《调查数据统计表》和小组讨论的结果，结合各成员的个人总结，将调查报告撰写成文。

四、任务安排

（一）组长

（1）负责组织模拟调查实训各环节的工作。

（2）为小组成员安排任务并根据表现评定成绩，填写《模拟调查小组打分表》。

（3）提交一份完整的调查报告。装订及内容要求如下：

1）封面。

2）调查提纲（或调查计划）。

3）调查问卷。

4）调查数据统计表。

5）调查报告（不少于1500字）。

6）模拟调查小组打分表。

4. 提交小组成员的《模拟调查实训个人总结》，执笔人除外。

（二）执笔人

负责小组文书的撰写工作，主要有《××××调查计划》《关于××××××的调查问卷》《关于×××××××的调查报告》。

（三）其他小组成员

服从小组安排，认真参与讨论，完成问卷调查任务，进行数据统计，并撰写《模拟调查实训个人总结》。

五、评分项目及标准

（一）组长评分

（1）参与情况，20分（缺勤一次扣5分，扣完为止）。

（2）讨论情况，30分（发言积极踊跃，能够提出建设性意见，30分；积极参与讨论，能提出与调查目的相关的观点，20分；能够参与讨论，但缺乏适合的观点，10分；不发表任何意见，0分）。

（3）任务完成情况，40分。

（4）沟通表达情况，10分。

组长根据小组成员的实际表现，填写《模拟调查小组打分表》，评定每位同学的成绩。

（二）教师评分

（1）文书写作，60分。

（2）小组表现，20分。

（3）团队合作，20分。

（4）执笔人酌情另外奖励5~10分；其他成员如表现出色另外奖励5~10分。

指导教师填写《模拟调查教师评分表》（附件4），根据文书写作及小组表现、团队合作等情况评定成绩。

五、附件

附件 1　模拟调查参考选题
附件 2　模拟调查小组打分表
附件 3　调查数据统计表
附件 4　模拟调查教师评分表

附件 1　模拟调查参考选题

1. 山西林院××专业学生的择业观
2. ××专业就业前景调查
3. 在校业余打工
4. 在校自主创业
5. 大学生消费观
6. 大学生爱情观
7. 校园考证热
8. 课外阅读情况调查
9. 我院学生人文素质状况调查
10. 我院学生互联网使用情况调查
11. 我院学生手机使用情况调查
12. 校园文明现象调查
13. 我院图书馆借阅情况调查
14. 我院学生出行安全意识调查
15. 我院学生业余生活状况调查
16. 网络热词调查
17. 学生群体网络购物趋势调查
18. 校园网购“代收货”需求调查
19. 山西林院最受欢迎的专业调查
20. 学生社团活动现状调查

附件 2 模拟调查小组打分表

专业：　　　　　班级：　　　　　　　第　　组　　　　　组长：

指导教师：　　　　　　　　　　　　　　　　　　　　　年　　月　　日

学号	姓名	承担任务 （写明承担哪些工作）	出席情况 20 分 （缺勤一次扣 5 分）	参与讨论情况 30 分	任务完成情况 40 分	对小组贡献 10 分	成绩	备注

附件3 调查数据统计表

<table>
<tr><td colspan="13">班级：　　　　第　组　　　　统计时间：　　　指导教师：</td></tr>
<tr><td colspan="13">一、调查选题：</td></tr>
<tr><td colspan="13">二、调查时间：</td></tr>
<tr><td colspan="13">三、调查范围：</td></tr>
<tr><td colspan="13">四、本次调查共发出问卷　　份，其中，有效问卷　　份</td></tr>
<tr><td rowspan="3">问题序号</td><td rowspan="3">内容摘要</td><td colspan="10">选项统计</td><td rowspan="3">备注</td></tr>
<tr><td colspan="2">A</td><td colspan="2">B</td><td colspan="2">C</td><td colspan="2">D</td><td colspan="2">E</td></tr>
<tr><td>数据</td><td>百分比</td><td>数据</td><td>百分比</td><td>数据</td><td>百分比</td><td>数据</td><td>百分比</td><td>数据</td><td>百分比</td></tr>
<tr><td>1</td><td></td><td></td><td></td><td></td><td></td><td></td><td></td><td></td><td></td><td></td><td></td><td></td></tr>
<tr><td>2</td><td></td><td></td><td></td><td></td><td></td><td></td><td></td><td></td><td></td><td></td><td></td><td></td></tr>
<tr><td>3</td><td></td><td></td><td></td><td></td><td></td><td></td><td></td><td></td><td></td><td></td><td></td><td></td></tr>
<tr><td>4</td><td></td><td></td><td></td><td></td><td></td><td></td><td></td><td></td><td></td><td></td><td></td><td></td></tr>
<tr><td>5</td><td></td><td></td><td></td><td></td><td></td><td></td><td></td><td></td><td></td><td></td><td></td><td></td></tr>
<tr><td>6</td><td></td><td></td><td></td><td></td><td></td><td></td><td></td><td></td><td></td><td></td><td></td><td></td></tr>
<tr><td>7</td><td></td><td></td><td></td><td></td><td></td><td></td><td></td><td></td><td></td><td></td><td></td><td></td></tr>
<tr><td>8</td><td></td><td></td><td></td><td></td><td></td><td></td><td></td><td></td><td></td><td></td><td></td><td></td></tr>
<tr><td>9</td><td></td><td></td><td></td><td></td><td></td><td></td><td></td><td></td><td></td><td></td><td></td><td></td></tr>
<tr><td>10</td><td></td><td></td><td></td><td></td><td></td><td></td><td></td><td></td><td></td><td></td><td></td><td></td></tr>
<tr><td>11</td><td></td><td></td><td></td><td></td><td></td><td></td><td></td><td></td><td></td><td></td><td></td><td></td></tr>
</table>

附件 4 模拟调查教师评分表

专业： 班级： 第 组 年 月 日

调查题目： 指导教师：

学号	姓名	文书写作 60 分		小组表现 20 分	团队合作 20 分	奖励分	总成绩	备注
		文书格式	语言表达					

项目三　模拟谈判实训

根据本学期应用文写作教学计划，为了提高学生的实践操作和写作能力，特制定模拟谈判实训方案如下文。

一、学习目标

通过模拟谈判实训，使学生全面掌握合同写作的有关知识，完成一份格式规范、表达严密的合同；同时通过实训，使学生初步了解商业合作过程及注意事项，锻炼学生的交流表达能力、工作能力，树立团队合作意识及共赢理念，培养现代契约精神和诚信品格，以适应未来的职业需要。

二、学习任务

（1）根据甲乙双方的合作项目起草一份谈判草案；

（2）甲乙双方就合同内容和事项进行谈判；

（3）根据谈判结果，撰写一份正式的合同。

三、实训过程

（一）实训前期准备

小组两两组合，两个小组以《模拟招聘实训》时使用的公司名义，共同讨论确定一个与所学专业相关的合作项目，项目可参照《模拟谈判参考项目》（附件 1）。

（1）两个小组分别为甲方、乙方，每组以 4~8 人为宜。根据各小组实际情况，分别设计参与谈判的人员身份：总负责人 1 名；技术人员 1 名；

法律人员 1 名；财务人员 1 名；记录人员 1 名。

（2）甲乙双方就合作项目开展讨论，对合作项目的相关事宜进行初步交流，各自撰写一份谈判草案。草案应写明标的、规格型号、数量、价款（或酬金）、付款方式、付款时间、验货标准、验货方式、验货时间、违约条款等内容。

（二）模拟谈判

（1）甲乙双方就谈判内容撰写一份提纲，由各组负责人填写《模拟谈判评分表》（附件 2）。

（2）甲乙双方根据提纲，按照谈判内容对合同草稿进行谈判，要求正式讨论价款（或酬金）、付款方式、收货（或验货）方式、付款时间、验货时间、违约责任等内容。

（3）甲乙双方各有一人负责做好记录。

（4）甲乙双方负责人须在谈判记录上签字。

（三）撰写合同

（1）根据合同草稿及谈判结果，甲乙双方均撰写一份合同。

（2）甲乙双方互相审核对方的合同，选出格式、条款、语言表达最为完善的一份，进一步讨论修订。

（3）甲乙双方共同确认合同内容无误后，打印出两份正式的合同文本。

（4）举行签约仪式，由甲乙双方负责人代表签字。

四、评分项目及标准

（一）组长评分

（1）参与情况，20 分（缺勤一次扣 5 分，扣完为止）。

（2）讨论情况，30 分（发言积极踊跃，能够提出建设性意见，30 分；积极参与讨论，能提出与调查目的相关的观点，20 分；能够参与讨论，但缺乏适合的观点，10 分；不发表任何意见，0 分）。

（3）任务完成情况，40 分。

（4）沟通表达情况，10分。

组长根据小组成员的实际表现，填写《模拟调查小组打分表》，评定每位同学的成绩。

（二）教师评分

（1）文书写作，60分。

（2）小组表现，20分。

（3）团队合作，20分。

（4）执笔人酌情另外奖励5~10分；其他成员如表现出色另外奖励5~10分。

五、附件

附件1　模拟谈判参考项目

附件2　模拟谈判评分表

附件1　模拟谈判参考项目

1. ××××园林公司苗木采购项目
2. ×××信息公司电脑设备维护项目
3. ××房地产公司地下车库监控设备设计安装项目
4. ××酒店电视机采购项目
5. ××××公司办公设备采购项目
6. ××××信息技术公司绿植养护服务项目
7. ××家装公司室内装修设计项目
8. ××××广告公司电视广告制作项目
9. ××××园艺公司婚礼花艺设计项目
10. ××××园林公司××公园设计建设项目

附件2　模拟谈判评分表

专业：　　　　班级：　　　　第　　小组		年　月　日
指导教师：	谈判项目：	
一、谈判准备（共计30分）		
商务谈判策划书（10分）		
信息收集程度（8分）		
方案设计的实用性（12分）		
谈判准备合计得分		
二、谈判过程（共计60分）		
谈判策略与技巧（16分）		
团队配合（8分）		
知识丰富、合理运用（8分）		
逻辑清晰、思维严密（14分）		
语言表述清晰准确（14分）		
谈判过程合计得分		
三、谈判效果（10分）		
己方谈判目标的实现程度（5分）		
双方共同利益的实现程度（5分）		
谈判效果合计得分		
总计得分		

第三部分

附录

附录1　党政机关公文处理工作条例

第一章　总　　则

第一条　为了适应中国共产党机关和国家行政机关（以下简称“党政机关”）工作需要，推进党政机关公文处理工作科学化、制度化、规范化，制定本条例。

第二条　本条例适用于各级党政机关公文处理工作。

第三条　党政机关公文是党政机关实施领导、履行职能、处理公务的具有特定效力和规范体式的文书，是传达贯彻党和国家的方针政策，公布法规和规章，指导、布置和商洽工作，请示和答复问题，报告、通报和交流情况等的重要工具。

第四条　公文处理工作是指公文拟制、办理、管理等一系列相互关联、衔接有序的工作。

第五条　公文处理工作应当坚持实事求是、准确规范、精简高效、安全保密的原则。

第六条　各级党政机关应当高度重视公文处理工作，加强组织领导，强化队伍建设，设立文秘部门或者由专人负责公文处理工作。

第七条　各级党政机关办公厅（室）主管本机关的公文处理工作，并对下级机关的公文处理工作进行业务指导和督促检查。

第二章　公文种类

第八条　公文种类主要有：

（一）决议。适用于会议讨论通过的重大决策事项。

（二）决定。适用于对重要事项作出决策和部署、奖惩有关单位和人员、变更或者撤销下级机关不适当的决定事项。

（三）命令（令）。适用于公布行政法规和规章、宣布施行重大强制性措施、批准授予和晋升衔级、嘉奖有关单位和人员。

（四）公报。适用于公布重要决定或者重大事项。

（五）公告。适用于向国内外宣布重要事项或者法定事项。

（六）通告。适用于在一定范围内公布应当遵守或者周知的事项。

（七）意见。适用于对重要问题提出见解和处理办法。

（八）通知。适用于发布、传达要求下级机关执行和有关单位周知或者执行的事项，批转、转发公文。

（九）通报。适用于表彰先进、批评错误、传达重要精神和告知重要情况。

（十）报告。适用于向上级机关汇报工作、反映情况，回复上级机关的询问。

（十一）请示。适用于向上级机关请求指示、批准。

（十二）批复。适用于答复下级机关请示事项。

（十三）议案。适用于各级人民政府按照法律程序向同级人民代表大会或者人民代表大会常务委员会提请审议事项。

（十四）函。适用于不相隶属机关之间商洽工作、询问和答复问题、请求批准和答复审批事项。

（十五）纪要。适用于记载会议主要情况和议定事项。

第三章　公文格式

第九条　公文一般由份号、密级和保密期限、紧急程度、发文机关标志、发文字号、签发人、标题、主送机关、正文、附件说明、发文机关署名、成文日期、印章、附注、附件、抄送机关、印发机关和印发日期、页码等组成。

（一）份号。公文印制份数的顺序号。涉密公文应当标注份号。

（二）密级和保密期限。公文的秘密等级和保密的期限。涉密公文应当根据涉密程度分别标注“绝密”“机密”“秘密”和保密期限。

（三）紧急程度。公文送达和办理的时限要求。根据紧急程度，紧急公文应当分别标注“特急”“加急”，电报应当分别标注“特提”“特急”“加急”“平急”。

（四）发文机关标志。由发文机关全称或者规范化简称加“文件”二字组成，也可以使用发文机关全称或者规范化简称。联合行文时，发文机关标志可以并用联合发文机关名称，也可以单独用主办机关名称。

（五）发文字号。由发文机关代字、年份、发文顺序号组成。联合行文时，使用主办机关的发文字号。

（六）签发人。上行文应当标注签发人姓名。

（七）标题。由发文机关名称、事由和文种组成。

（八）主送机关。公文的主要受理机关，应当使用机关全称、规范化简称或者同类型机关统称。

（九）正文。公文的主体，用来表述公文的内容。

（十）附件说明。公文附件的顺序号和名称。

（十一）发文机关署名。署发文机关全称或者规范化简称。

（十二）成文日期。署会议通过或者发文机关负责人签发的日期。联合行文时，署最后签发机关负责人签发的日期。

（十三）印章。公文中有发文机关署名的，应当加盖发文机关印章，并与署名机关相符。有特定发文机关标志的普发性公文和电报可以不加盖印章。

（十四）附注。公文印发传达范围等需要说明的事项。

（十五）附件。公文正文的说明、补充或者参考资料。

（十六）抄送机关。除主送机关外需要执行或者知晓公文内容的其他机关，应当使用机关全称、规范化简称或者同类型机关统称。

（十七）印发机关和印发日期。公文的送印机关和送印日期。

（十八）页码。公文页数顺序号。

第十条 公文的版式按照《党政机关公文格式》国家标准执行。

第十一条 公文使用的汉字、数字、外文字符、计量单位和标点符号等，按照有关国家标准和规定执行。民族自治地方的公文，可以并用汉字和当地通用的少数民族文字。

第十二条 公文用纸幅面采用国际标准 A4 型。特殊形式的公文用纸幅面，根据实际需要确定。

第四章 行文规则

第十三条 行文应当确有必要，讲求实效，注重针对性和可操作性。

第十四条 行文关系根据隶属关系和职权范围确定。一般不得越级行文，特殊情况需要越级行文的，应当同时抄送被越过的机关。

第十五条 向上级机关行文，应当遵循以下规则：

（一）原则上主送一个上级机关，根据需要同时抄送相关上级机关和同级机关，不抄送下级机关。

（二）党委、政府的部门向上级主管部门请示、报告重大事项，应当经本级党委、政府同意或者授权；属于部门职权范围内的事项应当直接报送上级主管部门。

（三）下级机关的请示事项，如需以本机关名义向上级机关请示，应当提出倾向性意见后上报，不得原文转报上级机关。

（四）请示应当一文一事。不得在报告等非请示性公文中夹带请示事项。

（五）除上级机关负责人直接交办事项外，不得以本机关名义向上级机关负责人报送公文，不得以本机关负责人名义向上级机关报送公文。

（六）受双重领导的机关向一个上级机关行文，必要时抄送另一个上级机关。

第十六条 向下级机关行文，应当遵循以下规则：

（一）主送受理机关，根据需要抄送相关机关。重要行文应当同时抄送发文机关的直接上级机关。

（二）党委、政府的办公厅（室）根据本级党委、政府授权，可以向下级党委、政府行文，其他部门和单位不得向下级党委、政府发布指令性公文或者在公文中向下级党委、政府提出指令性要求。需经政府审批的具体事项，经政府同意后可以由政府职能部门行文，文中须注明已经政府同意。

（三）党委、政府的部门在各自职权范围内可以向下级党委、政府的相关部门行文。

（四）涉及多个部门职权范围内的事务，部门之间未协商一致的，不得向下行文；擅自行文的，上级机关应当责令其纠正或者撤销。

（五）上级机关向受双重领导的下级机关行文，必要时抄送该下级机关的另一个上级机关。

第十七条　同级党政机关、党政机关与其他同级机关必要时可以联合行文。属于党委、政府各自职权范围内的工作，不得联合行文。

党委、政府的部门依据职权可以相互行文。

部门内设机构除办公厅（室）外不得对外正式行文。

第五章　公文拟制

第十八条　公文拟制包括公文的起草、审核、签发等程序。

第十九条　公文起草应当做到：

（一）符合党的理论路线方针政策和国家法律法规，完整准确体现发文机关意图，并同现行有关公文相衔接。

（二）一切从实际出发，分析问题实事求是，所提政策措施和办法切实可行。

（三）内容简洁，主题突出，观点鲜明，结构严谨，表述准确，文字精练。

（四）文种正确，格式规范。

（五）深入调查研究，充分进行论证，广泛听取意见。

（六）公文涉及其他地区或者部门职权范围内的事项，起草单位必须征求相关地区或者部门意见，力求达成一致。

（七）机关负责人应当主持、指导重要公文起草工作。

第二十条　公文文稿签发前，应当由发文机关办公厅（室）进行审核。审核的重点是：

（一）行文理由是否充分，行文依据是否准确。

（二）内容是否符合党的理论路线方针政策和国家法律法规；是否完整准确体现发文机关意图；是否同现行有关公文相衔接；所提政策措施和办法是否切实可行。

（三）涉及有关地区或者部门职权范围内的事项是否经过充分协商并达成一致意见。

（四）文种是否正确，格式是否规范；人名、地名、时间、数字、段落顺序、引文等是否准确；文字、数字、计量单位和标点符号等用法是否规范。

（五）其他内容是否符合公文起草的有关要求。

需要发文机关审议的重要公文文稿，审议前由发文机关办公厅（室）进行初核。

第二十一条 经审核不宜发文的公文文稿，应当退回起草单位并说明理由；符合发文条件但内容需作进一步研究和修改的，由起草单位修改后重新报送。

第二十二条 公文应当经本机关负责人审批签发。重要公文和上行文由机关主要负责人签发。党委、政府的办公厅（室）根据党委、政府授权制发的公文，由受权机关主要负责人签发或者按照有关规定签发。签发人签发公文，应当签署意见、姓名和完整日期；圈阅或者签名的，视为同意。联合发文由所有联署机关的负责人会签。

第六章 公文办理

第二十三条 公文办理包括收文办理、发文办理和整理归档。

第二十四条 收文办理主要程序是：

（一）签收。对收到的公文应当逐件清点，核对无误后签字或者盖章，并注明签收时间。

（二）登记。对公文的主要信息和办理情况应当详细记载。

（三）初审。对收到的公文应当进行初审。初审的重点是：是否应当由本机关办理，是否符合行文规则，文种、格式是否符合要求，涉及其他地区或者部门职权范围内的事项是否已经协商、会签，是否符合公文起草的其他要求。经初审不符合规定的公文，应当及时退回来文单位并说明理由。

（四）承办。阅知性公文应当根据公文内容、要求和工作需要确定范围后分送。批办性公文应当提出拟办意见报本机关负责人批示或者转有关部门办理；需要两个以上部门办理的，应当明确主办部门。紧急公文应当明确办理时限。承办部门对交办的公文应当及时办理，有明确办理时限要求的应当在规定时限内办理完毕。

（五）传阅。根据领导批示和工作需要将公文及时送传阅对象阅知或者批示。办理公文传阅应当随时掌握公文去向，不得漏传、误传、延误。

（六）催办。及时了解掌握公文的办理进展情况，督促承办部门按期办结。紧急公文或者重要公文应当由专人负责催办。

（七）答复。公文的办理结果应当及时答复来文单位，并根据需要告知相关单位。

第二十五条　发文办理主要程序是：

（一）复核。已经发文机关负责人签批的公文，印发前应当对公文的审批手续、内容、文种、格式等进行复核；需作实质性修改的，应当报原签批人复审。

（二）登记。对复核后的公文，应当确定发文字号、分送范围和印制份数并详细记载。

（三）印制。公文印制必须确保质量和时效。涉密公文应当在符合保密要求的场所印制。

（四）核发。公文印制完毕，应当对公文的文字、格式和印刷质量进行检查后分发。

第二十六条　涉密公文应当通过机要交通、邮政机要通信、城市机要文件交换站或者收发件机关机要收发人员进行传递，通过密码电报或者符合国家保密规定的计算机信息系统进行传输。

第二十七条　需要归档的公文及有关材料，应当根据有关档案法律法规以及机关档案管理规定，及时收集齐全、整理归档。两个以上机关联合办理的公文，原件由主办机关归档，相关机关保存复制件。机关负责人兼任其他机关职务的，在履行所兼职务过程中形成的公文，由其兼职机关归档。

第七章　公文管理

第二十八条　各级党政机关应当建立健全本机关公文管理制度，确保管理严格规范，充分发挥公文效用。

第二十九条 党政机关公文由文秘部门或者专人统一管理。设立党委（党组）的县级以上单位应当建立机要保密室和机要阅文室，并按照有关保密规定配备工作人员和必要的安全保密设施设备。

第三十条 公文确定密级前，应当按照拟定的密级先行采取保密措施。确定密级后，应当按照所定密级严格管理。绝密级公文应当由专人管理。公文的密级需要变更或者解除的，由原确定密级的机关或者其上级机关决定。

第三十一条 公文的印发传达范围应当按照发文机关的要求执行；需要变更的，应当经发文机关批准。

涉密公文公开发布前应当履行解密程序。

公开发布的时间、形式和渠道，由发文机关确定。

经批准公开发布的公文，同发文机关正式印发的公文具有同等效力。

第三十二条 复制、汇编机密级、秘密级公文，应当符合有关规定并经本机关负责人批准。绝密级公文一般不得复制、汇编，确有工作需要的，应当经发文机关或者其上级机关批准。复制、汇编的公文视同原件管理。

复制件应当加盖复制机关戳记。翻印件应当注明翻印的机关名称、日期。汇编本的密级按照编入公文的最高密级标注。

第三十三条 公文的撤销和废止，由发文机关、上级机关或者权力机关根据职权范围和有关法律法规决定。公文被撤销的，视为自始无效；公文被废止的，视为自废止之日起失效。

第三十四条 涉密公文应当按照发文机关的要求和有关规定进行清退或者销毁。

第三十五条 不具备归档和保存价值的公文，经批准后可以销毁。销毁涉密公文必须严格按照有关规定履行审批登记手续，确保不丢失、不漏销。个人不得私自销毁、留存涉密公文。

第三十六条 机关合并时，全部公文应当随之合并管理；机关撤销时，需要归档的公文经整理后按照有关规定移交档案管理部门。

工作人员离岗离职时，所在机关应当督促其将暂存、借用的公文按照有关规定移交、清退。

第三十七条　新设立的机关应当向本级党委、政府的办公厅（室）提出发文立户申请。经审查符合条件的，列为发文单位，机关合并或者撤销时，相应进行调整。

第八章　附　　则

第三十八条　党政机关公文含电子公文。电子公文处理工作的具体办法另行制定。

第三十九条　法规、规章方面的公文，依照有关规定处理。外事方面的公文，依照外事主管部门的有关规定处理。

第四十条　其他机关和单位的公文处理工作，可以参照本条例执行。

第四十一条　本条例由中共中央办公厅、国务院办公厅负责解释。

第四十二条　本条例自2012年7月1日起施行。1996年5月3日中共中央办公厅发布的《中国共产党机关公文处理条例》和2000年8月24日国务院发布的《国家行政机关公文处理办法》停止执行。

附录 2 党政机关公文格式

（GB/T9704—2012）

2012-07-01 实施

前 言

本标准按照 GB/T1.1—2009 给出的规则起草。

本标准根据中共中央办公厅、国务院办公厅印发的《党政机关公文处理工作条例》的有关规定对 GB/T9704—1999《国家行政机关公文格式》进行修订。本标准相对 GB/T9704—1999 主要作如下修订：

a）标准名称改为《党政机关公文格式》，标准英文名称也作相应修改；

b）适用范围扩展到各级党政机关制发的公文；

c）对标准结构进行适当调整；

d）对公文装订要求进行适当调整；

e）增加发文机关署名和页码两个公文格式要素，删除主题词格式要素，并对公文格式各要素的编排进行较大调整；

f）进一步细化特定格式公文的编排要求；

g）新增联合行文公文首页版式、信函格式首页、命令（令）格式首页版式等式样。

本标准中公文用语与《党政机关公文处理工作条例》中的用语一致。

本标准为第二次修订。

本标准由中共中央办公厅和国务院办公厅提出。

本标准由中国标准化研究院归口。

本标准起草单位：中国标准化研究院、中共中央办公厅秘书局、国务院办公厅秘书局、中国标准出版社。

本标准主要起草人：房庆、杨雯、郭道锋、孙维、马慧、张书杰、徐成华、范一乔、李玲

本标准代替了GB/T9704—1999。

GB/T9704—1999的历次版本发布情况为：

——GB/T9704—1988。

党政机关公文格式

1 范围

本标准规定了党政机关公文通用的纸张要求、排版和印制装订要求、公文格式各要素的编排规则，并给出了公文的式样。

本标准适用于各级党政机关制发的公文。其他机关和单位的公文可以参照执行。

使用少数民族文字印制的公文，其用纸、幅面尺寸及版面、印制等要求按照本标准执行，其余可以参照本标准并按照有关规定执行。

2 规范性引用文件

下列文件对于本标准的应用是必不可少的。凡是注日期的引用文件，仅所注日期的版本适用于本标准。凡是不注日期的引用文件，其最新版本（包括所有的修改单）适用于本标准。

GB/T148 印刷、书写和绘图纸幅面尺寸

GB3100 国际单位制及其应用

GB3101 有关量、单位和符号的一般原则

GB3102（所有部分）量和单位

GB/T15834 标点符号用法

GB/T15835 出版物上数字用法

3 术语和定义

下列术语和定义适用于本标准。

3.1 字 word

标示公文中横向距离的长度单位。在本标准中，一字指一个汉字宽度

的距离。

3.2 行 line

标示公文中纵向距离的长度单位。在本标准中，一行指一个汉字的高度加3号汉字高度的7/8的距离。

4 公文用纸主要技术指标

公文用纸一般使用纸张定量为 $60g/m^2 \sim 80g/m^2$ 的胶版印刷纸或复印纸。纸张白度80%~90%，横向耐折度≥15次，不透明度≥85%，pH值为7.5~9.5。

5 公文用纸幅面尺寸及版面要求

5.1 幅面尺寸

公文用纸采用GB/T148中规定的A4型纸，其成品幅面尺寸为210mm×297mm。

5.2 版面

5.2.1 页边与版心尺寸

公文用纸天头（上白边）为37mm±1mm，订口（左白边）为28mm±1mm，版心尺寸为156mm×225mm。

5.2.2 字体和字号

如无特殊说明，公文格式各要素一般用3号仿宋体字。特定情况可以做适当调整。

5.2.3 行数和字数

一般每面排22行，每行排28个字，并撑满版心。特定情况可以作适当调整。

5.2.4 文字的颜色

如无特殊说明，公文中文字的颜色均为黑色。

6 印制装订要求

6.1 制版要求

版面干净无底灰，字迹清楚无断划，尺寸标准，版心不斜，误差不超过1mm。

6.2 印刷要求

双面印刷；页码套正，两面误差不超过 2mm。黑色油墨应当达到色谱所标 BL100%，红色油墨应当达到色谱所标 Y80%、M80%。印品着墨实、均匀；字面不花、不白、无断划。

6.3 装订要求

公文应当左侧装订，不掉页，两页页码之间误差不超过 4mm，裁切后的成品尺寸允许误差±2mm，四角成 90°，无毛茬或缺损。

骑马订或平订的公文应当：

a）订位为两钉外订眼距版面上下边缘各 70mm 处，允许误差±4mm；

b）无坏钉、漏钉、重钉，钉脚平伏牢固；

c）骑马订钉锯均订在折缝线上，平订钉锯与书脊间的距离为3~5mm。

包本装订公文的封皮（封面、书脊、封底）与书芯应吻合、包紧、包平、不脱落。

7 公文格式各要素编排规则

7.1 公文格式各要素的划分

本标准将版心内的公文格式各要素划分为版头、主体、版记三部分。公文首页红色分隔线以上的部分称为版头；公文首页红色分隔线（不含）以下、公文末页首条分隔线（不含）以上的部分称为主体；公文末页首条分隔线以下、末条分隔线以上的部分称为版记。

页码位于版心外。

7.2 版头

7.2.1 份号

如需标注份号，一般用 6 位 3 号阿拉伯数字，顶格编排在版心左上角第一行。

7.2.2 密级和保密期限

如需标注密级和保密期限，一般用 3 号黑体字，顶格编排在版心左上角第二行；保密期限中的数字用阿拉伯数字标注。

7.2.3 紧急程度

如需标注紧急程度，一般用 3 号黑体字，顶格编排在版心左上角；如需同时标注份号、密级和保密期限、紧急程度，按照份号、密级和保密期限、紧急程度的顺序自上而下分行排列。

7.2.4　发文机关标志

由发文机关全称或者规范化简称加“文件”二字组成，也可以使用发文机关全称或者规范化简称。

发文机关标志居中排布，上边缘至版心上边缘为35mm，推荐使用小标宋体字，颜色为红色，以醒目、美观、庄重为原则。

联合行文时，如需同时标注联署发文机关名称，一般应当将主办机关名称排列在前；如有“文件”二字，应当置于发文机关名称右侧，以联署发文机关名称为准上下居中排布。

7.2.5　发文字号

编排在发文机关标志下空两行位置，居中排布。年份、发文顺序号用阿拉伯数字标注；年份应标全称，用六角括号“〔〕”括入；发文顺序号不加“第”字，不编虚位（即1不编为01），在阿拉伯数字后加“号”字。

上行文的发文字号居左空一字编排，与最后一个签发人姓名处在同一行。

7.2.6　签发人

由“签发人”三字加全角冒号和签发人姓名组成，居右空一字，编排在发文机关标志下空两行位置。“签发人”三字用3号仿宋体字，签发人姓名用3号楷体字。

如有多个签发人，签发人姓名按照发文机关的排列顺序从左到右、自上而下依次均匀编排，一般每行排两个姓名，回行时与上一行第一个签发人姓名对齐。

7.2.7　版头中的分隔线

发文字号之下4mm处居中印一条与版心等宽的红色分隔线。

7.3　主体

7.3.1　标题

一般用2号小标宋体字，编排于红色分隔线下空两行位置，分一行或多行居中排布；回行时，要做到词意完整，排列对称，长短适宜，间距恰当；标题排列应当使用梯形或菱形。

7.3.2 主送机关

编排于标题下空一行位置，居左顶格，回行时仍顶格，最后一个机关名称后标全角冒号。如主送机关名称过多导致公文首页不能显示正文时，应当将主送机关名称移至版记，标注方法见7.4.2。

7.3.3 正文

公文首页必须显示正文。一般用3号仿宋体字，编排于主送机关名称下一行，每个自然段左空两个字，回行顶格。文中结构层次序数依次可以用“一、”“（一）”“1.”“（1）”标注；一般第一层用黑体字、第二层用楷体字、第三层和第四层用仿宋体字标注。

7.3.4 附件说明

如有附件，在正文下空一行左空二字编排“附件”二字，后标全角冒号和附件名称。如有多个附件，使用阿拉伯数字标注附件顺序号（如“附件：1. ×××××”）；附件名称后不加标点符号。附件名称较长需回行时，应当与上一行附件名称的首字对齐。

7.3.5 发文机关署名、成文日期和印章

7.3.5.1 加盖印章的公文

成文日期一般右空四字编排，印章用红色，不得出现空白印章。

单一机关行文时，一般在成文日期之上、以成文日期为准居中编排发文机关署名，印章端正、居中下压发文机关署名和成文日期，使发文机关署名和成文日期居印章中心偏下位置，印章顶端应当上距正文（或附件说明）一行之内。

联合行文时，一般将各发文机关署名按照发文机关顺序整齐排列在相应位置，并将印章一一对应、端正、居中下压发文机关署名，最后一个印章端正、居中下压发文机关署名和成文日期，印章之间排列整齐、互不相交或相切，每排印章两端不得超出版心，首排印章顶端应当上距正文（或附件说明）一行之内。

7.3.5.2 不加盖印章的公文

单一机关行文时，在正文（或附件说明）下空一行右空二字编排发文机关署名，在发文机关署名下一行编排成文日期，首字比发文机关署名首字右移二字，如成文日期长于发文机关署名，应当使成文日期右空二字编

排，并相应增加发文机关署名右空字数。

联合行文时，应当先编排主办机关署名，其余发文机关署名依次向下编排。

7.3.5.3 加盖签发人签名章的公文

单一机关制发的公文加盖签发人签名章时，在正文（或附件说明）下空两行右空四字加盖签发人签名章，签名章左空二字标注签发人职务，以签名章为准上下居中排布。在签发人签名章下空一行右空四字编排成文日期。

联合行文时，应当先编排主办机关签发人职务、签名章，其余机关签发人职务、签名章依次向下编排，与主办机关签发人职务、签名章上下对齐；每行只编排一个机关的签发人职务、签名章；签发人职务应当标注全称。

签名章一般用红色。

7.3.5.4 成文日期中的数字

用阿拉伯数字将年、月、日标全，年份应标全称，月、日不编虚位（即1不编为01）。

7.3.5.5 特殊情况说明

当公文排版后所剩空白处不能容下印章或签发人签名章、成文日期时，可以采取调整行距、字距的措施解决。

7.3.6 附注

如有附注，居左空二字加圆括号编排在成文日期下一行。

7.3.7 附件

附件应当另面编排，并在版记之前，与公文正文一起装订。“附件”二字及附件顺序号用3号黑体字顶格编排在版心左上角第一行。附件标题居中编排在版心第三行。附件顺序号和附件标题应当与附件说明的表述一致。附件格式要求同正文。

如附件与正文不能一起装订，应当在附件左上角第一行顶格编排公文的发文字号并在其后标注“附件”二字及附件顺序号。

7.4 版记

7.4.1 版记中的分隔线

版记中的分隔线与版心等宽，首条分隔线和末条分隔线用粗线（推荐高度为0.35mm)，中间的分隔线用细线（推荐高度为0.25mm)。首条分隔线位于版记中第一个要素之上，末条分隔线与公文最后一面的版心下边缘重合。

7.4.2　抄送机关

如有抄送机关，一般用4号仿宋体字，在印发机关和印发日期之上一行、左右各空一字编排。“抄送”二字后加全角冒号和抄送机关名称，回行时与冒号后的首字对齐，最后一个抄送机关名称后标句号。

如需把主送机关移至版记，除将“抄送”二字改为“主送”外，编排方法同抄送机关。既有主送机关又有抄送机关时，应当将主送机关置于抄送机关之上一行，之间不加分隔线。

7.4.3　印发机关和印发日期

印发机关和印发日期一般用4号仿宋体字，编排在末条分隔线之上，印发机关左空一字，印发日期右空一字，用阿拉伯数字将年、月、日标全，年份应标全称，月、日不编虚位（即1不编为01)，后加“印发”二字。

版记中如有其他要素，应当将其与印发机关和印发日期用一条细分隔线隔开。

7.5　页码

一般用4号半角宋体阿拉伯数字，编排在公文版心下边缘之下，数字左右各放一条一字线；一字线上距版心下边缘7mm。单页码居右空一字，双页码居左空一字。公文的版记页前有空白页的，空白页和版记页均不编排页码。公文的附件与正文一起装订时，页码应当连续编排。

8　公文中的横排表格

A4纸型的表格横排时，页码位置与公文其他页码保持一致，单页码表头在订口一边，双页码表头在切口一边。

9　公文中计量单位、标点符号和数字的用法

公文中计量单位的用法应当符合GB3100、GB3101和GB3102（所有部分)，标点符号的用法应当符合GB/T15834，数字用法应当符合GB/T15835。

10　公文的特定格式

10.1　信函格式

发文机关标志使用发文机关全称或者规范化简称，居中排布，上边缘

至上页边为30mm，推荐使用红色小标宋体字。联合行文时，使用主办机关标志。

发文机关标志下4mm处印一条红色双线（上粗下细），距下页边20mm处印一条红色双线（上细下粗），线长均为170mm，居中排布。

如需标注份号、密级和保密期限、紧急程度，应当顶格居版心左边缘编排在第一条红色双线下，按照份号、密级和保密期限、紧急程度的顺序自上而下分行排列，第一个要素与该线的距离为3号汉字高度的7/8。

发文字号顶格居版心右边缘编排在第一条红色双线下，与该线的距离为3号汉字高度的7/8。

标题居中编排，与其上最后一个要素相距两行。

第二条红色双线上一行如有文字，与该线的距离为3号汉字高度的7/8。

首页不显示页码。

版记不加印发机关和印发日期、分隔线，位于公文最后一面版心内最下方。

10.2 命令（令）格式

发文机关标志由发文机关全称加“命令”或“令”字组成，居中排布，上边缘至版心上边缘为20mm，推荐使用红色小标宋体字。

发文机关标志下空两行居中编排令号，令号下空两行编排正文。

签发人职务、签名章和成文日期的编排见7.3.5.3。

10.3 纪要格式

纪要标志为“×××××纪要”，居中排布，上边缘至版心上边缘为35mm，推荐使用红色小标宋体字。

标注出席人员名单，一般用3号黑体字，在正文或附件说明下空一行左空二字编排“出席”二字，后标全角冒号，冒号后用3号仿宋体字标注出席人单位、姓名，回行时与冒号后的首字对齐。

标注请假和列席人员名单，除依次另起一行并将“出席”二字改为“请假”或“列席”外，编排方法同出席人员名单。

纪要格式可以根据实际制定。

11 式样

A4型公文用纸页边及版心尺寸见图1；公文首页版式见图2；联合行文公文首页版式1见图3；联合行文公文首页版式2见图4；公文末页版式1见图5；公文末页版式2见图6；联合行文公文末页版式1见图7；联合行文公文末页版式2见图8；附件说明页版式见图9；带附件公文末页版式见图10；信函格式首页版式见图11；命令（令）格式首页版式见图12。

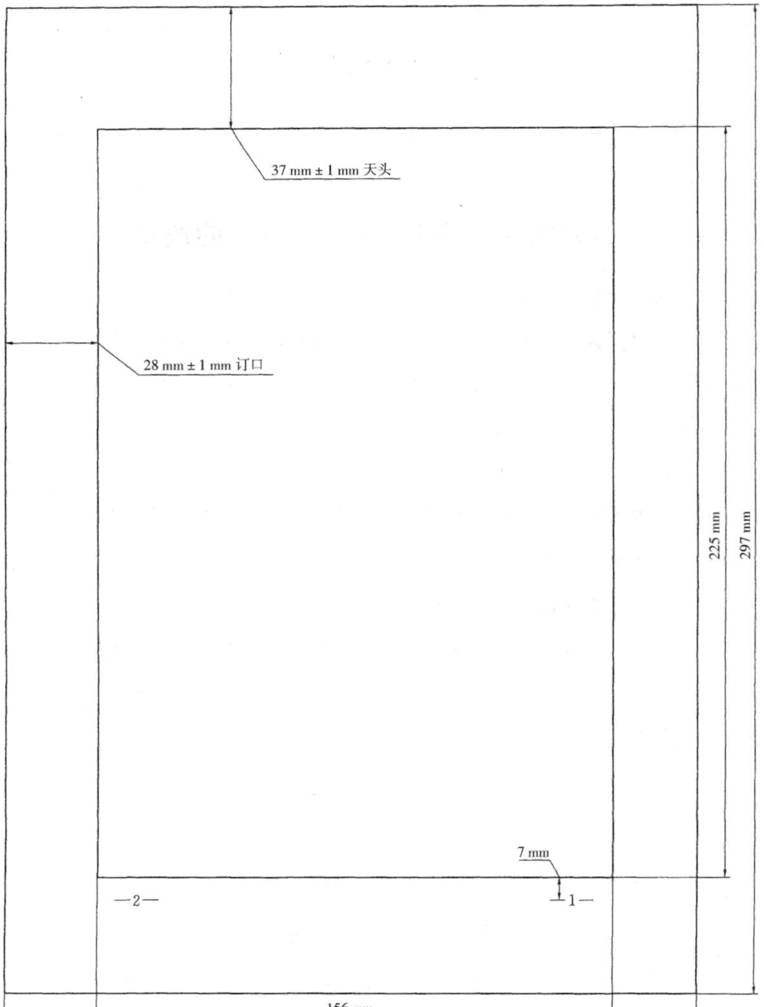

图1 A4型公文用纸页边及版心尺寸

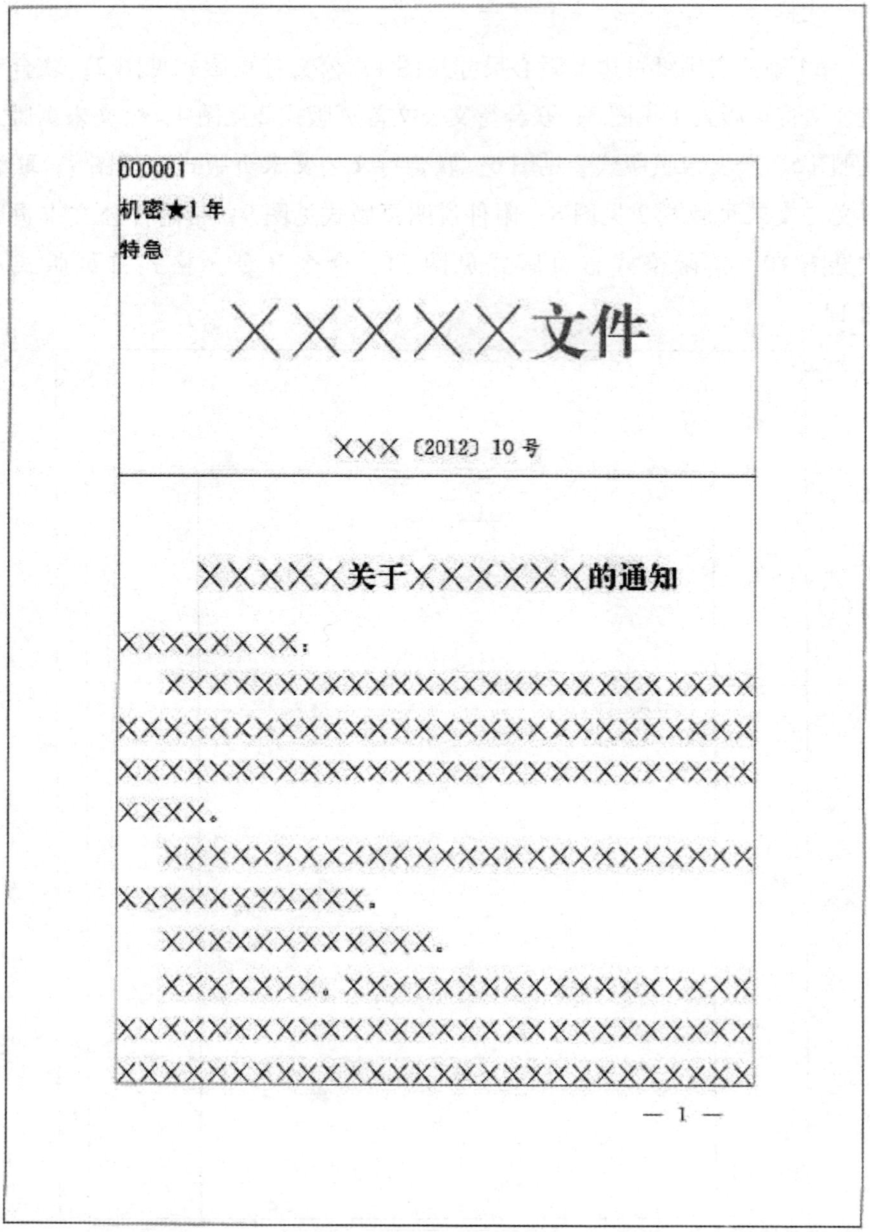
000001

机密★1年

特急

XXXXX文件

XXX〔2012〕10号

XXXXX关于XXXXXX的通知

XXXXXXXX：

XXXXXXXXXXXXXXXXXXXXXXXXX
XXXXXXXXXXXXXXXXXXXXXXXXXXX
XXXXXXXXXXXXXXXXXXXXXXXXXXX
XXXX。

XXXXXXXXXXXXXXXXXXXXXXXXX
XXXXXXXXXXX。

XXXXXXXXXXXX。

XXXXXXX。XXXXXXXXXXXXXXXXX
XXXXXXXXXXXXXXXXXXXXXXXXXXX
XXXXXXXXXXXXXXXXXXXXXXXXXXX

— 1 —

图2　公文首页版式

注：版心实线框仅为示意，在印制公文时并不印出。

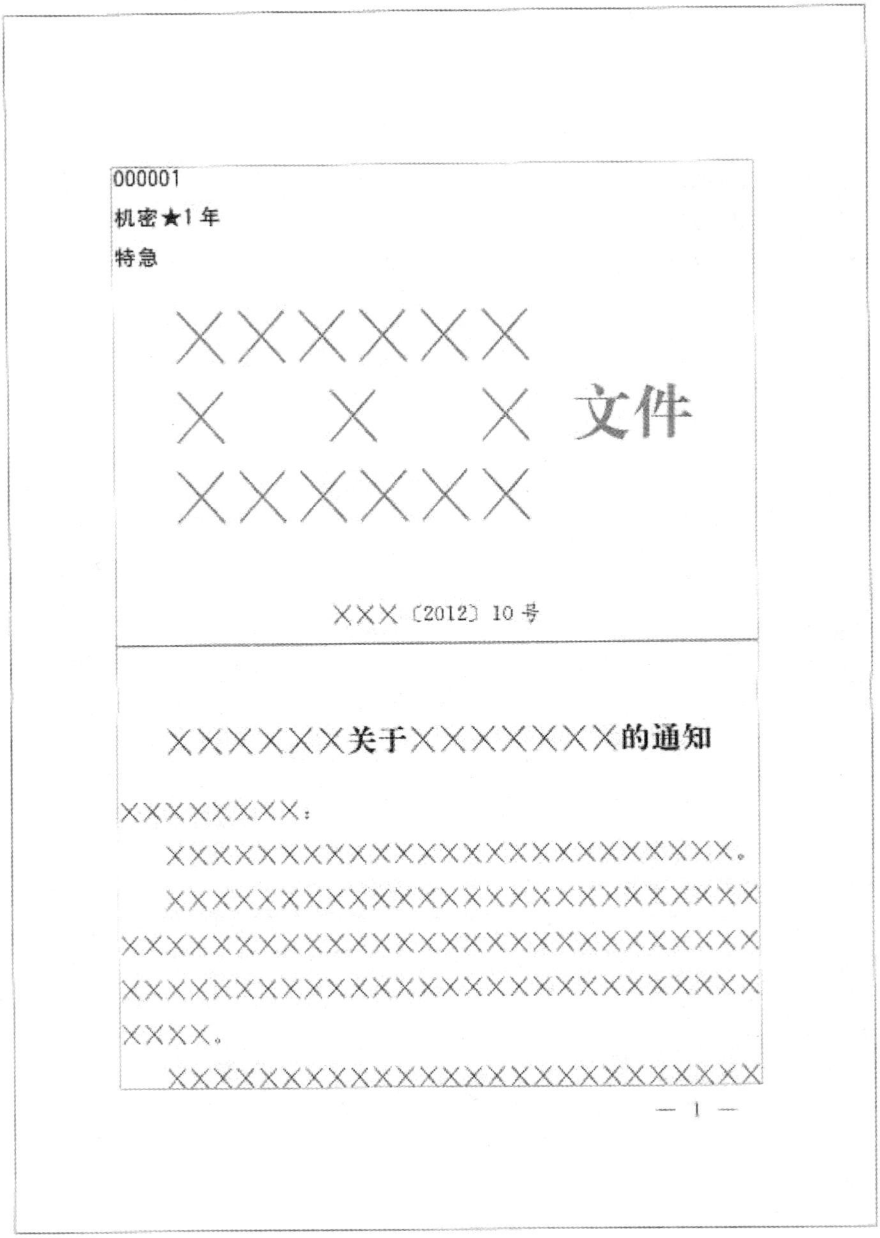

000001

机密★1年

特急

××××××
×　×　×　文件
××××××

×××〔2012〕10号

××××××关于×××××××的通知

××××××××：

××××××××××××××××××××××××××。

××。

××××××××××××××××××××××××××

— 1 —

图3　联合行文公文首页版式1

注：版心实线框仅为示意，在印制公文时并不印出。

000001
机 密
特 急

××××××
×　　×　　×
××××××

签发人：×××　×××
×××〔2012〕10号　　　　　　×××

××××××关于×××××××的请示

××××××××：

××××××××××××××××××××××××××
××××××××××××××××××××××××××××
××××××××××××××××××××××××××××
××××。

××××××××××××××××××××××××××

— 1 —

图4　联合行文公文首页版式2

注：版心实线框仅为示意，在印制公文时并不印出。

XXXXXXXXXXXXXXX。

XXXXXXXXXXXXXXXXXXXXXXXXXXXXXXXXXXXXXXXXXXXXXXXXXXXXXXXXXXXXXXXXXXXXX。

2012年7月1日

（XXXXX）

抄送：XXXXXXXX，XXXXXX，XXXXX，XXXXX，XXXXX。

XXXXXXXXX　　2012年7月1日印发

— 2 —

图5　公文末页版式1

注：版心实线框仅为示意，在印制公文时并不印出。

XXXXXXXXXXXXXXX。

　　XXXXXXXXXXXXXXXXXXXXXXXXXX
XXXXXXXXXXXXXXXXXXXXXXXXXXXX
XXXXXXXXX。

XXXXXXXXXXXX

2012年7月1日

（XXXXX）

抄送：XXXXXXXX，XXXXXXX，XXXXXX，XXXXXX，
XXXXXX。

XXXXXXXXX　　2012年7月1日印发

— 2 —

图6　公文末页版式2

注：版心实线框仅为示意，在印制公文时并不印出。

XXXXXXXXXXXXXXX。

XXXXXXXXXXXXXXXXXXXXXXXXXXXXXXXXXXXXXXXXXXXXXXXXXXXXXXXXXXXXXXXXXX。

2012年7月1日

（XXXXX）

抄送：XXXXXXXX，XXXXXX，XXXXX，XXXXX，XXXXX。

XXXXXXXXX　　2012年7月1日印发

— 2 —

图7　联合行文公文末页版式1

注：版心实线框仅为示意，在印制公文时并不印出。

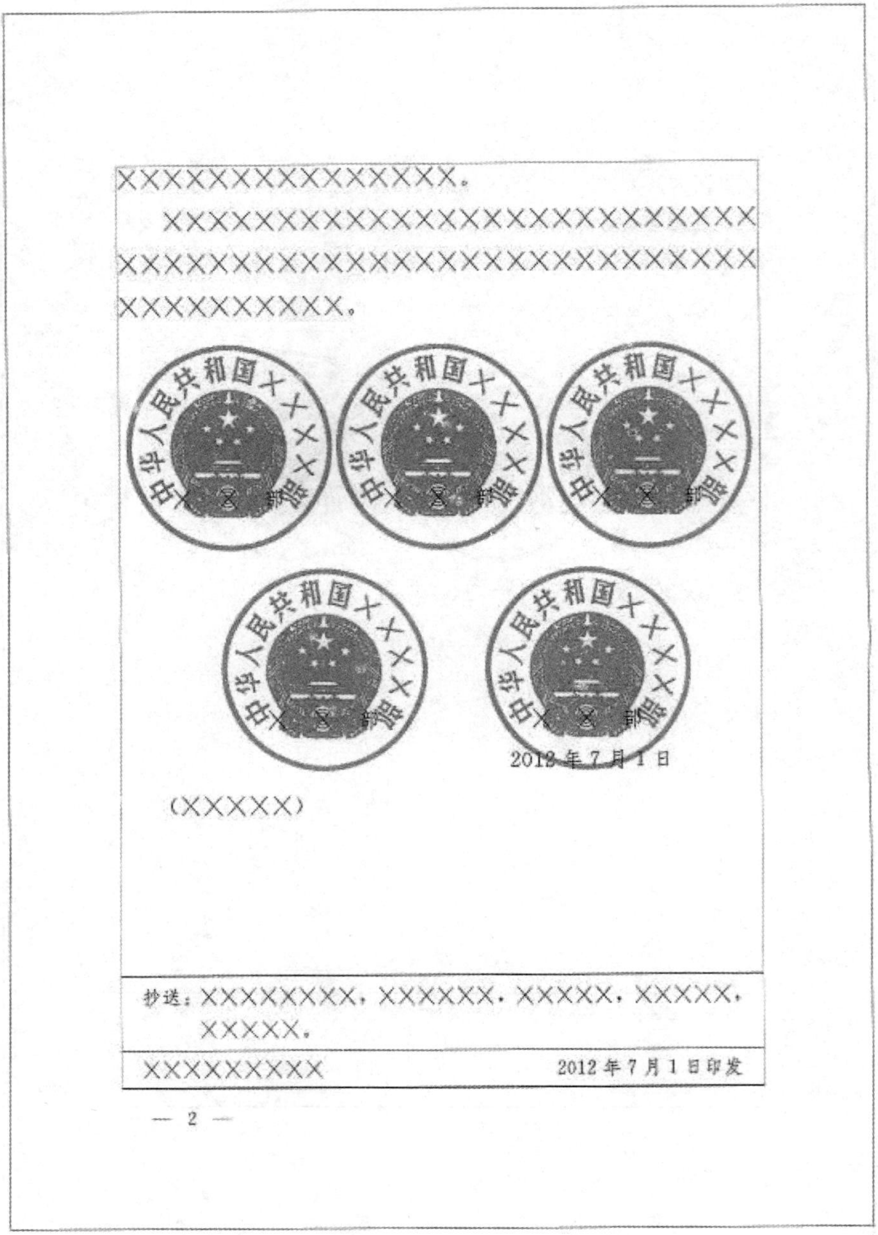
XXXXXXXXXXXXXXX。

XXXXXXXXXXXXXXXXXXXXXXXXXXXXXXXXXXXXXXXXXXXXXXXXXXXXXXXXX。

2012年7月1日

（XXXXX）

抄送：XXXXXXXX，XXXXXX，XXXXX，XXXXX，XXXXX。

XXXXXXXXXX　　2012年7月1日印发

— 2 —

图8　联合行文公文末页版式2

注：版心实线框仅为示意，在印制公文时并不印出。

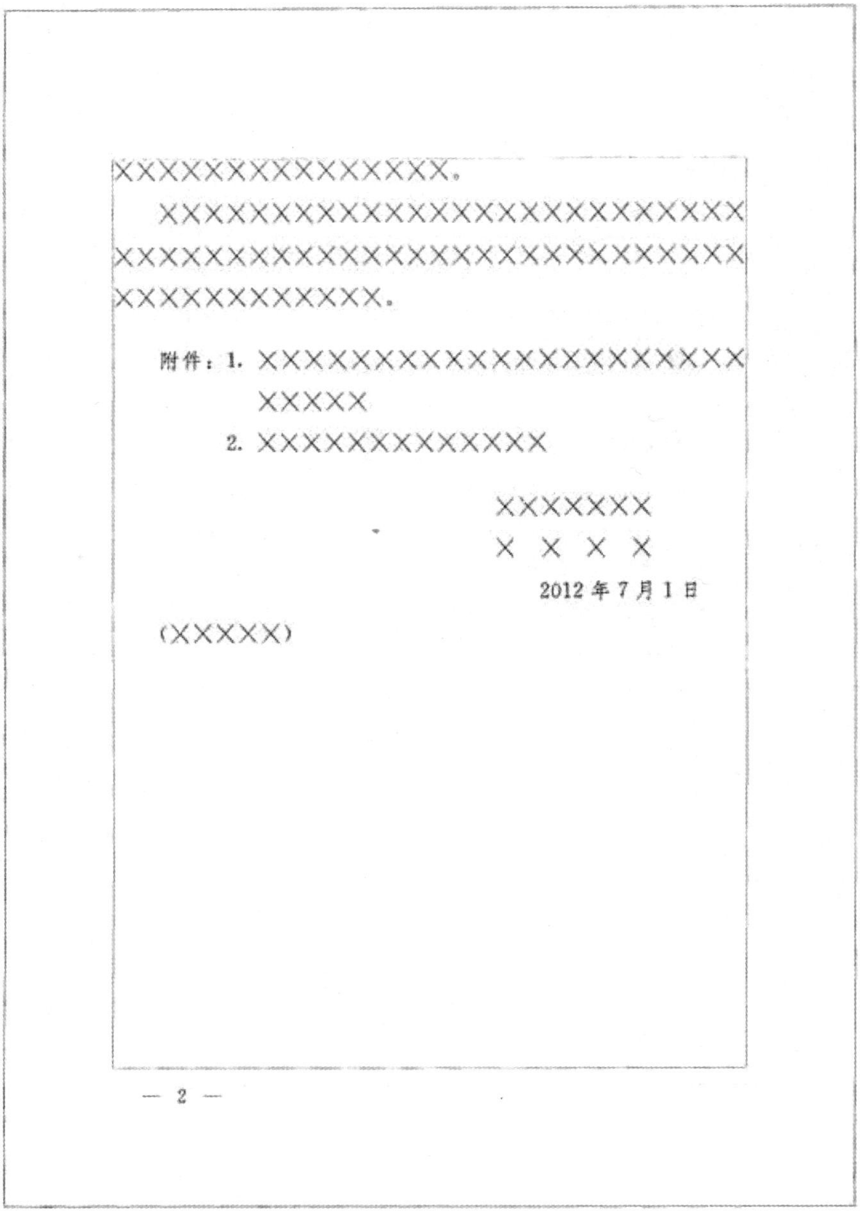
XXXXXXXXXXXXXXX。

　　XXXXXXXXXXXXXXXXXXXXXXXXXX

XXXXXXXXXXXXXXXXXXXXXXXXXXXX

XXXXXXXXXXXX。

　　附件：1. XXXXXXXXXXXXXXXXXXXXX

　　　　　XXXXX

　　　　2. XXXXXXXXXXXXX

XXXXXXX

X　X　X　X

2012年7月1日

（XXXXX）

— 2 —

图9　附件说明页版式

注：版心实线框仅为示意，在印制公文时并不印出。

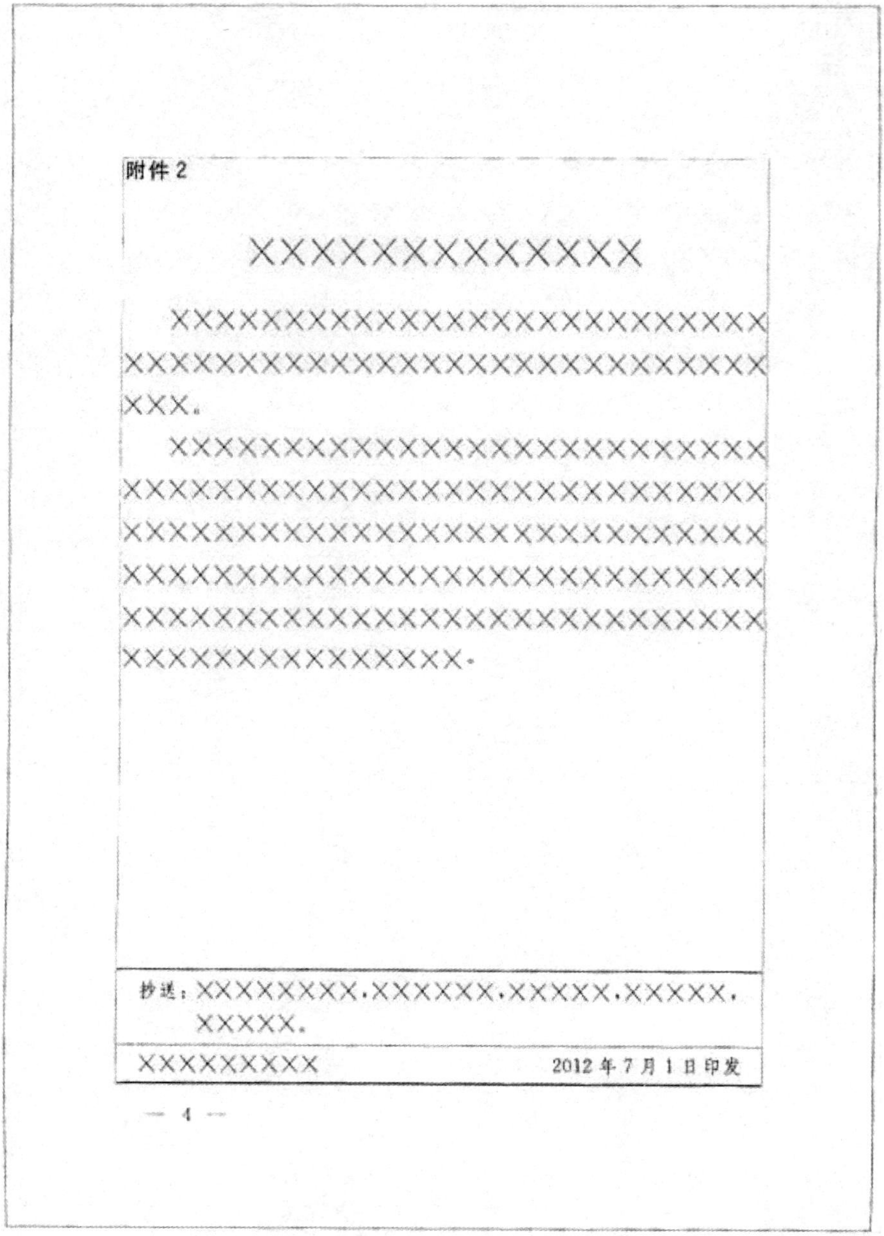

附件 2

XXXXXXXXXXXXXX

XXXXXXXXXXXXXXXXXXXXXXXXXX
XXXXXXXXXXXXXXXXXXXXXXXXXXXX
XXX。

XXXXXXXXXXXXXXXXXXXXXXXXXX
XXXXXXXXXXXXXXXXXXXXXXXXXXXX
XXXXXXXXXXXXXXXXXXXXXXXXXXXX
XXXXXXXXXXXXXXXXXXXXXXXXXXXX
XXXXXXXXXXXXXXXXXXXXXXXXXXXX
XXXXXXXXXXXXXXX。

抄送：XXXXXXXX，XXXXXX，XXXXX，XXXXX，XXXXX。

XXXXXXXXX　　2012年7月1日印发

— 4 —

图 10　带附件公文末页版式

注：版心实线框仅为示意，在印制公文时并不印出。

中华人民共和国×××××部

000001　　　　　　　　　　　　　　×××〔2012〕10号

机　密

特　急

×××××关于×××××××的通知

××××××××：

　　××××××××××××××××××××××××××
××××××××××××××××××××××××××××
××××××××××××××××××××××××××××
×××××××××××××××××××××××××。

　　××××××××××××××××××××××××××
××××××××××××××××××××××××××××
××××××××××××××××××××××××××××
××××××××××××××××××××××××。

　　××××××××××××××××××××××××××
××××××××××××××××××××××××××××
××××××××××××××××××××××××××××
××××××××××××××××××××××××××××
××××××××××××××××××××××××××××
××××××××××××××××××××××××××××
×××××××××××××××××××××××××。

图11　信函格式首页版式

注：版心实线框仅为示意，在印制公文时并不印出。

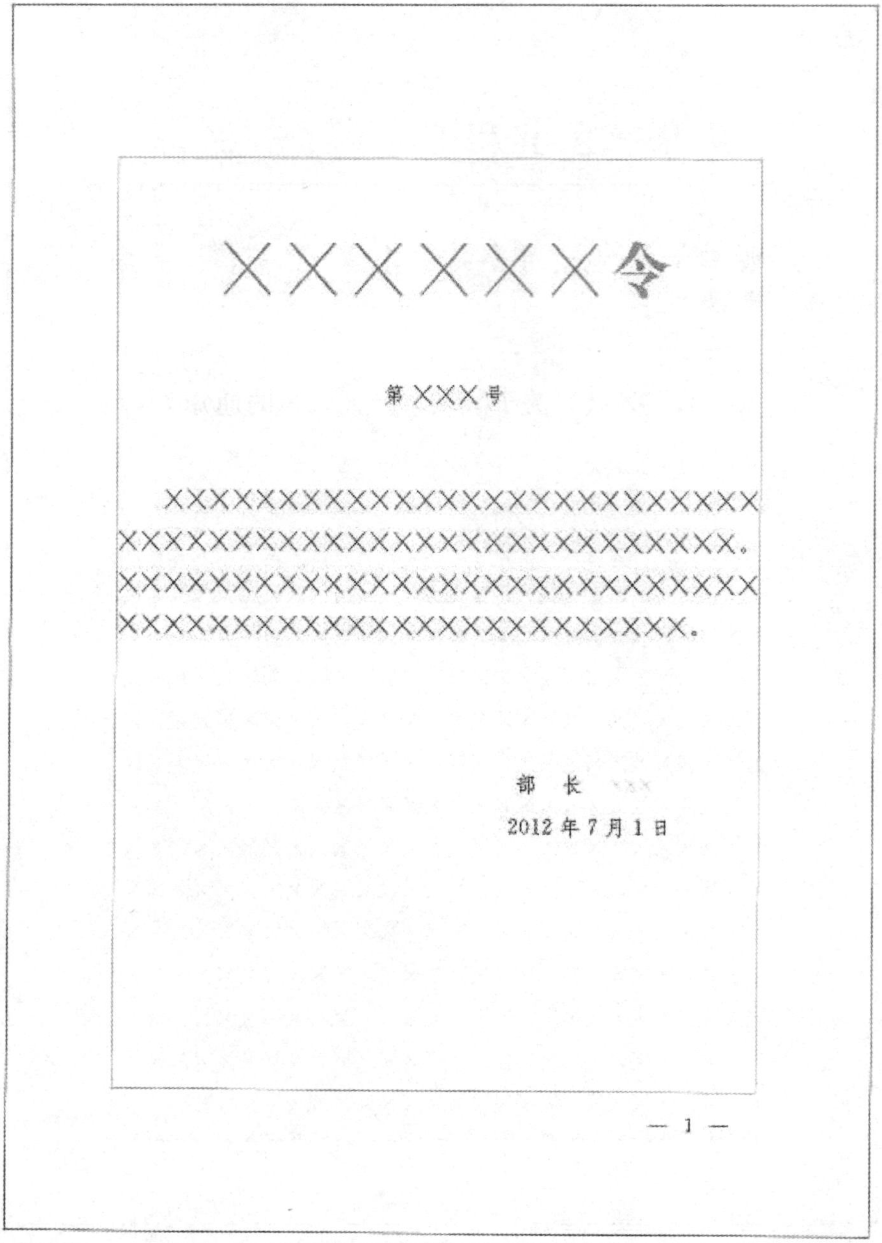

图 12　命令（令）格式首页版式

注：版心实线框仅为示意，在印制公文时并不印出。

附录 3 中华人民共和国国家标准 GB/T15834—2011 标点符号用法

（中华人民共和国国家市场监督管理总局、中国国家标准化管理委员会
2011 年 12 月 30 日发布，2012 年 6 月 1 日实施）

1 范围

本标准规定了现代汉语标点符号的用法。

本标准适用于汉语的书面语（包括汉语和外语混合排版时的汉语部分）。

2 术语和定义

下列术语和定义适用于本文件。

2.1 标点符号 punctuation

辅助文字记录语言的符号，是书面语的有机组成部分，用来表示语句的停顿、语气以及标示某些成分（主要是词语）的特定性质和作用。

注：数学符号、货币符号、校勘符号、辞书符号、注音符号等特殊领域的专门符号不属于标点符号。

2.2 句子 sentence

前后都有较大停顿、带有一定的语气和语调、表达相对完整意义的语言单位。

2.3 复句 complex sentence

由两个或多个在意义上有密切关系的分句组成的语言单位，包括简单复句（内部只有一层语义关系）和多重复句（内部包含多层语义关系）。

2.4 分句 clause

复句内两个或多个前后有停顿、表达相对完整意义、不带有句末语气和语调、有的前面可添加关联词语的语言单位。

2.5 语段 expression

指语言片段，是对各种语言单位（如词、短语、句子、复句等）不做特别区分时的统称。

3 标点符号的种类

3.1 点号

点号的作用是点断，主要表示停顿和语气。分为句末点号和句内点号。

3.1.1 句末点号

用于句末的点号，表示句末停顿和句子的语气。包括句号、问号、叹号。

3.1.2 句内点号

用于句内的点号，表示句内各种不同性质的停顿。包括逗号、顿号、分号、冒号。

3.2 标号

标号的作用是标明，主要标示某些成分（主要是词语）的特定性质和作用。包括引号、括号、破折号、省略号、着重号、连接号、间隔号、书名号、专名号、分隔号。

4 标点符号的定义、形式和用法

4.1 句号

4.1.1 定义

句末点号的一种，主要表示句子的陈述语气。

4.1.2 形式

句号的形式是“。”。

4.1.3 基本用法

4.1.3.1 用于句子末尾，表示陈述语气。使用句号主要根据语段前后有较大停顿、带有陈述语气和语调，并不取决于句子的长短。

示例1：北京是中华人民共和国的首都。

示例2：（甲：咱们走着去吧？）乙：好。

4.1.3.2 有时也可以表示较缓和的祈使语气和感叹语气。

示例1：请您稍等一下。

示例2：我不由地感到，这些普通劳动者也同样是很值得尊敬的。

4.2　问号

4.2.1　定义

句末点号的一种，主要表示句子的疑问语气。

4.2.2　形式

问号的形式是"？"。

4.2.3　基本用法

4.2.3.1　用于句子末尾，表示疑问语气（包括反问、设问等疑问类型）。使用问号主要根据语段前后有较大停顿、带有疑问语气和语调，并不取决于句子的长短。

示例1：你怎么还不回家去呢？

示例2：难道这些普通的战士不值得歌颂吗？

示例3：（一个外国人，不远万里来到中国，帮助中国的抗日战争。）这是什么精神？这是国际主义的精神。

4.2.3.2　选择问句中，通常只在最后一个选项的末尾用问号，各个选项之间一般用逗号隔开。当选项较短且选项之间几乎没有停顿时，选项之间可不用逗号。当选项较多或较长，或有意突出每个选项的独立性时，也可每个选项之后都用问号。

示例1：诗中记述的这场战争究竟是真实的历史描述，还是诗人的虚构？

示例2：这是巧合还是有意安排？

示例3：要一个什么样的结尾：现实主义的？传统的？大团圆的？荒诞的？民族形式的？有象征意义的？

示例4：（他看着我的作品称赞了我。）但到底是称赞我什么：是有几处画得好？还是什么都敢画？抑或只是一种对于失败者的无可奈何的安慰？我不得而知。

示例5：这一切都是由客观的条件造成的？还是由行为的惯性造成的？

4.2.3.3　在多个问句连用或表达疑问语气加重时，可叠用问号。通常应先单用，再叠用，最多叠用三个问号。在没有异常强烈的情感表达需要时不宜叠用问号。

示例：这就是你的做法吗？你这个总经理是怎么当的？？你怎么竟敢

这样欺骗消费者???

4.2.3.4　问号也有标号的用法，即用于句内，表示存疑或不详。

示例1：马致远（1250？—1321），大都人，元代戏曲家、散曲家。

示例2：钟嵘（？—518），颍川长社人，南朝梁代文学批评家。

示例3：出现这样的文字错误，说明作者（编者？校者?）很不认真。

4.3　叹号

4.3.1　定义

句末点号的一种，主要表示句子的感叹语气。

4.3.2　形式

叹号的形式是“！”。

4.3.3　基本用法

4.3.3.1　用于句子末尾，主要表示感叹语气，有时也可表示强烈的祈使语气、反问语气等。使用叹号主要根据语段前后有较大停顿、带有感叹语气和语调或带有强烈的祈使、反问语气和语调，并不取决于句子的长短。

示例1：才一年不见，这孩子都长这么高啦!

示例2：你给我住嘴!

示例3：谁知道他今天是怎么搞的!

4.3.3.2　用于拟声词后，表示声音短促或突然。

示例1：咔嚓！一道闪电划破了夜空。

示例2：咚！咚咚！突然传来一阵急促的敲门声。

4.3.3.3　表示声音巨大或声音不断加大时，可叠用叹号；表达强烈语气时，也可叠用叹号，最多叠用三个叹号。在没有异常强烈的情感表达需要时不宜叠用叹号。

示例1：轰!! 在这天崩地塌的声音中，女娲猛然醒来。

示例2：我要揭露！我要控诉!! 我要以死抗争!!!

4.3.3.4　当句子包含疑问、感叹两种语气且都比较强烈时（如带有强烈感情的反问句和带有惊愕语气的疑问句），可在问号后再加叹号（问号、叹号各一）。

示例1：这么点困难就能把我们吓倒吗?!

示例2：他连这些最起码的常识都不懂，还敢说自己是高科技人才?!

4.4　逗号

4.4.1　定义

句内点号的一种，表示句子或语段内部的一般性停顿。

4.4.2　形式

逗号的形式是“，”。

4.4.3　基本用法

4.4.3.1　复句内各分句之间的停顿，除了有时用分号（见4.6.3.1），一般都用逗号。

示例1：不是人们的意识决定人们的存在，而是人们的社会存在决定人们的意识。

示例2：学历史使人更明智，学文学使人更聪慧，学数学使人更精细，学考古使人更深沉。

示例3：要是不相信我们的理论能反映现实，要是不相信我们的世界有内在和谐，那就不可能有科学。

4.4.3.2　用于下列各种语法位置：

a）较长的主语之后。

示例1：苏州园林建筑各种门窗的精美设计和雕镂功夫，都令人叹为观止。

b）句首的状语之后。

示例2：在苍茫的大海上，狂风卷集着乌云。

c）较长的宾语之前。

示例3：有的考古工作者认为，南方古猿生存于上新世至更新世的初期和中期。

d）带句内语气词的主语（或其他成分）之后，或带句内语气词的并列成分之间。

示例4：他呢，倒是很乐观地、全神贯注地干起来了。

示例5：（那是个没有月亮的夜晚。）可是整个村子——白房顶啦，白树木啦，雪堆啦，全看得见。

e）较长的主语中间、谓语中间和宾语中间。

示例6：母亲沉痛的诉说，以及亲眼看到的事实，都启发了我幼年时期追求真理的思想。

示例7：那姑娘头戴一顶草帽，身穿一条绿色的裙子，腰间还系着一根橙色的腰带。

示例8：必须懂得，对于文化传统，既不能不分青红皂白统统抛弃，也不能不管精华糟粕全盘继承。

f）前置的谓语之后或后置的状语、定语之前。

示例9：真美啊，这条蜿蜒的林间小路。

示例10：她吃力地站了起来，慢慢地。

示例11：我只是一个人，孤孤单单的。

4.4.3.3　用于下列各种停顿处：

a）复指成分或插说成分前后。

示例1：老张，就是原来的办公室主任，上星期已经调走了。

示例2：车，不用说，当然是头等。

b）语气缓和的感叹语、称谓语和呼唤语之后。

示例3：哎哟，这儿，快给我揉揉。

示例4：大娘，您到哪儿去啊？

示例5：喂，你是哪个单位的？

c）某些序次语（“第”字头、“其”字头及“首先”类序次语）之后。

示例6：为什么许多人都有长不大的感觉呢？原因有三：第一，父母总认为自己比孩子成熟；第二，父母总要以自己的标准来衡量孩子；第三，父母出于爱心而总不想让孩子在成长的过程中走弯路。

示例7：《玄秘塔碑》所以成为书法的范本，不外乎以下几方面的因素：其一，具有楷书点画、构体的典范性；其二，承上启下，成为唐楷的极致；其三，字如其人，爱人及字，柳公权高尚的书品、人品为后人所崇仰。

示例8：下面从三个方面讲讲语言的污染问题：首先，是特殊语言环境中的语言污染问题；其次，是滥用缩略语引起的语言污染问题；最后，是空话和废话引起的语言污染问题。

4.5 顿号

4.5.1 定义

句内点号的一种，表示语段中并列词语之间或某些序次语之后的停顿。

4.5.2 形式

顿号的形式是“、”。

4.5.3 基本用法

4.5.3.1 用于并列词语之间。

示例 1：这里有自由、民主、平等、开放的风气和氛围。

示例 2：造型科学、技艺精湛、气韵生动，是盛唐石雕的特色。

4.5.3.2 用于需要停顿的重复词语之间。

示例：他几次三番、几次三番地辩解着。

4.5.3.3 用于某些序次语（不带括号的汉字数字或“天干地支”类序次语）之后。

示例 1：我准备讲两个问题，一、逻辑学是什么？二、怎样学好逻辑学？

示例 2：风格的具体内容主要有以下四点，甲、题材；乙、用字；丙、表达；丁、色彩。

4.5.3.4 相邻或相近两数字连用表示概数通常不用顿号。若相邻两数字连用为缩略形式，宜用顿号。

示例 1：飞机在 6000 米高空水平飞行时，只能看到两侧八九公里和前方一二十公里范围内的地面。

示例 2：这种凶猛的动物常常三五成群地外出觅食和活动。

示例 3：农业是国民经济的基础，也是二、三产业的基础。

4.5.3.5 标有引号的并列成分之间、标有书名号的并列成分之间通常不用顿号。若有其他成分插在并列的引号之间或并列的书名号之间（如引语或书名号之后还有括注），宜用顿号。

示例 1：“日”“月”构成“明”字。

示例 2：店里挂着“顾客就是上帝”“质量就是生命”等横幅。

示例 3：《红楼梦》《三国演义》《西游记》《水浒传》，是我国长篇小说的四大名著。

示例4：李白的“白发三千丈”（《秋浦歌》）、“朝如青丝暮成雪”（《将进酒》）都是脍炙人口的诗句。

示例5：办公室里订有《人民日报》（海外版）、《光明日报》和《时代周刊》等报刊。

4.6 分号

4.6.1 定义

句内点号的一种，表示复句内部并列关系分句之间的停顿，以及非并列关系的多重复句中第一层分句之间的停顿。

4.6.2 形式

分号的形式是“；”。

4.6.3 基本用法

4.6.3.1 表示复句内部并列关系的分句（尤其当分句内部还有逗号时）之间的停顿。

示例1：语言文字的学习，就理解方面来说，是得到一种知识；就运用方面来说，是养成一种习惯。

示例2：内容有分量，尽管文章短小，也是有分量的；内容没有分量，即使写得再长也没有用。

4.6.3.2 表示非并列关系的多重复句中第一层分句（主要是选择、转折等关系）之间的停顿。

示例1：人还没看见，已经先听见歌声了；或者人已经转过山头望不见了，歌声还余音袅袅。

示例2：尽管人民革命的力量在开始时总是弱小的，所以总是受压的；但是由于革命的力量代表历史发展的方向，因此本质上又是不可战胜的。

示例3：不管一个人如何伟大，也总是生活在一定的环境和条件下；因此，个人的见解总难免带有某种局限性。

示例4：昨天夜里下了一场雨，以为可以凉快些；谁知没有凉快下来，反而更热了。

4.6.3.3 用于分项列举的各项之间。

示例：特聘教授的岗位职责为：一、讲授本学科的主干基础课程；

二、主持本学科的重大科研项目；三、领导本学科的学术队伍建设；四、带领本学科赶超或保持世界先进水平。

4.7　冒号

4.7.1　定义

句内点号的一种，表示语段中提示下文或总结上文的停顿。

4.7.2　形式

冒号的形式是“：”。

4.7.3　基本用法

4.7.3.1　用于总说性或提示性词语（如“说”“例如”“证明”等）之后，表示提示下文。

示例1：北京紫禁城有四座城门：午门、神武门、东华门和西华门。

示例2：她高兴地说：“咱们去好好庆祝一下吧！”

示例3：小王笑着点了点头：“我就是这么想的。”

示例4：这一事实证明：人能创造环境，环境同样也能创造人。

4.7.3.2　表示总结上文。

示例：张华上了大学，李萍进了技校，我当了工人：我们都有美好的前途。

4.7.3.3　用在需要说明的词语之后，表示注释和说明。

示例1：（本市将举办首届大型书市。）主办单位：市文化局；承办单位：市图书进出口公司；时间：8月15—20日；地点：市体育馆观众休息厅。

示例2：（做阅读理解题有两个办法。）办法之一：先读题干，再读原文，带着问题有针对性地读课文。办法之二：直接读原文，读完再做题，减少先入为主的干扰。

4.7.3.4　用于书信、讲话稿中称谓语或称呼语之后。

示例1：广平先生：……

示例2：同志们、朋友们：……

4.7.3.5　一个句子内部一般不应套用冒号。在列举式或条文式表述中，如不得不套用冒号时，宜另起段落来显示各个层次。

示例：第十条　遗产按照下列顺序继承：

第一顺序：配偶、子女、父母。

第二顺序：兄弟姐妹、祖父母、外祖父母。

4.8 引号

4.8.1 定义

标号的一种，标示语段中直接引用的内容或需要特别指出的成分。

4.8.2 形式

引号的形式有双引号“　”和单引号‘　’两种。左侧的为前引号，右侧的为后引号。

4.8.3 基本用法

4.8.3.1 标示语段中直接引用的内容。

示例：李白诗中就有“白发三千丈”这样极尽夸张的语句。

4.8.3.2 标示需要着重论述或强调的内容。

示例：这里所谓的“文”，并不是指文字，而是指文采。

4.8.3.3 标示语段中具有特殊含义而需要特别指出的成分，如别称、简称、反语等。

示例1：电视被称作“第九艺术”。

示例2：人类学上常把古人化石统称为尼安德特人，简称“尼人”。

示例3：有几个“慈祥”的老板把捡来的菜叶用盐浸浸就算作工友的菜肴。

4.8.3.4 当引号中还需要使用引号时，外面一层用双引号，里面一层用单引号。

示例：他问：“老师，‘七月流火’是什么意思?”

4.8.3.5 独立成段的引文如果只有一段，段首和段尾都用引号；不止一段时，每段开头仅用前引号，只在最后一段末尾用后引号。

示例：我曾在报纸上看到有人这样谈幸福：

“幸福是知道自己喜欢什么和不喜欢什么。……

“幸福是知道自己擅长什么和不擅长什么。……

“幸福是在正确的时间做了正确的选择。……”

4.8.3.6 在书写带月、日的事件、节日或其他特定意义的短语（含简称）时，通常只标引其中的月和日；需要突出和强调该事件或节日本身时，也可连同事件或节日一起标引。

示例1：“5·12”汶川大地震

示例2：“五四”以来的话剧，是我国戏剧中的新形式。

示例3：纪念“五四运动”90周年

4.9 括号

4.9.1 定义

标号的一种，标示语段中的注释内容、补充说明或其他特定意义的语句。

4.9.2 形式

括号的主要形式是圆括号“（）”，其他形式还有方括号“［］”、六角括号“〔〕”和方头括号“【】”等。

4.9.3 基本用法

4.9.3.1 标示下列各种情况，均用圆括号：

a）标示注释内容或补充说明。

示例1：我校拥有特级教师（含已退休的）17人。

示例2：我们不但善于破坏一个旧世界，我们还将善于建设一个新世界！（热烈鼓掌）

b）标示订正或补加的文字。

示例3：信纸上用稚嫩的字体写着“阿夷（姨），你好！”。

示例4：该建筑公司负责的建设工程全部达到优良工程（的标准）。

c）标示序次语。

示例5：语言有三个要素：（1）声音；（2）结构；（3）意义。

示例6：思想有三个条件：（一）事理；（二）心理；（三）伦理。

d）标示引语的出处。

示例7：他说得好：“未画之前，不立一格；既画之后，不留一格。”（《板桥集·题画》）

e）标示汉语拼音注音。

示例8：“的（de）”这个字在现代汉语中最常用。

4.9.3.2 标示作者国籍或所属朝代时，可用方括号或六角括号。

示例1：［英］赫胥黎《进化论与伦理学》

示例2：〔唐〕杜甫著

4.9.3.3　报刊标示电讯、报道的开头，可用方头括号。

示例：【新华社南京消息】

4.9.3.4　标示公文发文字号中的发文年份时，可用六角括号。

示例：国发〔2011〕3号文件

4.9.3.5　标示被注释的词语时，可用六角括号或方头括号。

示例1：〔奇观〕奇伟的景象。

示例2：【爱因斯坦】物理学家。生于德国，1933年因受纳粹政权迫害，移居美国。

4.9.3.6　除科技书刊中的数学、逻辑公式外，所有括号（特别是同一形式的括号）应尽量避免套用。必须套用括号时，宜采用不同的括号形式配合使用。

示例：〔茸（róng）毛〕很细很细的毛。

4.10　破折号

4.10.1　定义

标号的一种，标示语段中某些成分的注释、补充说明或语音、意义的变化。

4.10.2　形式

破折号的形式是“——”。

4.10.3　基本用法

4.10.3.1　标示注释内容或补充说明（也可用括号，见4.9.3.1；二者的区别另见B.1.7）。

示例1：一个矮小而结实的日本中年人——内山老板走了过来。

示例2：我一直坚持读书，想借此唤起弟妹对生活的希望——无论环境多么困难。

4.10.3.2　标示插入语（也可用逗号，见4.4.3.3）。

示例：这简直就是——说得不客气点——无耻的勾当！

4.10.3.3　标示总结上文或提示下文（也可用冒号，见4.7.3.1、4.7.3.2）。

示例1：坚强，纯洁，严于律己，客观公正——这一切都难得地集中在一个人身上。

示例 2：画家开始娓娓道来——

数年前的一个寒冬……

4.10.3.4 标示话题的转换。

示例：“好香的干菜，——听到风声了吗？”赵七爷低声说道。

4.10.3.5 标示声音的延长。

示例：“嘎——”传过来一声水禽被惊动的鸣叫。

4.10.3.6 标示话语的中断或间隔。

示例 1：“班长他牺——”小马话没说完就大哭起来。

示例 2：“亲爱的妈妈，你不知道我多爱您。——还有你，我的孩子！”

4.10.3.7 标示引出对话。

示例：——你长大后想成为科学家吗？

——当然想了！

4.10.3.8 标示事项列举分承。

示例：根据研究对象的不同，环境物理学分为以下五个分支学科：

——环境声学；

——环境光学；

——环境热学；

——环境电磁学；

——环境空气动力学。

4.10.3.9 用于副标题之前。

示例：飞向太平洋

——我国新型号运载火箭发射目击记

4.10.3.10 用于引文、注文后，标示作者、出处或注释者。

示例 1：先天下之忧而忧，后天下之乐而乐。

——范仲淹

示例 2：乐浪海中有倭人，分为百余国。

——《汉书》

示例 3：很多人写好信后把信笺折成方胜形，我看大可不必。（方胜，指古代妇女戴的方形首饰，用彩绸等制作，由两个斜方部分叠合而

成。——编者注）

4.11 省略号

4.11.1 定义

标号的一种，标示语段中某些内容的省略及意义的断续等。

4.11.2 形式

省略号的形式是“……”。

4.11.3 基本用法

4.11.3.1 标示引文的省略。

示例：我们齐声朗诵起来：“……俱往矣，数风流人物，还看今朝。”

4.11.3.2 标示列举或重复词语的省略。

示例1：对政治的敏感，对生活的敏感，对性格的敏感……这都是作家必须要有的素质。

示例2：他气得连声说：“好，好……算我没说。”

4.11.3.3 标示语意未尽。

示例1：在人迹罕至的深山密林里，假如突然看见一缕炊烟……

示例2：你这样干，未免太……！

4.11.3.4 标示说话时断断续续。

示例：她磕磕巴巴地说：“可是……太太……我不知道……你一定是认错了。”

4.11.3.5 标示对话中的沉默不语。

示例：“还没结婚吧？”

“……”他飞红了脸，更加忸怩起来。

4.11.3.6 标示特定的成分虚缺。

示例：只要……就……

4.11.3.7 在标示诗行、段落的省略时，可连用两个省略号（即相当于十二连点）。

示例1：从隔壁房间传来缓缓而抑扬顿挫的吟咏声——

床前明月光，疑是地上霜。

…………

示例2：该刊根据工作质量、上稿数量、参与程度等方面的表现，评选出了高校十佳记者站。还根据发稿数量、提供新闻线索情况以及对刊物的关注度等，评选出了十佳通讯员。

…………

4.12　着重号

4.12.1　定义

标号的一种，标示语段中某些重要的或需要指明的文字。

4.12.2　形式

着重号的形式是“.”，标注在相应文字的下方。

4.12.3　基本用法

4.12.3.1　标示语段中重要的文字。

示例 1：诗人需要表现，而不是证明。

示例 2：下面对本文的理解，不正确的一项是：……

4.12.3.2　标示语段中需要指明的文字。

示例：下边加点的字，除了在词中的读法外，还有哪些读法？

着急　子弹　强调

4.13　连接号

4.13.1　定义

标号的一种，标示某些相关联成分之间的连接。

4.13.2　形式

连接号的形式有短横线“-”、一字线“—”和浪纹线“~”三种。

4.13.3　基本用法

4.13.3.1　标示下列各种情况，均用短横线。

a）化合物的名称或表格、插图的编号。

示例 1：3-戊酮为无色液体，对眼及皮肤有强烈刺激性。

示例 2：参见下页表 2-8、表 2-9。

b）连接号码，包括门牌号码、电话号码，以及用阿拉伯数字表示年月日等。

示例 3：安宁里东路 26 号院 3-2-11 室

示例 4：联系电话：010-88842603

示例 5：2011-02-15

c）在复合名词中起连接作用。

示例6：吐鲁番-哈密盆地

d）某些产品的名称和型号。

示例7：WZ-10直升机具有复杂天气和夜间作战的能力。

e）汉语拼音、外来语内部的分合。

示例8：shuō shuō-xiào xiào（说说笑笑）

示例9：盎格鲁-撒克逊人

示例10：让-雅克·卢梭（“让-雅克”为双名）

示例11：皮埃尔·孟戴斯-弗朗斯（“孟戴斯-弗朗斯”为复姓）

4.13.3.2　标示下列各种情况，一般用一字线，有时也可用浪纹线。

a）标示相关项目（如时间、地域等）的起止。

示例1：沈括（1031—1095），宋朝人。

示例2：2011年2月3—10日

示例3：北京—上海特别旅客快车

b）标示数值范围（由阿拉伯数字或汉字数字构成）的起止。

示例4：25~30g

示例5：第五~第八课

4.14　间隔号

4.14.1　定义

标号的一种，标示某些相关联成分之间的分界。

4.14.2　形式

间隔号的形式是“·”。

4.14.3　基本用法

4.14.3.1　标示外国人名或少数民族人名内部的分界。

示例1：克里丝蒂娜·罗塞蒂

示例2：阿依古丽·买买提

4.14.3.2　标示书名与篇（章、卷）名之间的分界。

示例：《淮南子·本经训》

4.14.3.3　标示词牌、曲牌、诗体名等和题名之间的分界。

示例1：《沁园春·雪》

示例2：《天净沙·秋思》

示例3：《七律·冬云》

4.14.3.4 用在构成标题或栏目名称的并列词语之间。

示例：《天·地·人》

4.14.3.5 以月、日为标志的事件或节日，用汉字数字表示时，只在一、十一和十二月后用间隔号；当直接用阿拉伯数字表示时，月、日之间均用间隔号（半角字符）。

示例1：“九一八”事变 “五四”运动

示例2：“一·二八”事变 “一二·九”运动

示例3：“3·15”消费者权益日 “9·11”恐怖袭击事件

4.15 书名号

4.15.1 定义

标号的一种，标示语段中出现的各种作品的名称。

4.15.2 形式

书名号的形式有双书名号“《》”和单书名号“〈〉”两种。

4.15.3 基本用法

4.15.3.1 标示书名、卷名、篇名、刊物名、报纸名、文件名等。

示例1：《红楼梦》（书名）

示例2：《史记·项羽本纪》（卷名）

示例3：《论雷峰塔的倒掉》（篇名）

示例4：《每周关注》（刊物名）

示例5：《人民日报》（报纸名）

示例6：《全国农村工作会议纪要》（文件名）

4.15.3.2 标示电影、电视、音乐、诗歌、雕塑等各类用文字、声音、图像等表现的作品的名称。

示例1：《渔光曲》（电影名）

示例2：《追梦录》（电视剧名）

示例3：《勿忘我》（歌曲名）

示例4：《沁园春·雪》（诗词名）

示例5：《东方欲晓》（雕塑名）

示例6：《光与影》（电视节目名）

示例7：《社会广角镜》（栏目名）

示例8：《庄子研究文献数据库》（光盘名）

示例9：《植物生理学系列挂图》（图片名）

4.15.3.3　标示全中文或中文在名称中占主导地位的软件名。

示例：科研人员正在研制《电脑卫士》杀毒软件。

4.15.3.4　标示作品名的简称。

示例：我读了《念青唐古拉山脉纪行》一文（以下简称《念》），收获很大。

4.15.3.5　当书名号中还需要书名号时，里面一层用单书名号，外面一层用双书名号。

示例：《教育部关于提请审议〈高等教育自学考试试行办法〉的报告》

4.16　专名号

4.16.1　定义

标号的一种，标示古籍和某些文史类著作中出现的特定类专有名词。

4.16.2　形式

专名号的形式是一条直线，标注在相应文字的下方。

4.16.3　基本用法

4.16.3.1　标示古籍、古籍引文或某些文史类著作中出现的专有名词，主要包括人名、地名、国名、民族名、朝代名、年号、宗教名、官署名、组织名等。

示例1：《孙坚》人马被《刘表》率军围得水泄不通。（人名）

示例2：于是聚集《冀》、《青》、《幽》、《并》四州兵马七十多万准备决一死战。（地名）

示例3：当时乌《孙》及西域各国都向《汉》派遣了使节。（国名、朝代名）

示例4：从《咸宁》二年到《太康》十年，《匈奴》、《鲜卑》、《乌桓》等族人徙居塞内。（年号、民族名）

4.16.3.2　现代汉语文本中的上述专有名词，以及古籍和现代文本中的单位名、官职名、事件名、会议名、书名等不应使用专名号。必须使用标号标示时，宜使用其他相应标号（如引号、书名号等）。

4.17 分隔号

4.17.1 定义

标号的一种，标示诗行、节拍及某些相关文字的分隔。

4.17.2 形式

分隔号的形式是“/”。

4.17.3 基本用法

4.17.3.1 诗歌接排时分隔诗行（也可使用逗号和分号，见 4.4.3.1/4.6.3.1）。

示例：春眠不觉晓/处处闻啼鸟/夜来风雨声/花落知多少。

4.17.3.2 标示诗文中的音节节拍。

示例：横眉/冷对/千夫指，俯首/甘为/孺子牛。

4.17.3.3 分隔供选择或可转换的两项，表示“或”。

示例：动词短语中除了作为主体成分的述语动词之外，还包括述语动词所带的宾语和/或补语。

4.17.3.4 分隔组成一对的两项，表示“和”。

示例 1：13/14 次特别快车。

示例 2：羽毛球女双决赛中国组合杜婧/于洋两局完胜韩国名将李孝贞/李敬元。

4.17.3.5 分隔层级或类别。

示例：我国的行政区划分为：省（自治区、直辖市）/省辖市（地级市）/县（县级市、区、自治州）/乡（镇）/村（居委会）。

5 标点符号的位置和书写形式

5.1 横排文稿标点符号的位置和书写形式

5.1.1 句号、逗号、顿号、分号、冒号均置于相应文字之后，占一个字位置，居左下，不出现在一行之首。

5.1.2 问号、叹号均置于相应文字之后，占一个字位置，居左，不出现在一行之首。两个问号（或叹号）叠用时，占一个字位置；三个问号（或叹号）叠用时，占两个字位置；问号和叹号连用时，占一个字位置。

5.1.3 引号、括号、书名号中的两部分标在相应项目的两端，各占一个字位置。其中前一半不出现在一行之末，后一半不出现在一行之首。

5.1.4　破折号标在相应项目之间，占两个字位置，上下居中，不能中间断开分处上行之末和下行之首。

5.1.5　省略号占两个字位置，两个省略号连用时占四个字位置并须单独占一行。省略号不能中间断开分处上行之末和下行之首。

5.1.6　连接号中的短横线比汉字“一”略短，占半个字位置；一字线比汉字“一”略长，占一个字位置；浪纹线占一个字位置。连接号上下居中，不出现在一行之首。

5.1.7　间隔号标在需要隔开的项目之间，占半个字位置，上下居中，不出现在一行之首。

5.1.8　着重号和专名号标在相应文字的下边。

5.1.9　分隔号占半个字位置，不出现在一行之首或一行之末。

5.1.10　标点符号排在一行末尾时，若为全角字符则应占半角字符的宽度（即半个字位置），以使视觉效果更美观。

5.1.11　在实际编辑出版工作中，为排版美观、方便阅读等需要，或为避免某一小节最后一个汉字转行或出现在另外一页开头等情况（浪费版面及视觉效果差），可适当压缩标点符号所占用的空间。

5.2　竖排文稿标点符号的位置和书写形式

5.2.1　句号、问号、叹号、逗号、顿号、分号和冒号均置于相应文字之下偏右。

5.2.2　破折号、省略号、连接号、间隔号和分隔号置于相应文字之下居中，上下方向排列。

5.2.3　引号改用双引号“﹃”“﹄”和单引号“﹁”“﹂”，括号改用“︵”“︶”，标在相应项目的上下。

5.2.4　竖排文稿中使用浪线式书名号“﹏﹏”，标在相应文字的左侧。

5.2.5　着重号标在相应文字的右侧，专名号标在相应文字的左侧。

5.2.6　横排文稿中关于某些标点不能居行首或行末的要求，同样适用于竖排文稿。

附录 4　应用文常用词语汇释

一、日常礼仪类

台鉴：“你审阅”的意思。台，对别人的敬称；鉴，审查的意思。
惠鉴：有“劳你审阅”的意思。惠，有求于人的敬辞。
雅鉴：“请你指教、审阅”的意思。
钧鉴：“请你审阅”的意思（对尊长或上级用）。
台览：“你审阅”的意思。览，阅看。
已悉：已经知道了。
收悉：收到并知道了。
兹有：现在有。兹，这里，现在。
兹将：现在把。
拜托：托人办事的敬辞。
恭候：恭敬地等着。
光临：敬辞，称宾客到来。
惠临：敬称，对方到自己这里来。
届时：到时候。届，到。
恳请：诚恳地请求。
莅临：到来，来临。莅，到。
乔迁：①搬到好地方住；②官职升高。
笑纳：请人收下礼物的客套话。
谢忱：感谢的心意。
雅正：请对方指教，常用于书画题款上的客套话。
奉笺：接到来信。

拟于：打算在。

本拟：本来打算。

拟订：起草制订。

就地：在原来的地方（不到别处）。

不予：不给以。

均应：都应该。

查复：检查后再作答复。

查收：检查后收下。

查询："检查询问"的意思。

当即："当时立刻就"的意思。

洽商："接洽商谈"的意思。

洽妥：接洽妥当。

竭诚：竭尽忠诚，全心全意。

歉难：对方提出的要求难以满足，表示抱歉。

尚望："还希望"的意思。

掷下：请人交还钱物的谦辞。

孔殷："十分急切"的意思。孔，很，十分；殷，深厚。

函复：写信答复。

惠纳："承您照顾能接受"的意思。

诚盼："诚恳盼望"的意思。

台祺："您吉祥"的意思。

台安："您安好"的意思。

见谅："请原谅我"的意思。

拨冗：推开繁忙的事务，抽出时间。

鉴核：审阅，核查。

敬祈：恭敬地请求。祈，请求。

二、公文类

备查：供查考。备，准备提供的意思。

备考：书册、文件、表格中供参考的附录或附注。

存查：保存起来以备查考。